中国政务物业管理概论

朱启宝◎著

中国财富出版社

图书在版编目（CIP）数据

中国政务物业管理概论 / 朱启宝著. —北京：中国财富出版社，2016. 11
ISBN 978 -7 -5047 -6307 -5

Ⅰ. ①中…　Ⅱ. ①朱…　Ⅲ. ①国家行政机关—物业管理—研究—中国
Ⅳ. ①D630. 1

中国版本图书馆 CIP 数据核字（2016）第 277561 号

策划编辑　宋　宇　　责任编辑　于　淼　李晓奇
责任印制　石　雷　　责任校对　杨小静　　责任发行　张红燕

出版发行　中国财富出版社
社　　址　北京市丰台区南四环西路 188 号 5 区 20 楼　　邮政编码　100070
电　　话　010 -52227588 转 2048/2028（发行部）　010 -52227588 转 307（总编室）
　　　　　010 -68589540（读者服务部）　010 -52227588 转 305（质检部）
网　　址　http://www. cfpress. com. cn
经　　销　新华书店
印　　刷　北京京都六环印刷厂
书　　号　ISBN 978 -7 -5047 -6307 -5/D · 0136
开　　本　710mm × 1000mm　1/16　　版　　次　2016 年 11 月第 1 版
印　　张　17. 75　　印　　次　2016 年 11 月第 1 次印刷
字　　数　281 千字　　定　　价　66. 00 元

顾问委员会

主　任： 穆耕林

副主任： 张　挚　　高远航　　张　予

宋哲雷　　陈海健　　沈德海

序 言

长期以来，我国政府机关后勤保障大多是行政化、封闭式的自主管理模式。随着社会和经济的发展以及改革开放的不断深入，政府机关后勤保障中体制机制、人员结构、专业力量、制度标准等方面存在的弊端凸显。在我国政治、经济体制改革和社会飞速发展的今天，机关后勤保障紧跟时代发展需求，在从无到有，从发展到成熟，求新求变，与时俱进，政务物业管理为机关各项政务活动的开展运行提供了全方位的服务支撑。

《国民经济和社会发展第十二个五年纲要》提出，深化各级政府机关事务管理体制改革。随着机关事务管理改革的不断深化，机关事务管理旧的体制机制正在发生潜移默化的改变，观念更新，知识更新，政务物业管理实现了从计划经济到市场经济转型下的自我革新，新的体制机制不断建立与完善。本书在当前国内外政务物业管理服务工作深入思考的基础上，系统地对中国政务物业服务保障工作进行了剖析，对推进机关事务保障工作职能转变，推动机关事务保障工作改革发展有着积极的借鉴意义。

《中国政务物业管理概论》顺应《机关事务管理条例》的规范要求，紧扣“政务物业”这一核心概念，从概念本身、行业特性、涵盖内容、所起的作用和发展趋势等方面进行研究。从物业管理行业的社会化、专业化、市场化的普遍性，到政务物业管理政治核心区服务保障的政治性、安全性、保密性等特殊性；从保洁、安保、设备等传统的物业管理项目，到作风建设、文明创建、管理信息化、大型会务保障、访客接待、膳食服务、公共机构节能等管理职能，这种以科学化和优质服务为目标，以专业化和社会化为特征，以健全的组织机构、制度体系和管理力量为保障的可持续发展的政务物业管理形态，在政府机关政治核心区安全保卫、秩序稳定、良好运行中，发挥着越来越重要的作用。

《中国政务物业管理概论》对政府机关后勤保障纵向发展和横向职能进行了探讨，广泛汲取、梳理提炼，在国内首次推出“政务物业”全新概念。一方面，有助于从业人员全面了解政务物业的运行流程和制度规范，促进政务物业管理精细化、标准化、制度化、现代化发展；另一方面，《中国政务物业管理概论》对政务物业管理在未来发展中所面临的“多元并存”“市场融合”“专业发展”“信息科技”等问题进行了探讨，通过抛砖引玉，与大家一起努力为政务物业管理的发展出谋划策，以期完善制度标准，增强保障能力，提高工作效率，提升服务品质，更好地为机关政务运行提供保障。

2016 年 9 月 13 日

目　录

第一章　政务物业管理的定义

第一节　物　业

“物业”一词古已有之，在汉语中“物”“业”二字是多义词。“物”主要有两种含义：一是指存在体，即由自然生成或人工形成、占有一定空间、可被人感触的有形体和客观存在体；二是指“我”之外的人、物或环境，即特定主体以外的周围客体。“业”也主要有两种含义：一是指人们所从事劳动的社会政治经济部门需付出劳动的岗位，如工业、就业；二是指归属于一主体所有的体力劳动和智力劳动成果，即财产，如家业。宋朝李纲的奏章中有“在京有物业者，仍令各进家财以助国用，事平，旋行给还”之议；元朝石子章《竹坞听琴·楔子》中有“这一纸文书将我那家私里外田产物业，你都与我记者”之文；中国近代史资料丛刊《辛亥革命·洪全福起义档案》中亦有“教堂教民物业”之称谓。①

当今物业管理中通行的“物业”概念，译自英语 property 或 estate，由香港

① 李斌．物业管理——理论与实务［M］．上海：复旦大学出版社，2012 年 9 月第 2 版，第 1 页．

地区传入中国大陆。property 一词的意思为财产或财产权，既包括有形财产、财产权，如土地、房屋、货物、金钱等；也包括无形财产、财产权，如版权、专利权等。estate 意为财产、资产、遗产、状态、土地、不动产、庄园、种植园、地区、时期、阶段、阶层、身份、地位等，虽然它也有财产的含义，但与 property 有两点不同：一是它侧重于有财产的含义，如 real estate 仅指不动产或房地产；二是它有“产业”的含义，而产业是创造物质财富、追求利润生产或提供服务的集合体。香港地区物业管理行业对物业的界定是：物业是单元性的房地产，既可指单元性的地产，也可指单元性的建筑物。

今天我们所说的关于物业管理中的“物业”，通常用来指各类房屋建筑及其附属设备设施，有的还包括周边场地等，包含以下几层含义：①

（1）已开始建设或已建成。“已开始建设”和“已建成”是物业管理的前提。已建成的物业是经过法定竣工验收程序验收合格并对物业的权益归属已从法律上给予确定。已开始建设的物业，物业管理可以介入。已建成并具有使用功能的物业是物业管理的主要方面。

（2）相对集中在一定范围内。既可以是建筑群，如住宅小区、工业小区，也可以是单体建筑，如一幢住宅楼、写字楼、商业大厦、综合大楼、宾馆酒店、停车场、厂房、仓库等。

（3）各类房屋。房屋是供居住或非居住的建筑物本体，是指能够遮风避雨并供人们居住、工作娱乐、储藏物品和进行其他活动的空间场所。各类房屋既包括住宅类房屋，也包括非住宅类房屋；既包括建筑物自用部位，也包括其共用部位。

（4）附属设备。包括自用设备和共用设备。自用设备指由建筑物内部业主自用的门窗、卫生洁具以及通向总管道的供水、排水、燃气管道和电线等设备；共用设备指建筑物内部全体业主共同使用的供水、排水、落水管道及照明灯具、垃圾通道、电视天线、水箱、水泵、电梯、邮政信箱、避雷装置、消防器具等。

---

① 李斌. 物业管理——理论与实务［M］. 上海：复旦大学出版社，2012 年 9 月第 2 版，第 2 页.

（5）配套设施。指物业管理区域内业主共有共用的设施，如水塔、锅炉房、配电室、化粪池、小区内道路、绿地、停车场（库）、照明管路、排水管道等设施。

（6）相关场地。指物业所占用的场地和与物业价值不可分割的相邻场地、庭院等。

（7）已确定的业主权益。物业是有明确的所有权人，并处在一定的建设用地范围内，对业主权益有明确的规定，有特定的使用人群界限的。按所有权性质，物业可以划分为私有产权物业和公有产权物业。

第二节　物业管理

从英文翻译的角度来说，物业管理的基本概念“property management”或者“real estate management”，可以称为“不动产管理”或“房地产管理”。因为要与传统的房地产管理区别开来，也有人直接用“物业服务”或“物业经营”来替代“物业管理”。①

从物业管理应达到的目的来看，物业管理是一门掌控管理与专业综合服务的艺术，务求在建筑、科技、法制、财务及主观情绪等限制下，通过有效的市场推销和规范的日常管理，提供不间断的优质运作及最佳用度的物业，以满足业主及用户的多元需要及期望，保持并实现物业价值，满足物业客户需要的经营管理活动。②

从法律的角度而言，根据2016年1月13日国务院修订的《物业管理条例》第2条对物业管理的定义，物业管理是指“业主通过选聘物业服务企业，由业主和物业服务企业按照物业服务合同的约定，对房屋及配套的设施设备和相关场地进行维修、养护、管理，维护物业管理区域内的环境卫生和相关秩序的活动”。物业服务企业，是指依法设立、具有独立法人资格、从事物业

① 李斌．物业管理——理论与实务［M］．上海：复旦大学出版社，2012年9月第2版，第6页．

② 李斌．物业管理——理论与实务［M］．上海：复旦大学出版社，2012年9月第2版，第7页．

管理服务活动的企业。物业管理在立法上的定义涵盖了四个要点：第一，物业管理是法律规范的行为。它是物业所有人与物业管理者之间的一种契约行为，这种约定一经签订，就形成了双方共同承担的法律责任。第二，物业管理是经营性行为。经过物业所有人的授权，物业管理者以经济手段从事管理和服务，使物业既发挥使用效益，又产生经济效益。第三，物业管理是授权行使管理权。物业所有人对物业管理者一经授权，物业管理者即对授权范围内的物业行使管理权。第四，物业管理的内容一般应包括对物业的养护、修缮和经营。

从我国物业管理的实践角度来说，物业管理存在广义和狭义两种理解。广义的物业管理，是指在物业的全寿命周期内，为提高物业的经济价值和使用价值，对各类物业实施全过程的管理，并为物业所有人（业主）和使用人提供有效周到的服务。如物业的开发、租赁、销售及售后服务，以及在使用中装修管理、修缮管理和为物业使用人的生产、经营、居住而提供的多形式、多方面的综合服务。狭义的物业管理，是指物业管理者受物业所有人的签约委托，按照国家法律和行业标准行使管理权，运用现代管理和先进的维修养护技术，以经济手段管理物业，从事对物业的养护、修缮和经营，并为使用人提供高效优质价廉的服务，使物业发挥最大的使用效益和经济效益。简单来说，物业管理是指一切关于房屋地产发展、租赁、销售及售租后的服务。

物业管理的这一定义，有着丰富的内涵。①

（1）物业管理的管理对象是物业。这个物业是指在建或已投入使用的物业。

（2）物业管理的服务对象是人，即业主和物业使用人。

（3）物业管理的主要服务提供者是物业服务企业及其从业人员。

（4）物业管理的主要产品是劳务或服务。

（5）这种劳务、服务的投入能提高物业的使用价值和效用，延长物业的使用寿命，并达到物业保值、增值的作用。

（6）物业管理采用现代建筑、管理、服务科技手段对物业实施全方位、

---

① 李斌．物业管理——理论与实务［M］．上海：复旦大学出版社，2012年9月第2版，第8页．

多功能、多层次的服务和经营。

（7）物业管理是具有中介性质的信托服务，它接受业主委托，通过一定的委托合同契约，规定相关各方的权利和义务。

（8）物业管理的基本要求是统一管理和协调，既包括相对独立的物业或物业管理区域物业的统一管理和协调，也包括辖区范围内各个方面的统一管理和协调。

（9）优质的物业管理与社区服务相结合，为业主和使用人提供物质、精神方面的服务。

对此，我们可以从以下五个方面来理解这个意义上的物业管理的概念。①

（1）物业管理是由业主通过选聘物业服务企业的方式来实现的活动。

业主对物业进行管理，一般有三种方式：一是业主自己进行管理；二是业主将不同的管理内容委托给不同的专业服务公司进行管理；三是业主选聘物业服务企业进行管理。

（2）物业管理活动的基础是物业服务合同。

物业管理活动的实质是业主和物业服务企业就物业服务企业提供的服务为标的所进行的一项交易，它通过合同产生。物业服务合同确立了业主和物业服务企业之间被服务者和服务者的关系，明确了物业管理活动的基本内容。

（3）物业管理的内容是依约定进行管理和服务。

物业管理的内容主要有两方面：一是对房屋及配套的设施设备和相关场地进行维修、养护、管理；二是对物业管理区域内的环境卫生和秩序进行维护，包括物业服务企业提供的保安、保洁、绿化、交通及车辆管理等服务。除此之外，物业服务企业可以接受业主和使用人的特别委托，为其提供物业服务合同中没有约定的服务项目。

（4）单个物业管理区域具有物业服务企业的唯一性。

一个物业管理区域不能有多个管理主体，而只能成立一个业主大会，只

① 李斌．物业管理——理论与实务［M］．上海：复旦大学出版社，2012 年 9 月第 2 版，第 17 页．

允许一家物业服务企业从事物业管理，实施物业管理区域内的统一管理。

（5）物业管理的属性是经营。

物业管理被视为一种特殊的商品，它将分散的社会分工汇集起来统一管理，诸如房屋维修、养护、保洁、保安、绿化等。每位业主只需面对一家物业服务企业就能将所有关于房屋和居住（工作）环境的日常事宜办妥，而不必分别面对各个不同部门。

第三节　政务和政务物业

政务，就是指政府的事务性工作，即行政事务；泛指国家的管理工作。

在现代法治社会中，政府的身份具有双重性，一方面它是国家和社会的管理者；另一方面它也是社会的成员之一，也是被管理者。作为被管理者，它应受到三种关系的制约：一是党务管理；二是政务管理；三是事务管理。党务管理是指上级党组织按照党章和法律法规对下级党组织及党员进行的管理，它主要包含意识形态、人事组织、宣传教育、纪律检查、团务和群众工作等。政务管理是指上级政府机构就下级政府机构所承担的国家和社会管理职责而进行的指导、命令和监督。政务管理覆盖政府职能管理的各个方面，包含政府机关的各种业务工作的管理，是政府工作的主要内容。除了党务管理和政务管理之外，当政府机关撇开具体的国家和社会事务的管理职能而作为社会成员存在时，其自身也应依法接受来自政府特定部门和属地政府的管理，即机关事务管理。

由此可以看出政务管理的特点：

（1）从行为目标看，政务管理一般以公共利益为服务目标。

（2）从行为领域看，政务管理主要发生在公共领域。

（3）从行为方式看，政务管理一般以强制手段（以国家暴力机关维护合法权益）为后盾，具有凌驾于其他一切社会组织之上的权威性和强制力。

（4）从组织体系看，政务管理的主体——政府机构，具有整体性，它由执行不同职能的机关，按照一定的原则和程序结成严密的系统，彼此之间各有分工，各司其职，各负其责。

由此而来，政务是政府机构对物资、资金、信息的管理、控制和运用。在新形势下，政务管理由原来传统意义上的政出多门转变到大部制上来；运行方式由传统意义上的“封闭”运行转变到开放发展上来。

政府机构的政务活动所需的办公区域，有其必要的办公楼宇、会议场所、停车场库、院落绿地、用餐场所以及配套的办公系统、变配电系统、给排水系统、安防监控系统、消防系统、空调系统、会务影音系统等设施设备，即政府机构办公区域的物业，可称之为“政务物业”。

第四节 政务物业管理

1999 年，在上海机关后勤学习邓小平理论研讨会上，上海广播大厦大楼管理处的黄耀明提出“机关后勤转制物业管理”新思路。他认为要从以往的后勤管物业模式转制到物业办后勤的模式，从机关后勤部门无偿地管理物业到企业化的物业公司来为机关服务。[①]

一、后勤和机关后勤

后勤，最早是一个军事概念和军事术语，是后方勤务的简称。后勤是机关内部为保证本机关工作顺利进行，对包括物资、财务、环境、生活以及各种服务项目在内的事务工作的管理；也是指通过筹划和运用人力、物力、财力，从物质和技术方面保障需要的工作组织。后勤的概念包含四个基本特征：一是后勤作为社会活动的组成部分，也是一种“职业类型”，既为达到某一目的而进行的行动，同时它又是一种组织；二是它是一种保障性的工作和专门负责保障的组织；三是它是以筹划和运用人力、物力、财力为手段的保障工作和保障组织；四是从物质和技术方面保障社会活动需要的工作和组织。

① 顾水根．学习邓小平理论，研究后勤改革发展中的六个课题——上海机关后勤学习邓小平理论研讨会综述［J］．中国机关后勤，1999 年第 1 期．

“机关后勤”是我国特有的称谓，是从计划经济时期沿袭下来的。“机关后勤”是一个复合名词，是指国家机关为保证自身正常履行职能，对机关内部的财产、人员、经费等资源进行统筹管理的各项工作，特指为机关提供的物质技术保障和为机关工作人员提供的生活服务保障事项，出发点是为机关活动提供服务保障。“机关”一词在《现代汉语词典》中有三种解释：一是控制机械运行的部分；二是指办理事务的部门；三是指周密而巧妙的计谋。作为“机关后勤”中的机关，指的是国家机关，是国家为行使其职能而设立的各种机构，是专司国家权力和国家管理职能的组织。根据宪法和法律的有关规定，国家机关包括国家权力机关、行政机关、审判机关、检察机关、军事机关。《中华人民共和国公务员法》第 2 条将中国共产党机关、各民主党派机关和人民政协机关的工作人员纳入公务员法管理。邓小平同志曾指出：“后勤部门，工作量大，政策性强，十分重要。”机关后勤工作是党和政府机关工作的有机组成部分，是为机关职能正常运行提供物资保障的基础性工作。① 随着社会经济的快速发展，机关后勤的组织保障功能也逐步向市场形式的服务功能和社会化转变，突出表现为形式多样化、功能社会化。

机关中的后勤工作，有广义和狭义之分。广义上，所有保障机关职能正常运行的辅助性工作都应属于机关后勤，包括物资供应、资产管理、财务保障、人员配备、生活福利、文件运转、档案保存、沟通协调等相对于机关履行外部职能的一切内部工作。狭义上，机关后勤工作就是内部事务中为保障机关职能活动正常运转所提供物资技术保障和服务的各类事项，包括机关资产保障、物业保障、公车保障、接待保障、会议保障、住宅和餐饮保障以及其他由机关承担的社会事务工作等。它又可分为服务和管理两个层面。从服务层面来说，是指为政府机关的有效运转提供物资和服务保障，即提供基础性条件，它主要包含食堂伙食、机关物业、机关车队、印刷修理、老干部服务等，俗称后勤服务。从管理层面来说，主要是指为了有效控制行政机关运转成本，保证财政资金的有效使用对机关运转所进行的必要管理，包括机关

① 张中伟．以邓小平理论为指导，积极做好机关后勤工作［J］．中国机关后勤，1999 年第 3 期．

行政财务、固定资产、房地产、办公信息化、政府采购、员工福利、公务接待等管理以及对后勤服务提供规范和标准的管理。

二、“机关后勤”的必要性

“机关后勤”是为保证国家机关正常履行职能，对机关内部的财产、人员、经费等资源进行统筹管理的各项工作，为机关提供的物质技术保障，为机关工作人员提供的生活服务保障。在市场经济越来越发达，社会分工越来越细的背景下，即使是美国这样一个市场经济和社会第三产业高度发达的国家，也设置总务署专门管理联邦政府的机关后勤工作。这证明了一点，机关后勤保障不可或缺。这个不可或缺性体现在以下几点：

（1）政府工作正常、有序、高效运转的客观需要。政府职能的运转，即管理社会、服务社会的政务活动，需要以人、财、物为基础，其中对政府的资产管理和物资保障是机关后勤工作的重要内容。政务工作是面向社会服务，政务后勤管理则是保障政府工作正常运转。因此，机关后勤是政府工作的重要组成部分，即使市场经济高度发达，政府机关的后勤工作也是社会其他组织所不可替代的。

（2）机关后勤有其自身运行特性。政府机关部门不同于其他社会组织，其政治性、安全性、稳定性决定了政府机关后勤工作有别于社会第三产业，有其自身的特殊性。同时，机关后勤管理涉及面比较宽，既有房地产、设施设备管理，又有物资供应；既有技术服务，又有专业化管理，需要专门人才，专门的知识。设立专门机构，强化事务管理，有利于提高政府工作的保障效率。

（3）统一后勤管理，有利于精简机构，减少人员。设置专门的管理机构，统一管理各部门的机关后勤工作，有助于各部门摆脱具体事务工作，精简机构和人员，转变职能，做好政务工作，同时有助于提高事务管理专业化水平。

（4）有利于依法行政，加强政府廉政建设和监督。实行后勤工作集中统一管理，可以加强宏观调控，统一保障标准，避免政出多门，克服苦乐不均，促进政府廉政建设。

三、机关后勤和政务物业管理

当今社会快速发展，社会分工越来越细，第三产业各类名目层出不穷，机关后勤的组织保障功能也逐步向功能细化、形式多样发展。政府机关活动区域的物业管理和事务运行保障，显现出显明的政务特质和需求。政务物业管理是机关后勤管理发展的必然成果，它要对政府机构政务活动区域内办公楼、会议室、停车场、院落绿地等物业进行统一管理，为政府机关的有效运转提供办公保障、安全秩序、会务保障、车辆管理、膳食保障、保洁服务等。

传统的机关后勤发展为今天的政务物业管理提供了良好的运行基础和行业优势。

1. 管理规范，架构成熟

政务物业管理中的房屋建筑及其设备设施管理、保洁、保安、绿化、消防、车辆停放、道路交通管理等常规服务，以及会务保障、食堂餐饮等延伸服务，都有其特定的政务需求和品质标准。长期以来，机关后勤在服务机关、保障政务运行方面积累了丰富的经验，其管理规范、运行模式较为成熟。为日常管理和重大任务的保障提供了良好的基础条件。

2. 提供的专业技术和品质要求较高

政府物业管理部门是从机关后勤服务部门分离出来的，其作用主要在于满足政府政务运行以及机关干部的各种日常需求，所以在行业规范和品质要求上都有较高水准，无论在服务项目上，还是在服务的标准上都有严格的指标。服务管理标准化、规范化、精细化，为机关单位和广大干部职工提供热情、耐心、周到、细致、优质的服务是机关后勤服务部门始终遵循的目标。机关后勤部门多年来培养了一支具有较强管理能力和较好专业技术水平的职工队伍，是政务物业管理单位相对社会物业一般公司的巨大优势。

3. 政治意识与政务安全有保证

机关后勤部门的职工长期为机关服务，政治性、安全性、可靠性强，人员综合素质和政治意识有可靠的保证。

政务物业管理由机关后勤管理发展而来，是从体制内部为政府机关提供物业管理服务的，是一个集管理、保障、服务为一体的系统工程。政务物业管理既受到上级主管部门的直接管理，又受到所属行业的间接约束。政务物业管理单位根据政府机关部门的工作安排或合同协议要求，围绕政府机构的政务活动，运用现代管理科学和先进技术对政府机构办公区域物业实施统一的专业化管理，对区域内的房屋、建筑、场地及其附属设施设备进行维修、养护、管理和保障，负责相关区域的安保秩序、环境卫生、访客接待、会场服务和重大活动保障，向政府机构提供全方位、多层次的综合服务，保障各类政务活动的正常运行。

政务物业管理具备以下几大特性和要求：

1. 政务物业管理主要由体制内提供

一般来说，物业管理可选择三种方式：一是业主自己进行管理；二是业主将不同的管理项目委托给不同的专业服务公司进行管理；三是业主选聘物业服务企业进行管理。政务物业管理因其服务对象的特殊性，对政务核心区的政治性、安全性、保密性、应急性、时效性等要求都很高，对以上三种方式不能全盘照搬照用。而是采用主要由体制内牵头，自管与托管相结合的模式。在这种情况下，政务物业在受到行业标准规范约束的同时，接受上级主管部门领导是其主要特点和任务。这一特点决定了政务物业管理除了完成项目合同约定的保障任务之外，还必须及时高效地完成上级主管部门所安排的临时工作和突击任务。

2. 政务物业管理项目繁多，服务延伸广

随着现代社会的发展和政府机构运行的需要，政务物业管理的内容也有了极大的扩充，除了传统的设备设施检修、安全保卫、园林绿化、卫生保洁、车辆管理等日常工作之外，还要承担政务区域智能化、信息化管理，大数据应用与管控，政务节能管理、会务保障、膳食服务、信息发布，更有汽车、电动车充电，洗车服务，快递报纸投送等众多便民服务。政务物业管理服务的内容远远超出一般社会服务的范畴。

3. 政务物业管理的目标任务是保障各类政务活动的正常运行

政府的政务管理是保证国家和社会各项活动和工作能够正常开展和运行。

政务物业管理的服务对象是政府机构办公区域内的各类机关和群体这个“大业主”，政务物业管理就是要通过现代科学管理和先进的技术手段保障各类政务活动的正常运行，进而保障国家和社会各项事业的正常发展。这一点与一般物业管理做好一个小区、一栋楼或某个单项的日常生活保障是大不相同的。

4. 政务物业管理遵循物业管理行业规范和专业化标准要求

政务物业管理服务内容的延伸和扩充，丰富了物业管理的内涵，但政务物业管理不能脱离物业管理的行业规范和专业标准而独立存在。政务物业管理绝大部分的工作内容和日常服务与一般物业管理是一致的，比如及时的设备维修、周密的安全秩序、清洁的卫生环境以及有序的车辆引导停放管理等，行业标准的规范和考核监督运行体系也是政务物业管理实现长远发展的根本保障。近年来，政务物业管理相继引入了国际质量管理体系、环境管理体系、职业健康安全管理体系、节能管控体系等国际标准体系，进行服务质量控制和绩效考核，在一般性行业管理的基础上，紧扣政务保障需求的特点，在专业化、标准化、规范化方面走在行业的前列。

第二章　政务物业管理的内涵

政务物业管理是一个集管理、保障、服务为一体的系统工程，也是一个非常宽泛的概念，有其独特而丰富的内涵。

第一节　政务物业管理的范围

政务物业管理的范围包括管理项目区域、服务对象、秩序运行三个方面。

一、管理项目区域

一般来说，物业管理项目区域是在建或已建成交付使用的各类物业。它包括各类房屋建筑如写字楼、住宅楼、商业大厦、停车场、厂房仓库等；各类配套设备如燃气管道、消防器具、电器管线、给排水通道、电梯空调等；各类设施如生活水箱、水泵房、锅炉房、配电室、绿地等。简单来说，在与确定的业主约定的权益范围内，都是物业管理的项目区域。

政务物业管理拓展了物业管理项目区域的含义和内容。政务物业管理是围绕政府机构的政务活动开展工作，所以在通常的物业管理项目区域之外，其管理的项目区域更加宽泛。

1. 会务场所与会务保障

政务物业管理中的会务保障是政务物业管理区别于社会一般物业管理的显著特征之一。一般商业写字楼很少配备规划型的会议室，常见的都是办公室兼有会议室的功能，而且因为会议类型单一，会议规模以微型、小型会议为主，业主也很少需要物业管理单位提供会务保障。

为确保各项政务活动的正常开展，政府机关的会务保障是机关事务工作的重要组成部分，也是政务运行的必不可少的支撑。日常运行的政务工作伴随着大量人、财、物、事的协调落实，这些协调工作基本都需要在会议中解决。因此，政务物业的办公楼宇往往包含各种类型的会议场所，会议场所与会务保障是政务物业管理的一项重要工作内容。

另外，政务活动中的领导人会晤、外事接见、友好访问等政务活动，往往不局限于政府办公楼内，经常会在一些意义重大、影响深远、政治意义鲜明的专门从事会务接待的楼堂馆所举办。如北京的人民大会堂、钓鱼台国宾馆等，钓鱼台国宾馆是国家领导人进行外事活动的重要场所，是国家接待各国元首和重要客人下榻及会晤、会议的高级宾馆，这些都是政务活动保障必不可少的项目区域，有其独特性和重要性。政务物业管理区域也包括此类会堂、综合楼、酒店、招待所等房屋建筑。显然作为政务物业管理对象的酒店，与社会餐饮行业经营场所的酒店相比，无论是酒店的运营管理还是营利任务，都与政务物业运行保障的场所有很大的区别，政务物业的会堂、综合楼、酒店、招待所等，主要以保障政府机构的政务活动正常有序开展为目的，这些也是政务物业管理的重要内容和基本任务。

2. 机关食堂与膳食保障

随着现代科技的发展，传统的邮件投送行业与餐饮行业在互联网技术的催化下，产生了奇妙的化学反应，各种各样的点餐、送餐、用餐方式日益繁多。物业管理行业也在这场方兴未艾的创新大潮中扮演了积极的角色。除了常规性的公共服务之外，物业管理还拓展了较为完善的咨讯传达和报刊快递等一些专项服务，如物业管理单位与业主事先约定，个性化的定时点餐送餐服务。日常管理中的精细服务和“业主至上”理念得到充分体现，更体现了物业管理行业与时俱进、创新发展的时代要求。

机关食堂与膳食保障是政府机构政务保障中一项不可或缺的重要工作，它的主要职能是保障政府机构广大干部职工的方便就餐，属于政府机构各项政务活动正常开展的基础性保障。机关工作人员的膳食保障是政务物业管理的重点工作和重要任务之一，它的保障对象、运作流程、管理的标准和要求都带有明显的政务特色。我们熟知的机关食堂，就是政务物业膳食保障的集中体现，它是由过去的机关后勤管理发展而来。长期以来，在机关后勤管理中，食堂餐饮为政府机构的工作人员提供了必不可少的基础性服务。随着时代发展和需求的不断进步与发展，机关膳食保障作为政务物业管理中重要一环，自身的发展和保障功能都有了长足进步，机关食堂的存在，同时满足了政府工作机构高效运行和管理机构精简成熟的需要，为机关政务日常运行提供保障。

3. 车辆保障与停车场管理

如今城市中穿梭往来车辆越来越多，一定程度上体现了我国经济发展和社会文明程度的提高。截至 2016 年 1 月，中国民用汽车保有量约 1.5 亿辆，千人平均汽车保有量为 105.83 辆。随着汽车市场的迅猛发展和人们生活水平的不断提高，无论在居民小区、写字楼或商场等物业项目中，都有附带或者专门的车辆停放管理业务，停车矛盾、车位协调也成为物业管理中比较常见又亟待解决的问题。

政务物业管理中的车辆保障和停车场管理，相对一般社会物业管理而言，保障群体特殊，规模集中，智能化管理程度高，实际管理工作中所遇到和需要解决的问题也更多更复杂。首先是分区管理。政务物业区域的车辆有公务用车、工作人员的私家车、政务服务窗口访客车辆、机关单位会务活动及日常访客车辆等作为管理人员，就必须对以上车辆按时间和种类进行区分，使之分别停放在相对应的区域。由于停车泊位资源有限，一般都会采取按比例分配将车位分配到各单位，然后各单位再自行调剂使用。为了解决僧多粥少的情况，大多停车场都会采取收费管理的方式。诸如此类的情况都是政务物业保障与社会物业管理的不同特点。政务物业管理除了解决社会物业所遇到的难题外，更多的是解决政务物业保障中各种特殊群体的矛盾，协调好各方的利益。

政务物业管理中的公务车辆保障是政务活动开展的基础性保障，为机关政务各项活动的开展提供服务。这就是我们熟知的机关车队。随着公务用车制度新规定在全国的推进和落实，中国的公务用车保障体系和形态发生了根本性的变革。改变旧体制下的专车专用，通过改革公务交通保障方式、合理发放公务交通补贴标准、妥善安置司勤人员、规范处置公务用车等一系列的措施，公务用车走上了科学规范、低耗高效的新轨道。政府机构公务用车保障开启了一个新的纪元。

二、服务对象

一般来说，物业管理的服务对象是业主、租户和物业的其他使用人。物业管理按照约定为业主提供服务。具体一些，服务对象包括小区居民、写字楼的租赁单位、商厦租户、拥有厂房的企业单位、学校的师生、医院的医患群体等。无论是单纯的住宅区还是有各色经营单位的楼宇大厦，这些业主都从事不同性质的工作，是一个个单独的个体，对物业管理服务的要求也不尽相同。

政务物业的业主是一个大的“集合体”，是一个“大业主”，这个“大业主”由政府机构、机关单位以及各单位工作人员构成。政府机构和工作人员保持机关政务活动的正常运行，政务物业的管理与普通的社会物业管理有所不同，它紧紧围绕“政务” 保障和需求开展工作，有共性需求，也有个性化服务。

三、秩序运行

物业管理是为业主、租户和物业的其他使用人提供与完善物业的使用效能、提升物业价值与使用价值相关的服务，这些服务具有全天候、全方位、全过程的特点，将管理、经营、服务融于一体，物业管理单位的运作过程也有一些具体的特点。

1. 物业管理是服务型管理

物业管理所从事的各项管理活动都是服务活动，是为业主和使用人提供服务。服务是物业服务企业的基本经营理念，业主聘请物业服务，解决物业日常管理方面的问题，享受专业团队的服务，即通常所说的“花钱买服务”。尽管物业管理的某些活动属管理性质，如对房屋装修的管理、对车辆乱停乱放的管理等，但从根本上来说通过服务的方式完成管理任务，以达到管理目的。物业管理单位在日常工作中，不断寻找自身在服务能力、服务水平、服务态度三个方面与业主要求之间的差距，不断完美，持续改进，提高服务质量和管理水平，做好物业管理日常工作。

2. 物业管理的实践性、事务性

物业管理的具体工作要考虑到每一项工作或服务做什么、什么时间做、什么地方做、哪些人做、怎么做、做的要求和标准是什么、做的过程中要注意哪些问题等，每件事，每个人，每个环节以及过程，都是实实在在的具体事务，繁杂而重复，显示出较强的事务性和实践性。

3. 物业管理的时效性

物业管理服务要及时，这是基本要求。卫生清扫、垃圾清运、设备维修等，诸如此类的问题是物业管理服务经常碰到的。诸多的问题如果不能得到及时处理，其日常管理工作的正常运行与保障就达不到要求，影响业主的工作生活品质，履约能力大打折扣。损害业主利益和自身形象。现在有很多物业管理单位做出“24 小时热线”“5 分钟到场”等服务承诺，也是物业管理与时俱进、以人为本的服务理念的体现，用最短的时间为业主提供最简捷的服务。

4. 物业管理的系统性、综合性

一个小区、一幢大厦或某个物业区域的物业管理是一个系统，物业管理的各项工作、各项服务、各个环节构成许多子系统，每个子系统之间联系紧密，一个环节出了问题，便会对其他环节产生影响。物业管理是一项系统工程，要求各项工作既要分工明确，各司其职，又要统筹兼顾，互相协调配合。对物业管理服务人员来说，强调工作不分分内分外、分工不分家，全员管理，全员服务，以团队群体的力量，完成物业管理综合性事务。

从政务物业管理来看，相比一般社会物业管理，在运作中服务性更强，时效性、品质标准要求更高。政务物业服务中的会务保障、访客接待、办公区卫生环境卫生等，尤其是涉外接待、外事活动的保障，细节、时间、空间等具体事务更繁杂，标准要求也更高。因此，提供政务物业服务的时效性、可靠性、应急性特点更加明显。

政务物业管理在重大活动以及突发事件的处置保障过程中，为了更好、更迅速地调动各方资源以便开展工作，在特定的时间、环境、事件过程中，政务物业管理在保障政务活动时的一些权力，可能会被临时转移至上级行政主管部门，这也是政务物业由体制内单位部门自管与托管相结合的管理模式所显现出的又一特点。例如，在处理群众访问事件时，政务物业管理单位在职责范围内做好汇报、劝说和阻拦之外，因为没有执法权，所起的作用很有限。上级行政主管部门的介入，可以协调相关的政府部门参与联动，协调处置，化解矛盾，平息事态。

同样，由于政务物业管理的体制、模式特点，在日常服务中的某些项目的优先度会做临时调整，而且这种调整是经常会发生的。普通的社会物业管理，常规的工作计划基本可以满足业主的服务需要，偶尔的设备维修等临时性任务，完全可以停下日常工作，把其当成是最高优先度任务进行解决。政务物业管理中的“优先度调整”不同于物业常规管理中突发性和临时性的设备维修，而是根据政务工作的需要和变化进行调整安排。比如一间会议室某天下午安排了两场会议，按照工作计划，会服人员只需分别在12点和16点进行会前准备，同时跟踪做好会场服务即可。因政府部门工作临时调整需要，临时在这间会议室安排了一场重要的会见，约需耗时2小时。很明显“会见”的优先度更高。这时，政务物业管理如何协调这3场次活动保障，其中涉及人员安排、场地调整、外场车辆引导、会场保障等各环节内容调整，这也是“服务优先度调整”对政务物业管理的高要求。

第二节　政务物业管理的服务内容

通常来讲，物业管理的基本服务内容按服务的性质和提供的方式可分为常规性的公共服务、针对性的专项服务和委托性的特约服务三大类。

1. 常规性的公共服务

（1）房屋建筑主体的管理。

（2）房屋设备、设施的管理。

（3）环境卫生管理。

（4）绿化管理。

（5）治安管理。

（6）消防管理。

（7）车辆道路管理。

（8）公众代办性质的服务。

2. 针对性的专项服务

（1）日常生活类，如为住户收洗、缝制衣物，代购日常用品，进行室内卫生清扫、室内装修，代购代订车船、飞机票，接送小孩上学。

（2）商业服务类，开办各种商业服务项目，如小型商城、美发厅、修理店等。

（3）开办各种文化、教育、卫生、体育类活动。

（4）金融方面，代办各种保险业务及信用服务等。

（5）经纪代理中介服务，如物业的销售、租赁、评估、公证等。

（6）提供带有社会福利性质的各项服务工作。

3. 委托性的特约服务

它是为满足物业产权人、使用人的个别需求，受委托而提供的服务，实际上是专项服务的补充和完善。

以满足政府机关政务活动开展的需要为目标的政务物业管理，因其不同的服务对象、不同的管理区域和运作特点，其管理服务的内容、品质要求、服务标准也有所不同。

1. 会务保障

会务保障是政务物业管理的特色服务。政务物业管理的会务保障频率高，涉及会议场地、会议影音设备系统、服务人员组织分工、会场外围人员和车辆引导、环境卫生、席卡、灯光、空调、茶具、内场清洁、布置、跟踪续水、会后整理等。与一般物业管理中常规的中、小型会议相比，无论是在会议的规模级别上还是保障需求上都超出常规的概念。几百人甚至逾千人的会议，是省市以上政府机构常见的规模，且场次上也相对频繁。如果涉及大型或超大型会议，抑或有重要领导出席的场所，一般不会局限在政府办公区域，而是安排在接待酒店或者有重大意义的楼堂馆所进行。随着节约型政府的建设，为降低行政成本，节约会议开支，方便会议组织，减少人员在会场间奔波，会议设备系统的信息化应用迅速推广开来。电视电话会议等远程会议保障无论是技术手段还是保障机构流程日臻完善。政务物业管理的会务保障，在整个政务物业服务内容中占有很大的比重，会议场地要求与保障方式的不同，对办公楼会议、电视电话会议和酒店会议高规格接待等都有相对规范化的要求，而这些特殊的要求与服务保障形成了政务物业会务保障管理的重要特色。

2. 设施设备管理

物业管理中设施设备管理重点是保证其运转正常，为物业区域工作、生活、安全秩序正常开展提供保障。政务物业管理中，除了设施设备日常运行的检查养护和设备故障时的抢修应急处置外，对诸如变配电、电话总机、消防监控、节能管控等一些特种设备和特殊项目的保障上也显示它的独特性和重要性。政务物业中区域的办公楼宇、会议场馆、设备机房以及环境区域一般配套双回路电路、电话总机、会议信息化保障系统、供水高压水泵等，这类设备的管理实操和运行要求全天候 24 小时良好运行。

就变配电而言，政务物业区域常用的是双回路供电，以保障政府核心区域政务运行不受外部供电的影响。当其中一路供电发生问题的时候，另一路备用线路要及时保障供电。再如政务物业中设施设备的节能管理。政务物业管理在体制自管方面受到国家大政方针的影响非常直接和明显，设施设备的节能降耗减排又是最显著的一个方面。一般物业管理对节能降耗管理的方法和措施都非常有限，止步于呼吁和号召，其根源在于物业管理单位和业主之间是平等的契约关系。而政务物业管理单位与“大业主”之间除了合同关系，其直属的上级主管部门也是“大业主”的一分子，这就形成了在节能降耗减排方面，政务物业管理单位在呼吁和号召工作之外，必须根据上级主管部门的工作指标或考核标准拿出切实有效的节能措施并严格落实。随着现在楼宇办公自动化的普遍应用，楼宇节能设备元素、管理手段和指标要求都有了更成熟的运用。这也是政务物业公共机构节能的一项重要工作。再如各类设备运行数据保密性，无论在工作要求上，还是规范程度上，都与一般社会物业管理有着很大的区别。政务物业设施设备管理在保障政务工作正常进行的同时，保留、存储了大量涉及政府日常运行的保密数据，而这些数据的保存、使用与处理都有严格的制度要求和流程规范。

3. 空间环境管理

这里的空间环境管理包括物业管理中的卫生保洁和绿化养护两方面的内容。卫生保洁方面，一般物业管理基本安排专人定时定点开展保洁工作，清扫时间间隔较长，人均负责清扫面积较大。政务物业管理则是时间间隔紧密，核心区域人均负责包干区域面积较小，但清洁标准要求较高。例如某市政府办公楼，1 名保洁员需负责部分楼梯通道、1 个卫生间（男、女）和 5 间办公室的细致保洁。从早 6 点至晚 8 点，除早晨集中保洁外，其他时间平均每 2 小时做一次跟踪保洁，卫生间卫生要求无异味，地面干燥无水迹；办公室要求空气清新，地面整洁，热水常备，报纸杂志送达及时，同时办公室物品摆放保持原样。

环境绿化养护方面，政务物业区域环境既要满足常规的物业管理环境质量要求，更要考虑绿化环境的面貌与政务物业区域建设环境和人文环境的协调统一。其园艺风格打造要与政府机构办公区域的历史文化相适应，与政府首脑机关办公区的特殊性相适应，与国家和时代的政治要求相适应，四季分明，清新舒适。与求全求新，鲜花簇拥，万紫千红的广场公园风格相比，更显安宁、庄重、大气。

4. 安保消防管理

物业管理中，业主的生命与财产安全是最基本的物业保障要求，物业区域的安保消防管理则是一项重中之重的保障内容。政务物业管理单位的日常工作，紧紧围绕政府机构的政务运行开展工作，以保障政府机构日常安全秩序运行为最高目标。就工作内容而言，有政务物业中的安保监控、人员车辆、包含消防设施设备在内的强弱电、给排水、空调、电梯等各类设备、房屋楼宇本体的安全等。安保队伍除政务物业安保人员外，还有武警、信访、公安等力量协同保障。安保区域是政府机构的物业区域，时刻涉及政府机关的重要活动和重大决策，这就不仅是一般意义上的业主的生命和财产安全问题了，而是关系到党和国家的重大利益和政府行政安全。对政务物业的安保消防管理要求必须时刻保持高度的政治观念和安全意识，同时在控制措施方面，建立一支素质可靠，作风过硬，技术精良的安保队伍，通过人防技防手段，为政府机关各项工作的正常开展提供安全保障。

5. 秩序维护管理

秩序维护管理是政务物业管理一项基础性工作，它是政务物业区域良好秩序维护的常规保障工作。在政务物业管理的范围章节中已经介绍过政务物业停车场的管理，停车场是秩序维护管理中有关车辆的一部分，这里我们侧重说一下秩序维护管理的另一部分，即政务物业的访客管理。政务物业的访客接待是政府机构行政管理的一项重要内容。日常的访客接待是政务物业管理的日常性工作，也是政务物业保障政务，服务社会，展示形象的窗口。

政务物业的访客管理内容包括来访和信访两个方面。其中来访管理需要严格遵守来客登记、工作人员确认、记录报备等程序，做好来访接待工作。信访管理往往比较敏感，工作也比较难做。政务物业的访客管理既要学习和熟悉信访政策和处理方式方法，更要把好防范安全隐患的第一道关卡，积极协助公安信访部门做好信访接待服务和信访秩序维持。同时政务物业管理要认准定位，坚守原则，积极联动，控制势态，保证政务区域的秩序安全。

6. 机关食堂管理

机关食堂管理也是政务物业管理的一项特色服务项目，在政务物业管理的范围中已经有所描述，这里就机关食堂的服务要求做一些阐述。机关食堂为政府机构的工作人员提供用餐服务，它的运行保障有自身的标准要求。第一是安全。食品安全是人们用餐的第一要求，在机关食堂的餐饮服务环节上抓得更紧，查得更细，把关更严。第二是便捷。机关食堂为政府机构工作人员提供用餐服务，以保障政务工作能够迅速高效地开展。因此，统一采购、统一供应、统一用餐是最为方便快捷的服务方式。第三是得体。机关食堂的用餐服务不能因为是特色服务项目而带有特殊性，在用餐标准上、菜品种类上既要满足人们基本需求，更要在菜品的质量上、品味的调和上下功夫。机关食堂与社会餐饮讲究高档、新奇和特色有着明显的区别。

第三章　政务物业管理的特征

物业管理是社会经济发展到一定阶段后的必然产物。19 世纪 60 年代，物业管理在英国发源，并紧随着经济、技术和生活理念的进步不断发展完善，在 20 世纪初期产生了专业性物业管理机构和物业管理行业组织，形成了完整的现代物业管理行业体系，在与房地产业及其他服务业相结合的基础上，对社会经济和人民生活有了越来越深刻的影响。物业管理发展至今，在各方面都形成了自身独有的行业特征和服务特点。无论是一般性的居民小区、商业大厦、办公楼，还是具有相当针对性的政务物业管理、高校物业管理、医院物业管理等都有所体现。

第一节　物业管理的一般特征

物业管理的一般行业性特征包括社会化、专业化、市场化三个方面。①

一、社会化

物业管理社会化，指由多个产权单位、业主通过业主委员会选聘一

① 郭宗逵，姚胜，高荣．物业管理［M］．南京：东南大学出版社，2015 年 8 月第 1 版．

家物业服务单位，变多个产权单位、多个管理部门的多头、多家管理为物业服务单位接受委托，在授权范围内集中实施社会化管理，将分散的社会分工汇集起来统一管理。这样就能有效克服各自为政、多头管理的旧管理体制的种种弊端，有利于提高整个城市管理的社会化程度，充分发挥物业项目的综合效益和整体功能，实现社会效益、经济效益和环境效益的统一。

物业的所有权、使用权与物业的经营管理权相分离是物业管理社会化的必要前提，现代化大生产的社会专业分工则是实现物业管理社会化的必要条件。物业管理社会化有三个基本含义：一是物业的所有权人要到社会上去选聘物业服务单位；二是物业服务单位要到社会上去寻求可以代管的物业；三是将分散的社会分工汇集起来由物业服务单位统一管理，业主或使用人只需面对一个物业服务单位，就能解决物业使用过程中出现的各种问题，就可以满足生活、工作中的多种需要。

二、专业化

物业管理的专业化，是由物业服务单位根据委托服务合同，按照产权人和使用人的意志和要求去实施专业化管理。因此，物业服务单位必须具备一定的专业资格并且达到一定的专业水平。这就要求物业服务企业有专业的人员配备，有专门的组织机构，有专门的管理工具和设备，有科学、规范的管理措施与工作程序，有专业的技术要求，运用现代管理科学和先进的维修养护技术实施专业化的管理。

物业管理专业化适应了现代社会的专业化分工的客观要求。随着经济的发展，社会专业化分工将会越来越细，物业服务单位也会将一些专项服务以合同的方式委托专业服务公司承担。例如，将电梯等机电设备维修承包给厂家或专业设备维修企业负责维修保养，将卫生清理承包给专业清洁公司负责保洁，将绿化养护承包给专业园林绿化公司负责养护，安保业务可与保安公司签约，由保安公司委派保安人员担负安保任务等。

三、市场化

市场化是物业管理最主要的特征。在市场经济条件下，物业管理服务的获取要通过市场。业主通过市场招投标选聘物业服务单位，物业服务单位通过市场竞争后接受委托并向业主和使用人提供服务。物业管理服务是有偿服务，业主和使用人需交纳相应的物业服务费用来消费和享受物业服务单位提供的服务。在业主和物业服务单位之间实际上存在着一种市场上的商品交换行为。商品是物业服务，物业服务单位是商品的生产者，业主和使用人是消费者。同样，物业服务这种商品的交换价格也要通过市场确定。

从这个意义上来讲，物业管理的属性是经营，物业服务单位按照现代企业制度组建并运作，具有明确的经营宗旨和管理章程，实行自主经营、独立核算、自负盈亏，是能够独立承担民事和经济法律责任的企业法人。物业服务单位要按照企业化模式来经营和运作，将日常管理工作纳入市场经济运行轨道，凭借自己良好的经营水平和服务质量挤进和占领市场，达到“以业养业、自我发展”的目的。

物业管理社会化、专业化、市场化的特征与现代房地产综合开发方式相互配套，与物业产权多元化格局相互衔接，也与建设社会主义市场经济体制相适应。这种集高度统一的管理、全方位多层次的服务、市化经营为一体的管理模式具有强大的生机活力和发展潜力。

在物业管理的实践中，可以总结归纳出物业管理服务内容自身具有的一些特点，帮助我们更好地理解物业管理的本质，推进物业管理工作更好地开展。①

1. 全天候、全过程、全方位

全天候服务，是指在物业管理单位受聘于业主后，在服务合同的约定时间内，要做到随时随地能够为业主和使用人提供物业服务，不受限于白天黑

① 李斌．物业管理——理论与实务［M］．上海：复旦大学出版社，2012 年 9 月第 2 版，第 11 页．

夜、阴晴雨雪、爬高就低等时间、空间客观条件的限制。比如，供电供水管路维修工作，物业管理单位能够做到无论何时停水停电都能及时抢修恢复运行就有全天候服务的意义在内。有的物业管理单位提出“24 小时服务”的服务承诺也属于全天候服务的一种。

全过程服务，是针对业主和使用人在享受或消费物业服务时，物业管理单位能够从接收服务需求信息开始，跟踪关注服务方案策划、组织落实、协调监督、回访反馈的每个环节，让业主和使用人得到及时、高效、高质的物业服务，确保物业服务质量和服务满意度。

全方位服务，要求物业管理单位在提供物业服务时要做到“横向到边，纵向到底”“无死角，无盲区”，既要把一般性的物业管理工作落实到位，又要考虑到业主和使用人的个性化需求和差异化服务，把物业服务工作做细做实。

有的物业管理服务对象对物业管理的需求有一定的时间阶段性，比如高校物业管理就面临每年的寒暑假期，商场物业管理有比较固定的上下班时间和相对固定的淡旺时段，这样似乎对全天候、全过程、全方位的物业管理服务特点有一定的削弱。其实并不是如此。全天候、全过程、全方位服务更强调在服务合同的约定时间内，物业管理单位在签订服务协议合同之初就需对此做出清晰的分析和判断，从而避免此类合同漏洞，一方面增加不必要的管理成本和责任负担，另一方面也是对人财物资源的浪费。

2. 生产和消费同步性

市场经济下商品流通一般有三个环节，即生产——销售——消费使用，三者循序发生。物业管理服务不提供实物形态的物品，物业服务单位在提供物业服务的同时，业主和使用人就在消费这种服务，这就是物业服务的生产和消费的同步性，具体表现为空间上零距离、时间上零时差。由此又可引出物业管理服务的不可储存性。

空间上零距离，时间上零时差，是指物业管理单位的物业服务在收到业主和使用人的服务需求信息后，服务人员与需求服务的业主或使用人零距离接触，比如车辆指挥停放，物业管理单位的停车场人员需要现场指挥协调车辆停放，停车人员的仪容仪表、言行举止、业务水平都直接呈现在业主和使用人面前，给其留下直观的印象。而停车场人员在提供车辆指挥服务的同时，业主即在享受车辆指挥服务，按标准将车辆停放到位。再比如，小区某户居民电灯不亮，要求物业管理设备维修人员进行检修，物业管理单位的维修人员与这户居民是面对面交流服务信息的，维修人员在检修电灯问题并最终解决的同时，居民也在同一时间享受到了设备维修服务。

在空间和时间上，物业管理服务的生产与消费同时存在、同时进行，一旦物业服务生产过程结束，服务产品也随之消失。业主和使用人即使不满意也无法“退货”。物业管理的服务产品也不能储存，一旦在一定的时间内不能利用，这些物业服务只能算浪费。一方面，物业服务的不可储存性会让物业管理单位的服务能力不能得到充分使用，给单位带来机会损失；另一方面，物业服务的不可储存性使得物业服务单位无法准确预测市场服务的需求，容易造成与业主和使用人之间的矛盾，需要物业服务单位与业主和使用人在时间和地点进行有效配合，不可掉以轻心。

3. 无形与有形相结合

物业管理单位向业主和使用人提供的服务既有立竿见影的有形服务，也有潜移默化、“看不见摸不着”的无形服务。比如，小区物业中的房屋改造、设施设备维修等，房屋修好了就是服务到位，修不好就是没能满足业主需求。疏通下水道工作，排水正常了就是提供了满意服务，污水四溢、异味刺鼻就是服务不到位。这些都可以看作是有形的服务，业主可以用直观的感受来评价服务质量好坏。无形服务，比如商业大厦的安保服务，商场之中每天人来人往，业主并不能直接感受到安保服务的好坏。如果三步丢个手机，五步丢个钱包，业主马上就能感到物业管理单位的安保工作是多么差劲。在这里，安保服务是业主和使用人在服务消费造成后果之后才有了对安保服务的直接感受。

物业管理单位要正确认识有形服务和无形服务对单位信誉和服务满意度的重要性。有形服务可以快速、便捷地提升物业管理单位在业主和使用人心中的形象和地位，但有的时候无形服务对物业管理单位的影响远远高于有形服务。按时按计划做好卫生保洁服务能让业主和使用人认可物业管理单位在保洁项目上的工作能力，毫无造型和美感的绿植养护、树木修剪也能让业主对物业管理单位的专业性产生质疑，因此物业管理单位要努力做好有形服务和无形服务的协调开展。

4. 差异性

物业管理是以向业主提供物业服务为宗旨，一方面，物业服务单位将自己的物业服务作为一种商品向业主和使用人出售，业主根据自身的需要进行采购；另一方面，物业服务质量的好坏直接影响到业主的认可度，业主的认可与否直接影响到物业管理单位能否收回成本。因此，物业管理单位在向业主提供物业服务时要因时、因地、因人而异，寻求个性化、差异化服务，从而最大限度地赢取满意度。

第二节　政务物业管理的特征

政务物业管理是物业管理具体化到政府机构办公区域后的一种特殊的物业管理形态。政务物业管理的服务对象与一般物业管理的业主有所不同，提供的服务内容更为广泛和细化，在运作方式上有自己的特点。政务物业管理单位切实负起保障机关有序运行的责任，主导建设节约型政府机关，打造廉洁政府形象，展示亲民政府形象，是其定位中的应有之义。因此政务物业管理在具有一般物业管理的行业特征和服务特点的同时，也有其自身的专业性特征。

一、政治性

政治性是政务物业管理最根本的特色，一方面这是由政务物业管理的管理对象、服务对象的特殊性决定的，政务工作、政府活动、国家职能管理等服务保障任务决定了政治性是其最根本的特色；另一方面，政务物业管理在运作中保留的自管与托管相结合的模式，也从管理机制上体现出了政治性特征。

1. 绝对忠诚

忠诚是人的一种优良品质，一个人对亲人、朋友、组织都应做到忠诚。在政务物业管理的服务保障工作中，绝对忠诚是一种更为无私、更为可贵的忠诚。绝对忠诚保证了政务物业管理单位整个队伍的凝聚力和战斗力，是保障政务活动顺利开展的坚强政治保证。绝对忠诚还推进队伍在服务保障中树立“大公无私”的精神，剔除“事不关己、高高挂起”的看客和害群之马，维护政府机构良好的内在形象。

2. 绝对可靠

周恩来总理曾讲过：“政务和事务是机关工作的两个轮子，两者缺一不可。”虽然是在讲事务管理，但也能引申到政务物业管理上来。正是因为政务物业管理绝对可靠的特征，才保证了“政务和事务”的两个轮子没有偏废其一，并驾齐驱地向前齐奔。

政务物业管理的“绝对可靠”包含了人员可靠、技术可靠、质量可靠三层意思。人员可靠是指在政治核心区及重点保障领域，政务物业管理仍保留了体制内管理的模式，一批觉悟更高、党性更好的服务人员让核心区域的服务保障工作无懈可击。技术可靠是指政务物业管理集中了社会行业中最优秀的资源，比社会中的同行业技术更为先进，水平更为高超，是整个行业的引领者。质量可靠是指政务物业管理的质量考核方式更多、标准更严、检查更频繁。例如，南京市市级机关物业管理服务中心于2014年完成了国际质量管理体系、职业健康安全管理体系、环境管理体系、国际能源管理体系四标体系审核，学习国际先进管理标准推动服务保障工作的开展。同时每年接受上级主管部门综合目标考核、个性化考核、城市环境综合治理考核、第三方考核等多项检查，确保维持服务保障工作的高标准、高质量。

3. 奉献精神

政务物业管理单位在政府机构办公区始终扮演“后勤部”“大管家”的角色，重担在肩，任重道远。政务物业管理工作看起来很平凡，但要做好，却很不易。工作做了却不容易出成绩，做了工作看不见摸不着。工作做得好，大家认为是正常的、应该的，出了差错，影响就很大。这种情况下政务物业管理的工作受到批评比较多、得到表扬比较少，受到埋怨比较多、得到理解比较少。政务物业管理队伍都是在默默无闻地工作，是幕后英雄，是无名英雄。我们常讲“任劳任怨”，“任劳”不难做到的，但做到“任怨”就不容易了，可以这么说，政务物业管理的队伍收入不高但觉悟很高，需要奉献精神；关注度不高但重要性很高，无所不在，平凡但重要；科技含量不高但专业性很高，做事不易，做好更不易。没有一种奉献精神、没有一点思想觉悟、没有一个宽广胸怀，没有一腔热血激情是很难做好政务物业管理工作的。

二、安全性

保护业主的生命财产安全是物业管理中最基本的要求，是社会安全的基石。物业管理中的安全包括不让业主的生命健康受到伤害，不使合同约定内的房屋建筑、附属设施设备等明确为业主权益的财产受到损害，不让正常有序的生产生活秩序受到冲击波动，排除约定区域内对业主生命财产造成显性、隐性威胁的安全隐患等。

政务物业管理在一般意义上的保障业主生命财产安全的任务之外，还有更深一层的肩负首脑机关安全、政务工作安全、公共财产安全等方面的责任。

1. 首脑机关安全

政务物业管理的约定区域即政府机构集中办公区和政治核心区，这些区域党政军各类首脑机关及各级行政机构集合密度极高，造成了极大的安全保障需求。机关领导上班、出行、参加政务活动等均需要周密安排，详细排查，避免出现围观、阻拦、袭击等各类安全事故，造成恶劣政治影响。

2. 政务工作安全

政务工作是党和政府管理国家和社会的主要活动，政务工作受到干扰将造成政局混乱和社会动荡，严重损害社会主义建设进程和国家利益。政务物业管理的安保工作中，一方面要加强联动，多管齐下，确保政府办公区和政治核心区的和谐平静，看好门，守好楼；另一方面也要重视人的作用，招聘好人，训练好人，使用好人，打造觉悟高、业务精、应变快的安保队伍，将各类安全隐患消灭在萌芽状态。

3. 公共财产安全

政务物业区域的建筑及配套的设施设备都是国家财产，集中了大量价值高昂、用途重要、移动性差的设备设施，都是用纳税人的钱购买来保障政府机构的政务工作正常进行的。这些设施设备很容易成为破坏、袭击的目标，造成公共财产和国家利益的损失。政务物业管理的安保工作很大一部分就是保护政务物业区域内公共财产的安全。

三、保密性

相对于一般物业管理工作中较少需要保密的资料，政务物业管理部门能够接触到的保密资料数量多、密级高、被窃概率大，因此，保密性是政务物业管理的又一个鲜明特征。

1. 坚守职业道德

政务物业管理单位的服务人员要牢记岗位职责，坚持工作流程和工作标准，在服务保障工作中不该看的不看，不该听的不听，不该说的不说，守住职业道德底线。例如，在政务会议保障时，不乱传会议时间、会议内容、参会人员等消息。在机关领导接见客人或布置工作时，应自觉回避。政务物业管理服务人员要从自身做起，既要有为机关做保障的自豪感，又要守本分、有自觉性，杜绝在保密工作中出现“监守自盗”情况。

2. 牢记协防责任

作为政府机构办公区的“大管家”，政务物业管理单位的服务人员要有“当好保护国家秘密第一把锁、第一道岗”的觉悟，时刻牢记联防、协防，与各相关部门筑好“防火墙”。门卫安保做好访客登记筛选，大厅接待做好人员鉴别，楼层保洁员当好侦察员，有可疑情况及时上报，防患于未然。

3. 协同做好保密工作

对于已经发生的“泄密”案件，政务物业管理单位要积极配合案件的调查侦破工作，提供自身掌握的资料，挽回损失。

第四章　政务物业管理的体制与机制

第一节　政务物业管理体制

物业管理在中国最早由深圳特区从香港引入，并按照香港管理模式搭起架子，经过二十多年的飞速发展，在社会化、企业化、专业化方面取得了飞速的进步和极大的发展，物业管理覆盖率较高，相关法律法规较完善，“三化一招标”模式逐渐成熟，业主自治和行业协会起步较早，创立了资质管理和持证上岗制度。物业管理迅猛发展也被引入到机关后勤事务中，衍生出政务物业管理的概念。

传统的机关后勤管理模式多由政府直接进行行政型的封闭式管理，行政色彩浓厚，不能完全适应越来越先进的现代办公大楼的科学化、专业化管理，从而影响到政务活动服务保障任务。政务物业管理引入了专业化的物业管理模式，通过先进的法律、经济管理手段对政务物业实行全方位、多功能的经营、管理、服务，保障政务活动的正常有序运行。[①]

① 谌汉初，初志坤．物业管理概论［M］．北京：清华大学出版社，2014.

一、国内部分城市政务物业管理情况

多年以来，我国政务物业管理工作中因政企不分或政府职能错位越位，迟滞了政务物业管理的发展。近些年，国家提出了“转变职能、精简机构、理顺关系、提高效率”的机构改革指导思想，要求政务物业管理走到“精简、统一、效能”道路上来，从当前看，政务物业管理在管理科学化、保障法制化、服务社会化方面取得了明显成效。

1. 上海市

上海市的政务物业管理以其得天独厚的地理位置和开放自强的心态在政务物业管理改革方面走在了全国的前列。原上海市政府机关服务中心改组为上海锦勤（集团）有限公司，又与上海盛勤（集团）有限公司合并为上海上勤（集团）有限公司，承担上海市各级机关政务活动的后勤服务保障工作，运用市场机制盘活机关后勤资源，实现国有资产保值增值。在此基础上，上海上勤（集团）有限公司用自身在政务物业管理工作中的探索经验，为机关后勤改革提供支撑，加快实现机关后勤服务社会化和市场化。

上海上勤（集团）有限公司将机关服务中心原有的编制人员转化为企业编制，采取企业化运作，设置服务质量监督管理处，负责监督物业服务的质量运行以及结算业务，实现了政务物业管理的企业化、专业化运行。

2. 江苏省①

江苏省省级机关物业管理中心（省级机关设备安装中心）对部分省级机关办公用房及集中住宅区提供物业服务，同时负责对省级机关未售公房实施管理、维护，并参与节能改造和合同能源管理工作。在社会化方面，机关物业管理中心面向社会开展设备、水电、暖通、空调、锅炉安装维修服务和相关产品的代理开发、销售、技术咨询、设备管理经营服务，为广大市民提供方便。

---

① 安徽省省直机关事务管理局综合处．江苏省省级机关物业管理面面观［J］．中国机关后勤，2003 年 11 月第 11 期．

江苏省省级机关物业管理中心采取的是管理与服务职能分开的方式，推进社会化合作与采购，在政务物业管理改革中走出了新路。

3. 盐城市

盐城市行政中心办公大楼由江苏东恒国际物业服务有限公司盐城公司按合同和政府机关要求对机关办公室、公共区域、会议室等区域进行绿植绿化布置管理，并对政府机关辖属的社区楼提供物业服务。盐城市的政务物业管理不同于上海市的企业化和江苏省的社会化，而是引入社会物业管理公司对全部或部分物业服务进行委托管理。

二、国外政务物业管理的一般做法

物业管理起源于英国，成熟于美国，随着现代社会的发展，市场经济发达的欧美发达国家以及日本、新加坡等现代企业制度相对完备的国家，物业管理的社会化、企业化、市场化理念进一步影响到了其政务物业管理。

美国、加拿大、英国、法国、德国、瑞典、芬兰、澳大利亚和新加坡等国家的政务物业管理工作，社会化程度都很高。与我国相比，不仅有量上的差异，即水平差异；也有质上的差异，即规则差异。这个原因是多方面的，一是产权制度不同；二是内在机制不同；三是政务物业管理模式不同；四是服务方式不同；五是事权划分原则这个前提条件不同。正因如此，尽管我国的物业管理学自国外，最终的管理体制、运作机制、服务方式乃至评价标准都与国外的政务物业管理形似而质不同。

1. 美国①

美国联邦政府的政务物业管理工作由联邦总务署统一管理。总务署是联邦政府的集中采购和资产管理机构，主要职责，一是为联邦政府各部门提供办公场所，负责联邦政府机构在全国各地办公楼的修建、维护和经营管理，保证资产的安全运行；二是为联邦政府各部门所需物资设备、公务用车提供优质的集中采购、供应、储存、维修服务和公务旅行、财产处置服

① 美国联邦政府机关事务管理体制对我们的启示［J］. 中国机关后勤，2001 年 5 月刊.

务；三是为联邦政府各部门提供电信、信息处理等方面的技术服务；四是负责研究、制定、评价政府机关事务管理方面的政策法规。此外，还负责管理联邦政府的各类用车，负责管理前总统及遗孀的服务、养老等经费和总统换届交接费用，指导联邦幼托中心，保护历史建筑，管理优秀艺术项目等。

在美国联邦总务署开展政务物业管理工作中体现出了在机构设置、职能配置以及管理模式、服务方式和工作程序方面都有许多富有成效的做法和鲜明的特点，一是机构、职能定位明确。总务署成立以来一直作为联邦政府的独立机构，以负责联邦政府资产管理为主要职责，为各机构提供保障服务。二是集中统一管理。不论是资产管理、办公用房管理，还是政府采购，都体现了集中、统一；不论是本土的联邦政府资产，还是海外的，都由总务署统一管理。三是相互制约。总务署与联邦行政管理与预算局、人事管理局及其他部门，既按事权划分，分工明确；但又相互联系、相互制约，将宏观政策制定与具体事务管理职能分开。

2. 德国、瑞典、芬兰等西欧国家①

德国、瑞典、芬兰等西欧国家的政务物业管理有悠久的法律传统和良好的法制环境，政务物业管理按照有关法律制度来开展就不会导致各自为政、政策和标准不统一等问题。而且西欧国家政府机关没有众多的后勤服务设施、设备和庞大的后勤服务队伍，简化了组织机构和管理体系，提高了政务物业管理效率。

德国联邦没有设置专门的政务物业管理机构，大部分资产和采购事务分别由财政部、交通和建设部、内政部负责集中管理。瑞典设立了首相府行政事务管理局，对政务物业服务保障工作实行统一管理，业务范围涵盖了现代社会条件下政府行政事务管理的各个方面，包括行政经费管理、政府采购、办公用房管理、后勤服务、信息技术、人事、情报资料、档案图书等。芬兰

① 从德国、瑞典、芬兰中央政府机关事务工作中得到的启示［J］. 中国机关后勤，2003 年 4 月第 4 期.

也没有专门的政务物业管理单位，但是其中央政府房地产实行高度集中的统一管理，其他机关事务实行分散的管理。

德国、瑞典、芬兰等西欧发达国家的政务物业管理有一些共同特点：一是大部分依靠市场提供，自身不供养服务队伍；二是管理手段基本是法律和经济手段；三是只保留少量管理服务人员，负责管理和服务质量监督等工作，没有庞大的后勤服务队伍。

三、剖析与启示

参考国外发达国家政务物业管理的组织架构和运作方法，根据我国政务活动保障服务工作的实际，可以看出，合理设计政务物业管理管理体制，合理确定统一管理和分散管理的内容，提高资产使用效率和效益，消除实际上存在的资产分散管理体制造成的弊端，节约经费支出，降低行政成本，逐步实现政务物业的管理科学化、保障法制化、服务社会化，是我国政务物业管理改革的基本方向。

首先，政务物业管理日常事务从政府机关或直属单位自管向社会各专业化公司过渡。政务物业管理的日常工作诸如卫生保洁、绿化养护、设备维保等均可分包给社会各专业化企业去做，而政务物业管理单位要做的是对这些工作的组织、调度、协调和监督。

其次，行政事务由政务物业管理单位向政府或社会过渡。随着经济发展，物质和精神文明高度发达，治安状况的好转，本就属于政府行为的治安、社区文化、装修税收等工作可由政务物业管理单位回归到政府或社会。如确有特殊政府行为的工作需要委托出去，可采用“代理”等形式的企业化经营。

最后，政务物业管理单位将从物业管理具体实务向资源组织、调度和监督过渡，从日常烦琐事务和“政府行为”的压力下摆脱出来，充分发挥所管物业的经济效益，为物业保值增值，给服务对象提供优质良好的办公环境和服务。

国家	物业管理项目	政务物业管理责任部门	职责定位	服务保障模式	特点
国内	国家机关事务管理局（简称国管局）	国管局机关服务中心事业部	负责中央国家机关经费、财务、公务用车、国有资产和房地产管理，负责指定范围内党和国家领导同志以及有关服务对象的生活服务管理工作	通过社会公开招标选择服务公司，重要核心区域自行组织保障	中央国家机关的节能减排工作
	深圳市市直机关办公区	市直机关物业管理中心	负责市直属机关办公楼及相关物业的管理工作，承担交办的国有资产管理工作		
	上海市政府机关办公大楼	上海市上勤集团有限公司（前身是原市政府机关服务中心）	承担本市各级机关政务活动的后勤服务保障：运用市场机制盘活机关后勤资源，实现国有资产保值增值，为机关后勤改革提供支撑，加快实现机关后勤服务社会化和市场化	实行企业化运作方式，将原有人员编制转化为企业编制；设服务质量监督管理处负责监督物业服务的质量运行及结算业务	保安服务实行社会公开招标

续　表

国家	物业管理项目	政务物业管理责任部门	职责定位	服务保障模式	特点
国内	江苏省省政府机关办公区	省级机关物业管理中心（省级机关设备安装中心）	拟定物业管理办法并组织实施；负责对省级机关未售公房实施管理维护；对部分办公用房及省级机关集中住宅区提供物业服务；参与节能改造和合同能源管理工作；面向社会开展设备、水电、暖通、空调、锅炉安装维修服务和相关产品的代理开发、销售、技术咨询、设备管理经营服务	政改企，推进社会化合作与采购，把管理与服务职能分开	
	南京市市级机关集中办公区	南京市市级机关物业管理服务中心	按合同和政府机关要求，对政府集中办公区实行全方位统一物业管理保障	采取自管与托管相结合的方式，核心区域和重点部位、项目自行组织保障，零散及一般单项引入社会物业管理公司服务	政务物业会务保障、公共机构节能、地下大型停车场管理、楼宇BA系统（全称为楼宇设备自控系统）使用与维护

续 表

国家	物业管理项目	政务物业管理责任部门	职责定位	服务保障模式	特点
国内	香港地区	房屋委员会、房屋署、屋邨管理处（政府组织）	管理处是房屋署主管公屋管理及维修保养的监督部门	房屋署管理采取经理负责制约占1/3，外包给私人物业公司管理约占2/3	以政府为主转向以私营物业公司为主；完善的维修服务体系；现代化的物业管理；重视社区建设；政府和租户两方面的考核监督；租约管理法律性强
	台湾地区	无	传统物业服务企业服务模式和综合物业服务企业服务模式：传统物业服务企业服务模式以行政事务服务、驻卫保全服务机构设施管理环保维护为主要业务	采用业主自营式物业管理：既不由房地产开发公司负责，也不聘请社会上专门的物业管理公司负责，而是由楼房业主自己打理。选出管理委员会，全权负责管理，委员履职纯属义务，没有任何报酬。公务部门的物业管理采用最有利标书、最低价标书、只限保全业务等不同方式运行	可以从出租房屋收取管理费，支付公共开支后的结余部分，可抵销住户收费

续　表

国家	物业管理项目	政务物业管理责任部门	职责定位	服务保障模式	特点
国外	美国联邦政府	联邦总务署	联邦政府的集中采购和资产管理机构	集中统一管理	法制健全；物业管理市场化程度高；实行租金制度
	俄罗斯联邦	俄罗斯联邦总统事务管理局（前身是俄联邦总统办公厅社会生产总局）	俄联邦政府机关事务的综合管理和服务保障部门，属联邦执行权力机关	集中统一管理	
	瑞典	首相府行政事务管理局	业务范围涵盖了现代社会条件下政府行政事务管理的各个方面，包括行政经费管理、政府采购、办公用房管理、后勤服务、信息技术、人事、情报资料、档案图书等	机关事务统一管理体制	大部分依靠市场提供，自身不供养服务队伍；管理手段基本是法律和经济手段；只保留少量管理服务人员，负责管理和服务质量监督等工作

第二节 政务物业管理运行机制

物业管理的运行机制，是指物业管理活动中各参与单位或个人的活动方式、相互关系和活动的整个变化过程。具体地说，物业管理运行机制包含各参与单位或个人的活动方式、各参与单位或个人之间的相互关系和物业管理活动的整个变化过程（包括其自身变化和外部环境改变而引发的变化过程）。研究和探索物业管理运行机制的主要目的，一是为传统房屋管理体制提供一个转换经营机制的方向；二是促进外向型房地产和涉外经济的发展；三是改善人民居住条件，提高大众素质；四是理顺各管理主体之间关系，提高效率；五是活跃房地产市场，推进房地产产业的发展。

政务物业管理是一个系统工程，是由许多子系统构成全方位的管理总体系。要使政务物业管理工作达到高效益、高水平，就必须强调规范、注重个性，着力提升服务水准。具体地说，就是要着重抓好“四化”：

1. 队伍专业化

政务物业管理的专业化水平直接决定着服务质量的高低，而专业化的管理需要训练有素的专业人才队伍。在政务物业管理团队专业化方面，必须紧贴服务管理目标，既要确保各类物业服务（如消防、保洁、弱电）专人专职专岗，又要充分发挥员工队伍的潜能，一岗多职，培养一专多能的人才；既要满足政务活动保障的服务水平和服务质量，又要符合一般行业标准规定和要求，兼顾效率和效益。

2. 管理制度化

从接收一个管理项目成立之初，就应该加强制度建设，如制定办公楼综合管理制度、员工管理制度、岗位职责、消防安全制度、安全保卫制度、食堂管理制度、卫生保洁管理制度等，同时要组织人员认真学习、贯彻落实，使物业服务保障在制度化方面迈出坚实的步伐。

3. 服务标准化

在物业服务保障的实际操作上，分别有相应的工作标准要求，主要有设备操作、卫生保洁、保安巡视等工作标准。只有主要工作都制定了标准要求，才能有效地避免失误，减少事故，保证服务质量。

4. 运作规范化

实施规范服务，减少随意性，降低失误率，增强主动性。为此，在制订政务物业综合管理制度的基础上，加强服务人员、维修人员、保洁人员礼貌服务规范，从礼节礼貌到各项服务都应做具体要求，既有量的规定，又有质的要求，使每个服务人员对自己的服务工作不但在思想上有个“度”的概念，而且在实施中有了“量”的目标，使服务工作上轨道、上水平。

政务物业管理服务对象的特殊性，使得政务物业管理既要满足物业服务的安全性，又要不失物业服务的效率性。在安全性方面，政务物业管理自管与托管相结合的管理体制为政治核心区提供了充分的安全保障。在效率性方面，政务物业管理也有完善的运行机制保证物业服务的效率和质量，其中，最关键的部分便是管理有方、监督有力、激励有效。

1. 管理有方

管理有方是指在完成政务活动服务保障任务中，政务物业管理单位建立完善一套行之有效、科学规范的管理体系，坚持标准化、制度化、科学化管理，由传统的“人治”变为符合行业发展潮流的“法治”，全面提高管理水平。

（1）坚持专业化管理。严格执行行业管理规范，制定符合机关服务保障特点的工作标准，通过调查分析服务对象的真正需要，科学地分解、组合管理服务过程，最大限度地提高工作效率，从而使管理工作步入标准化、规范化的轨道。坚持接待服务热情周到，清洁卫生细节达标、安全防范可靠保障、设备保障运行良好的质量目标，实现精细管理、切实保障、优质服务。

（2）坚持规范化管理，着力提升中心制度化、规范化管理水平。进一步在管理机制上进行改革创新，形成快速反应、快速处置、快速反馈的工作机制。强调制度的严肃性，规范工作流程，用制度的落实保障服务质量到位，保证中心服务工作在高起点、高质量、高水平上正常运行。

（3）坚持科学化管理，实现政务物业管理高效益。当前智能化建筑已成为国际都市的潮流，未来的政府机构办公楼物业管理将适应社会发展的需要，引入网络科技手段，发挥智能建筑应有的效果，最大限度地满足服务对象的需求。运用现代计算机技术、自动控制技术、通信技术、多媒体技术等，通过对机电设备的自动控制，对信息资源的管理，向市民提供信息服务及安全、舒适、便利的环境服务。做好智能化办公楼物业管理不仅包括传统意义上的物业管理中的服务内容，还包括对智能化设备系统的操作、维护和功能提升。研究和应用新的物业管理技术，全面提升管理服务平台，节约服务成本。

2. 监督有力

由于人们的思想境界高低不一，以及传统意识、外界环境的影响和惰性的心理，因此形成了在执行制度时的被动性。建立各项规章制度的目的是为了保证各项工作的落实，而建立严格的监督机制正是确保各项制度落实的有效措施。在政务物业管理工作中也是同样道理，建立严格的督导管理和监督机制不是目的，只是保证制度落实到位的手段，监督机制是制度执行的有力保障。

在政务物业管理工作中，一方面要采取有效的督导管理机制，通过工作绩效、成本效益与工资挂钩的管理制度，对各职能部门实施监督、指导和管理，保证工作正常运作，提高工作效率和工作质量；另一方面也要加强对服务质量的跟踪检查，从行业标准入手，着重抓好设备完好率、卫生达标率、服务满意率、事故差错率，做好政务物业的基础服务保障工作。

（1）督导管理

主要分为行政管理、制度管理、经济管理等。

行政管理是指每月、每周各作业部门拟订详细的工作计划，各部门主管每天组织部门员工召开早会，部署当日工作，下达工作任务，总结前一天的工作情况，分析存在的问题，提出解决办法；每周由负责人召开物业管理服务保障工作例会，讲评和布置工作，听取汇报，分析存在问题，提出解决办法，督导完成每天、每周、每月的工作任务。

制度管理是指政务物业管理单位建立健全各类规章制度建设，遵循既定的规章制度和工作程序来规范员工的言行，提高工作效率和工作质量，确保服务效果。

经济管理是指政务物业管理单位与各级员工签订目标责任书，明确员工的岗位职责与工作目标，并制定各员工所在岗位和工作绩效相挂钩的工资制度，以此来调动员工的工作积极性。

（2）品质检查

为服务对象提供物业服务的过程与结果具有一定的不确定性，由此也产生了相应的服务标准和品质检查准则。政务物业服务标准是根据政务活动保障需求和物业管理行业服务标准，结合政务物业服务保障工作实际与潜在的问题而逐步建立完善的。政务物业管理服务标准的制定和实施，以及对标准化原则和方法的运用既是政务物业服务的质量控制过程，也是政务物业服务的标准化过程。

政务物业管理的服务标准体系要求设计全面，针对性强，客观公正，并能与实际工作紧密结合，将政务物业管理服务保障的各方面的整合起来形成一个有机的整体，加强质量控制，提升服务品质。从服务质量控制方法上既要在原有的内部服务标准考核上增加个性化考核，又要引入第三方行业评价机制，聘请行业对口管理部门对政务物业管理部门进行行业内的综合测评，加大政务物业管理部门在其所在行业内的横向比较，通过精细化管理保证服务质量的优化，系统化评价政务物业管理部门发展现状及年度目标任务完成情况。

3. 激励有效

物业管理是劳动密集型的服务行业，岗位工作平凡而烦琐，为避免服务人员在每天重复的工作当中滋生惰性和麻木情绪，需要采取一系列有效的激励机制，培养服务人员的敬业精神、职业荣誉感和责任意识，让其能在平凡的工作过程中不断提高自身素质和工作水平，超越自我，实现价值，逐步提升对管理团队的认同感和使命感。好的激励机制可以让员工身心愉悦，对团队有归属感；可以加强员工有主人翁意识，提升工作责任感；可以促使整个队伍同心同德，具有较强的凝聚力；可以推进队伍内部管理有序，充满活力。

在政务物业管理工作中，建立健全并坚定落实完善的激励机制是政务物业人性化管理的主要方式。倡导员工树立主人翁思想，尊重员工创造力，保持团队精神，保障政务活动有序开展，创造经济、社会双重效益是衡量职工业绩的唯一标准。

（1）通过开展文化活动，增强团队凝聚力和向心力，增强职工的自信心和对团队的认同感。通过文化的凝聚功能、引导功能、约束功能，把职工的目标和物业中心的目标紧密结合起来。方式有文体活动、参观活动、联欢会、答谢家属等。

（2）发挥培养晋升机制在实际工作中的价值。将员工培养放在团队和个人发展的重要位置，使员工忠于团队，一专多能，精益求精，提高政务物业管理单位整体管理服务水平和整体服务能力。在职工晋升上，不拘一格，能者上，平者让，庸者下，为人才的脱颖而出创造良性环境。

（3）通过思想工作机制激发员工潜能，使员工队伍形成共同的价值观，充分发挥群体效能和个体工作积极性。引导员工动机，尊重个人情感，并针对个性心理做适时的思想工作。充分发挥每个员工的主观能动性，增强员工主人翁意识和自我价值实现意识，使其在授权范围内创造性地开展工作。

（4）完善奖惩机制，坚持奖励和鼓励为主，惩戒为辅，优胜劣汰，奖惩分明的原则。做到人人有动力，个个有压力，通过奖励“引导”员工朝前走，通过惩戒“鞭策”职工朝前走，激励员工取得更好的业绩。

第五章　政务物业管理服务标准

第一节　行业标准

物业服务既表现为提供劳务形式的无形产品，如秩序维护、客户服务等；又表现为与有形产品紧密结合在一起的服务，如制冷供热、设备运行等。物业服务作为一种特殊的商品，其过程与结果具有一定的不确定性，其质量控制应以服务标准为衡量准则。

一、行业标准的定义

根据《中华人民共和国标准化法》的规定：由我国各主管部、委（局）批准发布，在该部门范围内统一使用的标准，称为行业标准。例如：机械、电子、建筑、化工、冶金、轻工、纺织、交通、能源、农业、林业、水利等，都制定有行业标准。

行业标准是指在全国某个行业范围内统一使用的标准。行业标准由国务院有关行政主管部门制定，并报国务院标准化行政主管部门备案。当同一内容的国家标准公布后，则该内容的行业标准即行废止。

行业标准由行业标准归口部门统一管理。行业标准的归口部门及其所管理的行业标准范围，由国务院有关行政主管部门提出申请报告，国务院标准化行政主管部门审查确定，并公布该行业的行业标准代号。

二、服务标准体系

完整的服务标准体系应包括服务基础标准、服务技术标准、服务提供规范和服务规范。

服务基础标准是指具有广泛的适用范围或服务行业的通用条款的标准。服务基础标准在一定范围内可以直接应用，也可以作为其他标准的依据和基础，具有普遍的指导意义。一定范围是指服务行业的特定领域，如企业、专业、国家等。也就是说，服务基础标准既存在于国家标准、专业标准中，也存在于企业标准中。在服务领域中，服务基础标准是覆盖面最大的标准，它是该领域中所有标准的共同基础。

服务技术标准是指重复性的技术事项在一定范围内的统一规定。标准能成为自主创新的技术基础，源于标准制定者拥有标准中的技术要素、指标及其衍生的知识产权。它以原创性专利技术为主，通常由一个专利群来支撑，通过对核心技术的控制，很快形成排他性的技术垄断，尤其在市场准入方面，它可采取许可方式排斥竞争对手的进入，达到市场垄断的目的。

服务提供规范是服务提供过程的管理标准，是实现服务规范的保障。而服务规范是对客户可以直接观察和评价的服务特性的统一规定，是物业企业开展服务工作的依据，是服务质量的评判准则。

政务物业服务标准的制定是依据机关后勤服务需求和机关事务法规要求，从物业服务的过程中找出共性的规则，对物业服务实际与潜在的问题做出统一规定，在预定的服务范围内获得最佳秩序的过程。政务物业管理部门对物业服务标准的制定和实施，以及对标准化原则和方法的运用就是政务物业服务的标准化过程。①

① 邵小云．物业项目品质管控实施手册［M］．北京：化学工业出版社，2016 年 1 月第 1 版，第 50 页．

三、政务物业管理标准化

当前，政务物业服务逐渐走向规范化、专业化、标准化。不论是从服务对象对政务物业服务提供的要求角度，还是从政务物业服务管理部门自身完善，乃至政务物业服务行业发展的角度看，政务物业服务管理部门实施标准化运作模式非常必要。

实践中，政务物业管理部门将服务标准体系划分为服务标准、管理标准与工作标准三个部分。

（1）服务标准：服务标准是政务物业管理部门标准化运作的基础和主体，即服务规范，是衡量和判定物业服务效果的准则。

（2）管理标准：管理标准是对服务标准化体系中需要协调统一的管理事项所制定的标准，是实现物业服务标准的措施和保证。管理标准涉及经营管理、服务策划与创新、质量管理、设备与基础设施管理、人力资源管理、安全管理、职业健康管理、环境管理、信息管理等与服务标准相关联的重复性事物和概念。

（3）工作标准：工作标准是实现服务标准和管理标准的手段。主要指在执行相应管理标准和服务标准时与工作岗位的职责、岗位人员基本技能、工作内容、要求与方法、检查与考核等有关的重复性事物和概念。

四、政务物业管理标准化运作中的关键环节

政务物业管理标准化运作中，首先要解决的问题还是服务定位。政务物业管理应该采用从外部到内部、从基层到高层、从战略到操作的反向方式进行推进；在标准化物业服务运作模式推进过程中，还应注意保持相互之间的关联互通性。这其中有三个关键环节需要把握。

（1）规范化客服服务。政务物业管理最重要的行为是为服务对象提供服务，制订规章制度、服务规范、工作手册应从规范客服服务开始。比如：每个岗位的人员穿什么样的衣服、怎么敲领导办公室的门、见不同的服务对象

第一句话怎么说、第一件事做什么、出门的时候如何打招呼的全过程规范。①

（2）标准化感受体验。服务行业的产品中还有一部分内容是体验。服务对象要求的体验不同，服务方式也就不同，标准化运作模式中的标准化体验，就是要求服务对象对服务的感觉、对环境的感知、与服务人员的互动都应该有一致的体验和感受。

（3）一致性公共关系处理。政务物业管理除了要与服务对象打交道之外，还有很多公共关系需要协调处理。以外协服务来讲，负责提供服务的供应商也需要为政务物业管理部门提供作业指导书和工作手册，以规范整个服务过程，以便使服务对象感受到的服务和体验都是标准的、一致的。此外，一致性公共关系的处理还包括群众关系、媒体关系、社区关系、利益相关者等。②

五、政务物业管理实行标准化运作的改进措施

1. 建立超前思维模式，避免陷入标准化怪圈

简单模仿、照搬成功物业企业的运作模式，不可能成为政务物业管理标准化运作改进措施的根本出路。因为优质物业服务不能只是一套完善的制度和方案，而应成为一种文化。文化决定观念，观念决定心态，心态决定行为，行为决定习惯，习惯决定未来。要“跳出现在”的局限，处理好“知”和“行”的关系，“先谋势，后谋利”。政务物业服务日常的工作很琐碎，也很单调和枯燥，因此需要依靠一种超前思维和良性习惯去支持和实施。

2. 政务物业服务需要创新，打破标准管理僵化格局

物业服务的特性决定了物业行业难以形成类似于高科技行业的“标准之争”，在物业服务领域只有反映行业特征和规则的基本标准，没有普遍适用全行业所有领域的普适标准和万能规则。因此，政务物业管理部门要提高行业竞争力就必须打破标准管理僵化格局。物业管理部门在依靠标准化运作的基

① 邵小云．物业项目品质管控实施手册［M］．北京：化学工业出版社，2016年1月第1版，第51页．

② 邵小云．物业项目品质管控实施手册［M］．北京：化学工业出版社，2016年1月第1版，第53页．

础上，适时运用创新差异化发展策略，才能争取更大的市场占有率和经济效益。

3. 运用标准化运作特点，保持政务物业行业持续发展力

为了防止政务物业管理部门发展过程中出现后劲不足的现象，保持强劲持续发展力效应，政务物业管理部门内部应建立标准化流程控制改进修正系统。

（1）建立规范操作运行手册

规范操作运行手册是政务物业管理部门专业化服务的存在形式，要用心研究服务特点、掌握规律，运用科学的方法实行有效的管理和运作，在此基础上细化标准程序及运行手册，对整个服务过程进行全程控制。

（2）设置适宜的物业服务监控点

政务物业行业不应再徒劳地寻找放之四海皆准的标准，而应转变思路建立比最低标准更高要求的行业规范来控制服务过程，对检查出的问题及时采取整改或纠正措施，这些信息都应该作为提高政务物业管理部门标准化运作水平的主要依据。

（3）坚持强调标准化的持续改进思想

建立开放式的信息收集沟通系统，对收集到的各类信息和数据，按照科学数据分析的原则进行统计分析。特别要注意利用平时在各类检查活动、服务过程当中的信息和资料，分析服务的开展状况水准和内部管理水平，及时通报改进情况，从而使政务物业管理部门不断改进、提高、自我完善。[①]

六、物业管理行业标准

在目前的物业管理服务行业中，普遍运用的标准一般有：

1.《普通住宅小区物业管理服务等级标准》

此标准是由中国物业管理协会在2004年颁布的［2004］001号文，为了

① 邵小云．物业项目品质管控实施手册［M］．北京：化学工业出版社，2016年1月第1版，第54页．

提高物业管理服务水平，督促物业管理企业提供质价相符的服务，引导业主正确评判物业管理企业服务质量，树立等价有偿的消费观念，促进物业管理规范发展，根据国家发展与改革委员会会同建设部印发的《物业服务收费管理办法》，制定了此标准，作为与开发建设单位或业主大会签订物业服务合同、确定物业服务等级、约定物业服务项目、内容与标准以及测算物业服务价格的参考依据。

此标准仅限于普通住宅小区参考使用，分为一级、二级、三级三类，其中一级为最高标准。

2. 地方性文件《物业管理服务等级标准》

由于全国各地的地域差异，物业服务行业难以做出全国统一的服务标准，根据建设部文件精神，各个省市地区都是按照各自的管理特点，参考中物协的《普通住宅小区物业管理服务等级标准》，来制定地区级物业服务标准。大多数地方性物业服务标准会制订得更为细致，一般分为五级服务标准。例如《南京市普通住宅物业服务等级和收费标准》。

3. 全国、省、市级物业管理示范住宅小区、大厦、工业区标准及评分细则

建设部在2000年颁布了建住房物［2000］008号文，此标准主要用于申报创建各类型的、各级别的优秀物业，包括小区、大厦、工业区都在评选范围内，可申报全国、省、市级物业管理示范项目，经过考评验收，通过合格的，授予“全国/省级/市级物业管理示范项目”称号。

自1995年开展全国优秀管理项目考评验收工作以来，树立了一批优秀物业管理项目典型，对推动建立物业管理体制、提高全国物业管理水平，发挥了重要作用。不过，目前由于各类原因，此类评选活动已经开始淡出物业管理行业的历史舞台了。

4. 各类国际管理体系认证标准

国际管理体系标准在物业行业中运用较多的有：ISO 9001：2008质量管理体系标准、ISO 14001：2004环境管理体系标准、OHSAS 18001：2007职业健康安全管理体系标准以及ISO 50001：2011能源管理体系标准。主要是针对质量、环境、职业健康安全和能源几个方面去制定标准并运用实施的。

按照各类国际管理体系认证标准要求，建立品质控制的规范，并严格实施。最根本的是建立物业管理和服务的品质文化，让其成为文化内容的核心，使员工自觉地履行自己的义务。建立以顾客需求为核心，努力为业主企业的生产经营创造条件的工作中心，确立先有满意的员工，再有满意的顾客的工作方针，树立现代人力资源的观念，宣扬以事实为依据、实事求是的工作态度。注意过程控制，坚持持续改进，使各项工作得到不断提高。

第二节　政务物业管理服务标准

一、政务物业管理服务标准的特点

1. 服务标准体系设计全面

服务标准包含综合管理、个性化及第三方专业标准，综合管理侧重于评价政务物业管理部门的内部综合管理，衡量内务、人事、财务、安保、作风建设和党风廉政等诸多方面的管理水平；个性化强调机关事务工作特点，侧重于服务保障；而第三方专业标准侧重于行业标准，强调行业排名和横向比较。此三方面整合起来形成一个有机的整体，系统化评价政务物业管理部门发展现状及年度目标任务完成情况。

2. 服务标准针对性强

标准着力强化机关事务服务水平考核，政务物业管理部门承担着相当大部分的机关事务服务保障职能，是面向机关干部职工的一线窗口部门，针对其服务保障任务，设置专项服务标准，加强质量控制，提升服务品质，着力强化机关事务管理水平。服务的好坏与管理的精细与否有密切的关系，通过对过程的精细化管理保证结果的优化。着力强化机关事务保障条件测评，充分考虑硬件因素，全面衡量单位硬件和软件发展的协调程度，加快推进设备设施、内外环境等软硬件的管理维护发展。

3. 服务标准体现了客观公正

引入“个性化 + 第三方”从整体来看，一是在原有的内部服务标准考核上增加个性化考核，由机关事务分管政务物业的处室专门负责，考核时间不固定，考核内容根据政务物业管理部门年度重点工作进行及时调整。二是引入第三方行业评价机制，聘请行业对口管理部门对政务物业管理部门进行行业内的综合测评，加大政务物业管理部门在其所在行业内的横向比较。从考核方法的细节来看，“综合管理 + 个性化 + 第三方”方案不再局限于查资料、看现场这些常态化的考核方法，而是将定期与不定期相结合，如政务物业的会务服务项目就采取跟会暗访的方法，检查会务服务的方方面面；机关食堂的透明化监管项目就采取追本溯源的方法，从食材采购基地直到进入食堂售卖窗口。

4. 服务标准与工作实际结合灵活应用

引入“综合管理 + 个性化 + 第三方”服务标准考核，一是在指标的目标设计上确保了既符合政务物业管理部门的实际情况，也充分考虑物业管理部门近期发展潜力，而不是一味地不切实际或者无原则的“一团和气”。二是在指标的具体落实上确保了每一项每一条都有检查措施、检查标准和评分细则，而不是大而化之、一切随心。

二、政务物业管理服务标准与行业标准的区别

（一）上级主管部门牵头制订服务标准

政务物业管理服务标准从无到有，从简单到复杂，从“盲人摸象”到逐步科学合理，直到现在引入“综合管理 + 个性化 + 第三方”考核为政务物业管理服务标准，具有非常明显的优势，但在实施中离不开上级主管部门的大力支持。

“综合管理 + 个性化 + 第三方”考核方案设计以提升政务物业管理部门的核心竞争力和服务品质为目标，以内部评价和第三方评价相结合作为考核手段，坚持将考核重点工作和日常工作相结合，将提升单位服务标准和提升单位行业排名相结合，解决以往以普遍性考核取代特殊性考核以及考核与单位发展、管理、绩效、竞争力关联度不高的问题。

标准考核分为3个部分，包括综合管理、个性化及第三方专业标准化考核。综合管理考核由上级主管部门各相关处室组织进行，方案内容主要是各项本职工作完成情况，加大重点工作检查力度，进一步严格检查标准，如对督查工作的检查，加大了信息宣传及用工管理的力度等。个性化考核由上级主管部门负责牵头组织，考核标准注重单位发展特点，以年度重点工作及单位特色服务为考核点。第三方专业标准化考核由上级主管部门联合行业管理部门负责组织，引用行业通用标准，同时结合政务物业管理部门实际情况来进行考核。

（二）将国际质量标准贯穿始终

政务物业管理部门通过定期组织内审和外审活动对服务质量进行有效控制。质量管理部门于每年12月中旬制订次年度内审计划。

（1）成立内审组，制订内审实施计划，审核组长在实施现场审核前一周拟订的《内审实施计划》，依各部门业务及运作重要性状况排定内审进度和内审员，受审核部门的审核工作由与该部门无直接责任的内审员执行。

（2）执行内审。

①首次会议：由内审组长召集审核员与管理层及各部门的相关人员举行首次会议。

②实施内审：各部门按照内审员的要求，提供相关文件，尤其应注意记录的提供。

③在查证过程中，对于不符合事项，必须详细予以记载。同时，须与各部门负责人对事实进行确认，若有争议而未能达成一致意见，提请管理者代表进行裁决。

④内审小组针对内审结果实施检讨并对不符合状况进行判定，对不符合事项以《内审不合格报告》描述提报。对不符合事项应有具体明确且符合事实的佐证资料。

⑤内审组长主持召开末次会议，说明查证结果、不符合事项及分布状况，并提出改善及时间等方面的要求。

⑥各部门确认内审不合格项后，在规定期限内提出纠正措施并取得内审员的确认和内审组组长的核准后予以执行。

（3）追踪验证。

①纠正措施于规定期限内已完成者，通知内审员予以关闭。

②内审员要检查纠正措施是否执行并有效，若措施确实完成并有效，则在《内审不合格报告》上进行相应的记录予以结案；反之，须追究未完成原因或重新提出纠正措施并加以实施，直至结案。

③在条件成熟的情况下，质量管理科室将聘请独立的第三方专业认证机构进行审核并通过 ISO 9001：2008、ISO 14001：2004、OHSAS 18001：2007 以及 ISO 50001：2011 体系认证。①

（三）服务品质的监督检查

1. 监督检查方式

（1）日常巡检

日常巡检一般由各部门自己完成，分为日、周、月三级检查。日检由各部门班长完成，周检由各部门主管完成，月检由各部门科长完成。检查人员对查到的问题要进行详细的记录，填写相应的日、周、月检查表单，并完成纠正预防措施。

（2）月度抽检

质量管理科室会同有关职能部门人员，对政府机关办公楼现场服务工作进行抽检，如现场的卫生保洁情况、绿化养护状况、各岗位在岗台账记录是否完善规范、各部门的日周月检、会议培训记录、各类设施设备维修养护情况，等等。

（3）临时性检查

政务物业经常会接到临时性检查任务，如文明城市创建、城市综合治理等政治性任务，因此，临时性检查也是政务物业中不可或缺的一项服务标准。

---

① 余源鹏．行政办公楼物业管理服务实务［M］．北京：机械工业出版社，2012.

一般临时性检查由相对应的部门负责牵头，组织各部门相关人员进行突击性检查。

2. 检查结果处理

各类检查人员对检查中发现的问题记录在相对应的各类检查台账表单中，并联络各部门负责人限期整改，最后由质量管理部门或相关部门跟踪验证。

第六章　秩序维持与安全

第一节　政务安保特点

一、公共区域秩序维护的含义

物业管理是以人为本的管理，业主和使用人的生命与财产安全是最基本、最基础的物业管理要求。只有处于一个安全、稳定的环境中，才会有清洁、便捷、舒适、享受要求，等等，否则一切物业管理便无从谈起。因此，公共区域的秩序维护是物业管理的重要内容。

公共区域秩序维护是指物业管理企业为防盗、防破坏、防不法活动、防灾害事故而采取的各种措施和手段，保证业主和使用人的人身财产安全，维持正常的生活与工作秩序的一种管理工作。

二、公共区域秩序维护的意义

无论是居住物业还是非居住物业，作为人们生活、工作和休息的场所，基本功能之一就是为业主和使用人的人身、财产提供安全和保护。从这种意义上讲，维护公共区域秩序是最基础的工作。搞好公共区域秩序维护工作的意义在于：

（1）确保物业及附属设备、公共场所、建筑地块等，不受人为破坏、损坏或尽可能减少损失。

（2）阻止或防止任何危及业主和使用人的生命财产的行为。

（3）终止任何影响业主和使用人身心健康的行为，维护正常的生活秩序与工作秩序，维持正常的交通秩序，以及制止外来人员的干扰和骚扰。

（4）加强小区、大厦内的精神文明建设，和睦邻里关系，减少邻里纠纷。

（5）确保一方安全，打击各种犯罪活动，同时维护社会的安定团结，为改革开放与社会稳定发展创造条件。①

三、政务安保的特点

1. 具有高度的政治性和保密性

具有高度的政治性和保密性是政务物业管理与其他类型物业管理活动的根本区别。政务物业管理服务的工作场所是政府机关或职能部门的办公所在地，承担的工作内容有可能涉及行政机关或职能部门及领导个人的行政机密，这是政务物业服务工作应该把握好的要点。

政府机关是办理党务政务工作的重要部门，涉及首脑机关的重要活动和重大决策，关系着党和国家的重大利益，机关物业管理的各项工作紧紧围绕政府机关的行政工作来开展，特别是与党政重要领导、机密文件和重要会议有直接接触的服务工作，要求物业管理从业人员，必须时刻保持高度的政治观念和保密意识。

例如，在对行政机关的会议场所进行布置和会后清场工作中，政务物业管理部门的员工可能会对会议内容、会议召开时间、参加会议人员有所了解。在整理领导办公室的过程中，可能会对领导工作日程安排有所了解。这些内容都是不适合对外透露的，即使可以公布，其公布的时机和方式应由行政机关相关主管部门来决定。因此，政务物业管理部门应对从业人员进行严格的

① 郭世民，周建华．物业管理［M］．北京：中国建筑工业出版社，2007.

政审，对员工进行保密意识的宣传和教育工作，制定有关的防范措施和规章制度。如室内保洁的双人上岗制度，杜绝单人进行室内作业以及在作业时不得翻阅文件等。同时，政务物业管理部门还要不定期地对物业工作人员的工作情况进行抽查，检查制度的落实情况，不断加强员工的保密意识，提高保密水平。①

2. 多方面配合，多手段控制

由于具有对外向公众提供政务服务和对内机关行政办公的双重功能，政府机关办公楼内的公共区域面积一般都比较大，而且对外服务窗口的设置相对集中，在一定时间段内，前来办事的群众的人流量非常大，时常会造成拥挤。在这种情况下，确保办公楼正常的公共秩序和良好的办公环境将是一个非常艰巨的任务。为此，政务物业管理部门必须全力以赴，除了要建立一支综合素质较高，具有敏锐洞察力和灵活机智的应变能力的安保队伍外，还要采取联动保障管理机制，多方面配合，多手段控制。

首先，要保证设施设备的正常运行，设备管理要以保证可靠性为前提，维护保养工作一律安排在物业使用人下班后进行；必要时可对电（扶）梯实行分时段、分楼层控制。

其次，合理引导人流，除了要完善指示性的标识标牌外，在高峰时段，还可安排一定数量的引导人员，对人流进行合理疏导。

最后，设置便民服务区，为等待办事的群众设置座椅、饮用水，提供复印、填表等服务，既可缓解拥挤，又能提高办事效率。

3. 人防、技防有效结合

政务物业管理的安保工作至关重要，除了要采用先进的技术手段之外，还要根据不同的时段合理设置安保人员的岗位，在每天的 24 小时内，在岗安保人员的数量应随着人流量的变化而变化，在人流量大的高峰时段，必须要配置足够的安保力量。要发挥好智能监控系统的作用，始终保持系统设施的

---

① 邵小云．物业精细化管理与服务系列——公共物业·商业物业·工业物业管理与服务［M］．北京：化学工业出版社，2015 年 8 月第 1 版，第 3 页．

完好，合理设置、科学调校各种设备，保证人防、技防有效的结合。

4. 服务要求特殊

政务物业管理不仅要让政府机关办公楼内的工作人员满意，还要让来政府机关办事的市民满意。在安保服务工作中，经常要配合政府有关部门接待上访人员，到政府机关反映情况的群众往往较偏激易冲动，安保在接待处理上访人员时，必须牢牢把握政策、注意工作技巧，既要维护好机关办公秩序，又要合理化解上访人员的怨气，帮助解决问题。

5. 安全保障要求高

政府机关办公楼往往是所在地的政治核心场所，防范治安案件、防火灾等要求较高，政务物业管理必须加强楼内各区域的巡逻检查，针对各种可能发生的突发事件，建立完善应急方案，如火灾预案、刑事案件处理预案、意外人身伤害处理预案、公共卫生应急预案等。物业管理人员必须时时紧绷“安全”这根弦，必须下大力气抓好安全工作，把事故消灭在萌芽状态，确保政府机关办公环境的安全和各项政务活动有条不紊地进行。

第二节　政务安保机制

一、内部管理机制

政务物业管理部门在政务安保运行中设置了多种管理机制，其中最为特殊的，就是政治核心区自主管理机制。政府机关办公楼中的重要治安防范区域就是政治核心区，这类区域都是政府首脑经常出入的办公场所，因此也就成了政务安保的重中之重。政务物业管理部门设置的政治核心区自主管理机制，主要就是成立专门的安保队伍负责政治核心区的治安防范。政务安保内部管理机制主要包括门岗、大厅、巡查、停车场、值班和政治核心区安保等。

1. 门岗管理机制

政府机关办公楼工作人员刷卡进门，外来访客、参会人员等按照访客管理流程执行。门卫、前台（传达室）不得接受来宾寄存、转交的信件或物品。

携带物资器材出门须凭单位证明，否则一律不予放行。严禁携带各类枪支或易燃、易爆等危险物品进入政府机关办公楼。保持门卫管辖区通畅整洁，大门内外20米以内不得停放任何车辆。严禁无关人员在大门口、前台（传达室）等工作区域逗留、闲聊、聚集、寻衅滋事。

2. 大厅现场管理机制

指定时间段在大厅外指定的位置立岗。非本楼人员来访登记、接待、身份核实。主要领导车辆进入时有礼貌地拉开车门、召唤电梯等。在门厅内值班台接待来访人员，认真登记如实填写。如遇群众上访、紧急情况等及时向上级报告。晚班人员至领导全部离开后，对楼层进行夜间巡查，关闭大门并上锁。发现领导房间门、电器未关等情况报告总值班室。

3. 巡查管理机制

巡查人员随身携带对讲机、执法仪，保持通信畅通。巡逻车辆要保持卫生干净、整洁，不超速、不搭乘无关人员。负责政府机关办公楼集中办公区安全防火、防盗、防事故巡查工作，检查门窗、电灯电源是否关闭。做好节假日安全保卫工作和夜间安全巡查工作。加强对进出政务机关办公楼机动车辆的规范化管理，维护办公区内交通秩序。遇有重要会议及大型活动，配合有关部门将停车场地预先清理，并引导会议车辆有序停放，维持好会场周边的交通秩序。遇到交通事故或发现形迹可疑人员，应及时查明情况，消除隐患，确保安全，并向上级报告。落实全天候巡查制度，巡逻人员佩戴巡更棒进行打点。安保队伍巡逻人员在执勤过程中发现楼内有上访等异常情况应第一时间前往，并配合大厅现场管理员维持好秩序确保楼内安全。

4. 停车场管理机制

对进入办公楼、地下停车场的车辆进行检查，未经允许，非办公楼车辆一律不得进入办公楼地库。负责维持地下停车场的秩序，督促驾驶员把车辆停放在车位上。进、出口及通道上严禁停车。停车场内不得堆放杂物，严禁放置危险品。负责地下停车场的清洁卫生工作。协助设备人员管理排污水及消防、照明设备。地面机动车车辆及非机动车应在指定地点有序停放，不占用消防通道，不堵塞公共道路。

5. 值班管理机制

值班人员要在值班室（岗）值班，对集中办公区进行巡视，保证值班电话 24 小时畅通，不得擅离职守。值班人员要及时处理值班中遇到的情况和问题，并做好值班记录，发生突发事件及时向上级报告，及时妥善处理。值班人员要提高警惕，做好安全保卫、防火和保密工作。交接班时，接班人员要提前 15 分钟到岗接班，做好工作交接。

6. 政治核心区自主管理机制

（1）建立健全治安保卫组织机构，成立专门的政治核心区安全保障队伍。

（2）政治核心区安保人员素质要求：

①爱岗敬业，具备良好的职业道德和较强的服务意识，遵纪守法，吃苦耐劳，服从安排，无违法犯罪记录，无不良嗜好。

②具备正常履行岗位职责必备的身体条件，五官端正，无残疾、文身、口吃、色盲等，一定的身高要求。

③具有高中以上学历，年龄在 30 周岁以下为宜。

④以优秀退伍军人、安保学校优秀毕业生为主。

（3）政治核心区范围包括政府机关办公楼各主要办公厅。

（4）政治核心区要设置专兼职安保人员，进行定期巡查并做好巡查记录。

（5）严格执行交接班手续，认真填写值班记录，遇重大、紧急情况当班未处理完毕的，须向接班人交代清楚或报告上级，否则不得下班。

（6）安保队伍要建立日常学习制度，学习内容以政治理论、业务知识、岗位技能等为主。每月对专兼职保卫人员进行一次治安防范教育，每半年进行一次法律法规及业务知识培训。

（7）贯彻执行保密有关条例，加强保密自觉性，前台、传达室、值班室内不准闲杂人员进入，不得代存物品。安保人员必须遵守国家的保密法规，严守保密纪律，做到：不该说的秘密不说；不该问的秘密不问；不该看的秘密不看；不该带的秘密不带；不该传的秘密不传；不该记的秘密不记；不该存的秘密不存；不随意扩大知密范围；不私自复制、下载、出借和销毁秘密；不在非保密场所处理涉密事项。

（8）政治核心区要结合实际制定《突发事件应急预案》，并定期组织演练，每半年至少演练一次。

（9）对检查中发现的治安隐患要立即整改，对不能及时整改隐患，要在采取临时措施的同时向中心领导报告。

（10）遇有突发事件，在迅速处置的同时，按突发事件报告程序，向相关科室和负责人报告，并保护好现场和维护现场秩序。

（11）安保队伍须加强安防器材的日常管理，防止装备丢失、损坏、锈蚀和霉烂变质，保证装备始终处于良好状态。队员应当熟悉装备的基本性能，熟悉装备操作使用。安防装备采取专人管理和定人定责相结合的办法进行管理。非工作时间，安防装备一律定点存放，不得外借、挪用；人为损坏或丢失按原价赔偿；人员变动，安防装备列入移交范围。

二、联动机制

政务物业管理部门的安保机制中最为特殊的就是联动机制，这也是普通物业中较少要求的。政务物业联动机制主要包括：会务联动机制、信访联动机制、民警办（武警）联动机制。

1. 会务联动机制

政府机关办公楼各类会议、活动比较频繁，而且经常会有政府首脑参加会议、活动，因此会务服务就不单单是会服人员的事情了，同时也关系着政务安保。在一场会议、活动中，政务安保人员要和会务人员互通有无，提前需要了解会议、活动的规模、类型等，这样才能在会议、活动的开始前、进行中、结束后，分别做好治安防范、车辆引导等配合工作。

2. 信访联动机制

信访是政务物业管理部门在管理政府机关办公楼中经常遇见的事情。由于政府机关办公楼此类的物业比较特殊，因此政务物业管理部门就承担了部分信访前台的工作。信访、上访、群访等都在政务物业管理部门的前台（传达室）进行第一道关卡的审核，而在门卫（门厅）的安保人员，就必须具备接待、处理此类事件的常识和能力。在事件事态发展到不可控的情况时，安保人员就应在第一时间启动信访联动机制，及时和信访办以及相关部门办公室联系，并控制好现场，避免造成不良影响，损害了政府形象。

3. 民警办（武警）联动机制

在政府机关办公楼内也会遇到各类突发事件，政务物业管理部门安保部门针对各类突发事件，都有相应的突发事件应急预案。在各类突发事件中，一旦有某些事件发展的程度不在安保部门控制范围内时，安保人员就应启动民警办（武警）联动机制。政府机关办公楼的突发事件一旦不可控，政务物业管理部门不能任由事态继续扩大，或选择默默等待，这样只会给政府机关带来更大的损失和负面影响，所以，这时就需要依靠民警办（武警）的力量，在第一时间来协助政务物业管理部门安保人员，共同处理突发事件，将各类损失、影响降低到最低。

第三节　政务安保管理内容

政务安保管理是指政务物业管理部门采取各种措施，保障政府机关办公楼内的财物不受损失，人身不受伤害，维护正常的工作秩序。从字面上理解，政务物业管理中的安保管理指的是对房屋建筑、附属设备和公共设施的管理。但是政务物业管理是为人服务的，显然服务对象的生命与财产安全同样是安保管理的最基本内容。只有安全先得到保障，人们才会产生便捷要求、清洁要求、舒适要求、享受要求等，否则一切政务物业管理工作都失去了存在的意义。

一、安保管理的概念

安保管理就是通过现行的科学技术手段与管理手段，依靠各种先进设备与工具，防止和终止任何危及或影响政务物业管理辖区内的服务对象的生命财产与身心健康的行为，例如水管爆裂、电线短路、电梯故障、火灾、盗窃、噪声以及各种自然灾害、人为事故、上访群访、各种破坏活动等。

从管理的地域或管理的空间来划分，安保管理的任务可分为固定岗、流动岗、政治核心区岗位等。门岗、各种重要位置的岗哨，如车库岗、政治核心区安保队伍等都是固定岗。各种巡查、巡更则是流动岗。流动岗一种是有指定巡查路线的，另一种则无指定巡查路线。

根据安全工作所处状态来划分，安保管理可分为正常状态（或一般状态）下的安保管理和紧急状态（或非正常状态）下的安保管理。正常状态下的安保管理，是指按原定班次、时间、人员、岗位、工作性质来执行任务的管理；紧急状态下的安保管理，是指突发性的事件、案件处理，紧急情况下的临时性处置、管制。规范的政务物业安保管理有一定的预案，也就是紧急应变方案或突发性事件应变方案。根据情况与程度的不同，方案又可分为一级方案、二级方案、特别方案等。非正常状态下的安保管理，一般要打乱正常状态下的岗位、班次、人员、时间与工作的性质，一切服从方案中所指定负责人的调动。

总体上看，安保管理工作必须阻止或防止任何危及服务对象的生命财产的行为；必须确保一方安全，打击各种犯罪活动，同时维护社会的安定团结，为改革开放与社会稳定发展创造条件；必须终止任何影响服务对象身心健康的行为，维护正常的生活秩序与工作秩序，如终止噪声、废气对服务对象的影响，维持正常的交通秩序，以制止外来人员的干扰、骚扰；必须确保物业及附属设备、公共场所、建筑地块等不受人为损坏、破坏或尽可能减少损失。①

二、访客管理

在政务物业安保管理中，访客管理是重中之重，它是政府机关办公楼的窗口，既是政府形象的展示，又是杜绝安全隐患的第一道关卡，因此，访客管理必须做到既全面又精细。

（一）规范访客管理流程

访客到访至前台（传达室）登记，前台（传达室）与受访对象确认。

1. 受访对象不在或不同意接待等情况

（1）受访者不在或受访者不同意接待。婉言回绝，做好解释工作。

---

① 董潘，周宇．物业管理概论［M］．北京：清华大学出版社，2005.

（2）访客未带证件。电话联系受访者接引。

（3）访客不知找哪个部门。请访客自行核实相关信息后，工作人员电话联系受访者。

（4）如遇突发状况，安保人员若无法自行解决，应及时上报科长、主管，并通知民警办或武警到现场进行处理。

2. 确认可以进入，询问是否驾车

（1）驾车：

①前台（传达室）登记来访者有效证件（身份证、市民卡、驾驶证等）并用于换发临时门禁卡及临时车辆通行证。

②车辆按序停放在指定区域。

③访客凭临时门禁卡刷卡进入，到达楼座再次刷卡验证：

情况一：身份验证成功

a. 到指定区域访谈；

b. 访谈结束至前台（传达室）交还临时门禁卡（临时车辆通行证），并取回自己有效证件；

c. 安保人员给予放行。

情况二：身份验证失败

a. 安保人员做好解释工作，并指引到相应楼层；

b. 到指定区域访谈；

c. 访谈结束至前台（传达室）交还临时门禁卡（临时车辆通行证），并取回自己有效证件；

d. 安保人员给予放行。

（2）非驾车：

①前台（传达室）登记来访者有效证件（身份证、市民卡、驾驶证等）并用于换发临时门禁卡。

②访客凭临时门禁卡刷卡进入，到达楼座再次刷卡验证：

情况一：身份验证成功

a. 到指定区域访谈；

b. 访谈结束至前台交还临时门禁卡（临时车辆通行证），并取回自己有效证件；

c. 安保人员给予放行。

情况二：身份验证失败

a. 安保人员做好解释工作，并指引到相应楼层；

b. 到指定区域访谈；

c. 访谈结束至前台（传达室）交还临时门禁卡（临时车辆通行证），并取回自己有效证件；

d. 安保人员给予放行。

（二）访客管理要点

（1）非服务对象单位人员凭有效出入证（卡）进、出物业，或进行访客登记，谢绝推销或其他闲杂人员进入。

（2）来访人员须明确说出所找服务对象所在单位名称、服务对象的姓名、楼座等，必要时可用对讲机、电话通话，确认后登记进入。

（3）政务物业工作人员在登记前，应认真核对证件，若不符，谢绝入内；若相符，应清晰登记来访人的姓名、有效证件名称及号码、出入证号码等。

（4）若遇上级领导或前来指导、参观的社会各界人士，应立即起立敬礼，然后将参观客人的人数、单位等情况记录清楚，备查。

（5）若遇不愿出示证件，蛮横无理者，应耐心做好解释工作，尽可能消除其不良情绪。①

三、办公区维稳

（一）信访接待

信访工作是党政机关、人民团体、企事业单位调整和处理信访关系、促进信访矛盾转化的有组织有领导的活动。信访工作是政府机关工作的一项基

---

① 余源鹏．行政办公楼物业管理服务实务［M］．北京：机械工业出版社，2012.

本内容。由于信访工作具有特殊性，往往既敏感，又难以处理，而且容易发生矛盾冲突。政务物业安保在信访工作中所起的作用是，协助政府机关信访部门做好信访接待服务和信访秩序的维持工作。因此，为了保证政府机关信访工作的正常运作，政务物业安保必须对信访工作的相关知识、流程、规定和要求有一个全面的了解，并制订各类情况详尽的应对措施，协助政府机关信访部门处理好各类信访接待工作。

1. 对信访工作的认识

（1）信访工作的性质

根据政务机关信访工作的服务对象、工作对象、工作要求和它的主要社会功能，信访工作具有以下特点：

①服务对象的综合性

信访工作既有秘书工作的辅助领导、反馈信息、协调关系等为领导服务的性质，也有直接为群众解决问题、为群众服务的性质。

②工作任务的综合性

信访工作的任务，概括起来主要有两种：一种是临时性的任务，例如落实政策、解决历史遗留问题、处理突发性事件等；另一种是经常性的任务，例如处理群众来信、接待群众来访、查处案件、综合反映社会相关问题等。

③知识结构的综合性

由于有前面两个综合性，要求信访工作者要有广泛的知识。要熟悉党的政策和国家法律，也要懂得与信访工作有关的社会科学知识和自然科学知识，例如社会学、政治学、心理学、管理学等。只有掌握了较多的知识，才能适应发展了的信访工作的需要，把信访工作做好。

（2）信访工作的特点

①信访工作具有政策性

信访工作能及时、准确地把群众在信访中提出的有关政策性问题向有关领导和组织反映，作为制定和完善政策的参考。另外，信访问题的解决必须依照党和政府的政策执行。

②信访工作具有监督性

信访的监督来自人民群众自下而上的监督，这种监督通过信访部门的工作，变成领导机构自上而下的监督。信访的这种监督性具有较大的真实性及广泛性。

③信访工作具有民主性

信访是人民群众依法享有的民主权利。

④信访工作具有群众性

信访工作面向群众，联系群众，工作的对象主要是人民群众。而信访工作的群众性，是党的群众路线的具体体现。

⑤信访工作具有服务性

信访工作既是为群众服务，满足群众的正当要求，又是为领导服务，协助领导处理群众信访问题。同时，信访也是为党的中心工作服务。

⑥信访工作具有信息性

信访部门每天都收到大量信息，经过筛选，把重要的情况和问题向有关部门和领导反映，可以使领导直接了解到群众的思想、情绪，倾听到群众的呼声，对指导工作有重要意义。

（3）信访接待工作的重点和难点

①信访接待工作重点

作为政务物业管理部门，最重要的是确保政府机关办公楼日常工作秩序的正常运行。要实现这一目标，就必须保证政府机关的治安、交通等秩序的正常。在信访工作上，政务物业管理部门扮演的是信访局前台接待的角色，而信访的接待、登记等工作又基本上是在政府机关办公楼大门及大院前部进行。基于信访工作的特殊性，如果不能及时控制好信访秩序，就容易造成局势失控，从而严重影响到政府机关的正常运作，甚至造成不良的政治影响。因此，信访接待工作的重中之重，应该是做好信访安全管理工作，控制好信访尤其是对集体上访的局势控制工作。

②信访接待工作难点

信访接待作为信访工作的第一关，是信访人员与政府机关的第一个接触关口，接待工作的好坏及技巧，直接影响到以后的信访工作流程的难易，也直接影响到政府机关在老百姓中的形象。一般来说，能到政府机关来访的人员，多数是因为需要解决一定的矛盾，他们急需政府的相关部门给予一定的答复。而政务物业管理部门的信访接待仅仅是一个前台接待，并没有权力代表政府任何部门表态，一些性急的信访者往往就会情绪失控而迁怒于接待人员。这就需要我们具有极高的接待技巧，既要能了解到来访者的意图以便向信访局反映，同时又要做好安抚工作，避免来访者情绪激动把矛盾激化，还要为信访局下一步的信访管理工作做好铺垫，争取时间，而且还要树立政府工作新形象，这就是信访接待工作中的难点。

（4）信访接待应学习和了解的知识

①实事求是，一切从实际出发

由于信访问题涉及面宽，情况错综复杂，处理时，既没有固定的模式，也没有一成不变的方法。信访接待工作人员应根据不同的具体情况有区别地采取各种办法初步了解上访的基本内容，进行初步的思想工作，尽量把问题在接待这一环节解决好。另外，在向上级汇报信访信息及处理结果时亦要实事求是地报告。

②以事实为依据，以政策、法律为准绳

以事实为依据，以政策和法律为准绳处理信访问题是党和政府一贯强调的原则。政策和法律都是由国家制定的强制性行为或行动准则，任何人都不能超越政策和法律处理任何信访问题。处理信访问题时，可以用法律规定和法律观点来分析问题，向群众宣传法律，做深入细致的思想工作，化解矛盾。同时，信访问题的处理必须按照法律进行，不能采取非法或违反政策的手段处理。

③积极主动，量力而行

对于信访问题，应积极主动地在自己的权限范围内进行解决，化解矛盾，维持政府机关工作的正常进行。同时，对超出自己处理权限范围的事情及时归口汇报相关部门或领导进行解决。

④根据信访问题的不同及时进行分类归口处理

不同的信访问题分别由不同的部门或领导负责，接到群众信访信息后，应分析问题的性质、内容、管理归口，及时向信访部门汇报处理，避免归口错误而延误处理时间。

⑤集体上访处理原则

集体上访是群众反映意愿和要求的一种形式，但这种形式具有较大的社会消极因素，而且处理不好极易激发矛盾，造成难以控制的局面，也极易造成影响政府机关正常工作。对集体上访，政务物业管理部门应遵循以下原则：

a. 充分收集信息，提前做好应对措施。

我们应积极地向各相关部门、公安系统、社会媒介系统等收集各相关信息，发现任何集体上访苗头均应马上积极做好应对措施，并及时报告各相关部门。

b. 实事求是，认真倾听和解决群众上访提出的合理要求。

集体上访群众提出的要求，符合政策的，根据相关部门的解决方案予以答复解决；部分合理的，根据相关部门的指示部分解决；对上访人员提出的不合理要求，应旗帜鲜明地坚决予以拒绝，并予以详细的解释，解释时态度要明朗。对于集体上访人员的接待最重要的是避免将矛盾在机关这一级激化，而是尽量在接待上化解群众的矛盾。

c. 严密监控，严防大局失控。

对集体上访中纠缠取闹的人，要分清取闹的性质区别妥善处理，必要时请公安机关协助处理。

2. 政务物业管理部门在信访接待中的定位和角色

（1）定位

政务物业管理部门在政府机关信访工作中，主要作用是外围接待、维持信访工作秩序及控制信访安全局势，做好来访群众的咨询、甄别、联络、登记、疏导，维护政府机关公共秩序，保证政府机关正常的工作秩序。

（2）角色

政务物业管理部门在政府机关信访管理工作中扮演的是信访局前台接待服务的角色。

3. 信访外围接待的要求和基本方法

（1）接待来访工作的要求

①文明接待

接待来访群众时，接待人员的态度必须和善，这可以增加群众对接待人员的亲切感、信任感和责任感，有利于解决问题。

②缓解矛盾

政务物业管理部门的信访接待相当于政府信访局的前台，其良好的接待及沟通处理等往往可以大大减轻信访局的工作压力，有利于信访局开展工作。政务物业管理部门人员在接待时应要避免做一些会导致矛盾激化的事情，对群众提出的要求，如果已经得到有信访局明确指示的，可以予以明确的答复，未得到明确指示的，亦不要轻易拒绝，而是答应群众“我们会如实向信访部门反映，如果有了明确答复，我们将尽快通知大家”，暂时把矛盾缓和下来，让双方均有足够的时间去冷静思考解决问题的方法。

③按章办事

所有信访接待工作必须严格按政府的规章及国家法律法规办理，严禁任何违法违章行为。

④处理危机

对信访外围工作中出现的各类危机应及时采取应急措施予以排除，确保政府机关秩序的正常运作。

（2）接待来访程序

①来访登记

对每个来访者，先由门卫或大厅安保问清原因后做好登记，登记分初访和重访。

②接入接待室

经初步登记后，只要不属无理取闹的个人，应及时通知信访主管，并检查来访人员的随身携带物后将来访者带到信访接待室。如果是集体上访的，应将人群带离正门，由来人推选出 3 名以下代表进入信访接待室进行初谈，其他人员应劝其回家等候，同时避免太多人围在政府机关办公楼前，引起市民围观。

③接谈

接谈时要注意以下事项：

a. 审阅登记表、有关文字材料和来访人所带证件以及随身物品，要注意物品中有无违禁品，必要时要问清楚所带的是什么东西。询问时态度、口气要和蔼。

b. 接谈时要注意听、问、记、看。做好详尽记录，重要部分必要时要与来访人员校正。接谈过程中发现来访人情绪异常，要积极做工作，稳定其情绪，如发现是精神病人，应及时与医务部门联系，妥善处理。

c. 对来访人的意见和要求，务必做初步了解后通报信访局。

④与信访局沟通

在来访群众登记后可由信访主管进行初步接谈，了解来访人反映问题的性质，将来访情况及时向信访局反映，如果信访人员欲访问单位不在本机关内的，按照问题的性质介绍来访人员到相应归口单位去解决问题，如果归口单位在本机关内的，先通过电话向信访局反映情况，如果信访局同意接见解决的，介绍来访人员到信访局进行进一步的解决，如果信访局无法即时接见来访人员或认为无须接见来访人员的，应向来访人员做好解释工作，让其先回家等候，然后将相关上访记录送信访局。如果来访人员属无理取闹的，应通知护管人员将来人带出机关大院，必要时可以通知公安机关协助处理。

⑤接待集体来访

a. 3 人以上为同一目的和要求有组织的来访活动，视为集体来访。

b. 集体来访要先填写“集体来访登记表”，登记时要把集体来访者的姓名、性别、年龄、住址、工作单位、职务等逐个登记。

c. 前台（传达室）获悉集体来访，应立即向领导报告，并通报有关部门做好接待准备。

d. 人数较多的集体来访，要求上访者推举代表来谈。

e. 对集体来访反映的问题要做详细记录，控制局面，然后报信访局。

f. 在接待过程中，要注意观察来访人的一切变化，包括活动、要求、情绪等所有动态情况。如遇有异常情况，及时向领导报告，多做思想工作，避免矛盾激化。接待人数较多的集体来访时，必须至少有一名安保人员在场维护秩序，必要时通知公安部门。

⑥接待外国人和港澳台同胞来访

a. 接待外国人、外籍华人、华侨和港澳台同胞来访，要指定专人，一般为两人接待。

b. 办理登记手续可在接待室内进行。

c. 接待时要坚持“礼貌热情、不卑不亢、内外有别、注意方法、掌握政策、适当照顾”的原则。

d. 接谈时要问清“来访登记表”中各项内容，着重了解来访人的国籍、在国外或港澳台的常住地址、职业、入境目的和停留期限、入境接待单位和住址、电话号码，是否向其他部门反映过问题，以及陪同人员的姓名、身份、工作单位、与来访人关系等，并验看有关身份证件。

e. 接待后应立即向领导汇报情况，酌情做如下处理：归口、另行约谈或在住处等待答复、留下书面材料、当面答复等。

f. 接待中要注意保守国家机密。

g. 如对方提出要录音、录像，要做好解释工作，婉言谢绝。

h. 来访者如果是精神不正常的，尽可能劝其离开，个别非收容不可的，报公安部门处理。

i. 接待后要做相关登记记录。

（3）处理与回访

登记或接谈后，每天下班前按照实际情况将来访记录以书面形式报告信访局，如果是属于较紧急事情的，应马上通过电话向信访局主管人员汇报，然后再以书面的形式上报。凡来访人员所反映问题已经有关部门处理过或已有统一明确答复的，根据来访人所谈情况判断，接待人员有把握的可直接答复。每月月末，信访主管应主动向信访局及各相关部门了解接待效果，看看物业信访接待是否达到了减低机关信访工作压力、提高信访工作效率，树立机关新形象的效果，并向信访局请教指正信访接待中应注意的事项，以便进一步改进，同时，向信访局了解近期的信访动态，做好下一步的信访应急措施。

4. 外来信访人员的甄别、控制与分流

（1）外来信访人员的甄别

①看人流

突发性的集体上访，一般人员均是三三两两地来到门口集中。这时，需要门口的安保人员注意观察来往人员情况，如果发现这种现象的，应及时通知信访主管派便衣人员过去与他们交谈，了解聚集的原因，并及时将情况告知信访主管、办公室和信访局，以便做好应对准备。同时，安保主管应迅速做好应急准备，暗中调动安保力量备用，做好组织人墙挡、堵电梯及主要楼道的办法。但在上访群众来到后未喊口号之前不能调动安保人员前去干涉，应做到内紧外松，听候政府调动。重要接待时则请示上级。

②听交谈

对于停留于政府机关办公楼门口交谈的人应注意听其谈话内容，必要时可由便衣人员与他们搭讪，发现信访信息的及时向信访主管、信访局及办公室反映。

③问去向

对于要进入政府机关办公楼内的人，必须履行登记手续，并在登记时问清来者欲造访的部门、原因，发现信访信息的及时汇报。

④看行迹

对在政府机关办公楼门外徘徊、张望的人，应注意观察，必要时上前问话，发现有信访信息的及时汇报相关部门。

（2）外来信访人员的控制

①登记管理

负责登记的人员必须严格执行信访登记制度，信访人员须在政府机关办公楼前台（传达室）履行登记程序，登记时须登记来访人的姓名、性别、身份证号、现住址、联系方法、来访理由等，经登记并初步排查不属无理取闹后方可进入信访接待室，经信访主管初谈后请示信访局并得到许可后方可进入信访局。

②物品检查

对上访人员所携带的物品注意检查，不得携带危险品、爆炸品以及管制器械进入政府机关办公楼及接待场所，发现上述物品应及时排除，必要时请公安机关协助处理。

③外围秩序管理

a. 确保信访人遵守信访秩序、不得影响政府机关工作秩序，不得损害接待场所的公私财物，不得纠缠、侮辱、殴打、威胁接待人员。

b. 信访过程中如遇不遵守信访管理程序，大声喧哗、吵闹，破坏信访秩序等行为的，应立即通知信访主管与护管主管，进行劝阻、控制并带其离开信访场所，必要时通知当地公安机关协助处理。

（3）特殊人员处理

①前台（传达室）发现来访人员中有精神病人的，应当通知精神病人所在地区、单位或者监护人将其接回。

②前台（传达室）发现来访人员中有传染病人或者疑似传染病人的，应当通报所在地的卫生行政管理部门，由卫生行政管理部门按照国家有关规定处理。

③前台（传达室）如遇不履行登记、不听从劝告，以及酗酒、闹事、强行进入政府机关办公楼的，应立即进行制止，通知安保主管将其控制起来并带离机关大院，必要时送至当地公安机关或请当地公安机关协助处理。

④对有的女同志拦住领导车或在撒野的，应及时由女工作人员将其劝离，必要时可强行将其带离现场或请公安机关协助处理。

⑤前台（传达室）如遇情绪激动的来访人员应注意安抚对方情绪，待对方情绪平静后，通知信访主管对其进行接待。

（4）集体上访人员的控制

前台（传达室）如遇人数较多的信访群体，应立即采取相应措施，封闭主要通道，并将上访群众带到政府机关办公楼人少处初步了解情况，推选代表入内接谈，避免门口人多造成群众围观及交通堵塞。对于蛮横、肇事者应立即通知预警分队，展开预警措施，必要时通知当地公安机关。

（5）对围堵领导车辆的处理

如遇信访者围堵、冲击政府机关，拦截公务车辆等情况应立即展开预警措施，并保护好公务车辆的安全。如果这时有领导的车开过来，应派人到前一个路口告知领导司机，提前绕开，并通知政府相关部门告知领导。如果时间已来不及，领导车已经到来则安排人员在门口向领导司机打手势绕道行驶，但不能大声喊，必须保证领导座位的车门、车窗不受到破坏，不惜一切代价保护领导安全，必要时保护领导从应急出口离开。

（二）政府机关办公楼安全防范与应急管理

安全防范是政务物业管理的重点，只有良好的安全保障才能确保政务机关办公楼日常工作的正常运作。政府机关办公楼的安全防范责任重于泰山。

1. 政府机关安全预警管理

政府机关安全预警管理是指为保证政府机关正常有序的办公秩序，对发生或将要发生的各类事件采取积极有效的防范、处理措施，把不安定、不安全因素的危害性控制到最低限度直至消除。

（1）日常培训管理

①建立日常培训制度，由安保主管亲自担任培训讲师，定期组织员工培训工作，掌握各类预警处理规程。

②建立预警分队，队员由不当值安保员组成。安保部门平时应抓好预警分队的训练，提高反应速度，以保证发生预警情况时能迅速赶赴现场增援。

③政务物业管理部门不定期组织员工进行预警紧急处理规程的培训，以加强员工对预警处理程序的认识和了解。

④安保部门根据实际工作需要，不定期组织全体安保人员及预警分队进行统一、协调行动的训练，开展预警演练。

（2）预警信息发布与传递

预警信息的及时发布，是安全预警管理的基础条件，保证信息的畅通传递，是安全预警管理的必要补充，根据掌握的信息及时制定相应的处理措施，是安全预警管理的根本保障。

①预警信息由政府办公室发布，政务物业管理部门接到预警信息迅速做出反应，部署预警规程。

②建立畅通的信息收集渠道，与各组织、部门、群众建立良好的沟通渠道，及时收集各方面传递的信息资源，并进行分析、统计，汇报政府办公室。

③对于掌握的信息资源，要及时传递给上级领导，对于重要信息的掌握，要及时汇报安保部门主管，由政务物业管理部门安保部门负责人向政府办公室领导报告。

④对于信息掌握的情况，要及时制订预警方案，组织预警分队，在政府办公室的指导下，根据预警事件的紧急程度，通知当地公安机关及相关组织、单位，请其协助共同解决。

（3）安全预警管理

①各岗位接到预警信息，立即做出预警措施，第一时间向安保部门主管汇报，由政务物业管理部门人员将信息及时传递给政府办公室，政府办公室发布预警信息。

②政务物业管理部门接到政府办公室发布的预警信息，迅速做好各岗位应急部署，组织预警分队。

③根据预警情况的紧急程度，及时与当地公安机关取得联系，请其给予有力的支援，并及时通知相关组织、单位。

④政务物业管理部门全体员工，除在岗人员，迅速到达预警现场，组成指挥组、警戒组、调解组、疏散组、隔离组，由政务物业管理部门安保部门负责人统一指挥。

⑤检查政府机关办公楼的各出入口，关闭预警大门，由预警分队搭起预警人墙。

⑥监控值班室全面检查监控区域，发现异常情况及时通知巡逻岗位前去查看，并将主监控镜头调至预警区域，全面监控预警区域的情况，并及时汇报、拍摄。

2. 各类预警情况

（1）盗窃匪警预警规程

①安保人员在执勤中遇到或接到公开使用暴力或其他手段，如打、砸、抢、偷等，威胁政府机关办公楼人身财产安全的犯罪行为时，要切实履行护管员职责，迅速制止犯罪。

②当发生突发案件时，要保持镇静，在保障他人及自身安全的前提下设法制止犯罪行为，同时立即通过通信设备呼叫求援。

③政务物业管理部门所有持有对讲机的安保人员在听到求援信号后，应立即在能兼顾到自己工作范围的情况下及时赶到现场，离政务物业管理部门最近或有直接通信设备的安保人员，应立即通知政务物业管理部门及预警分队队员。

④若犯罪分子逃跑，一时又追捕不上时，要看清人数、衣着、相貌、身体特征，所有交通工具及特征等，并及时报告政务物业管理部门重大案件，要立即拨“110”电话报警或通知辖区派出所，并在《值班记录表》上记录。

⑤保护案发现场，任何人不得动任何东西，包括罪犯留下的一切手痕、脚印、烟头等，不得让人进入现场，在公安人员未勘察现场或现场勘查完毕之前，不能离开。

⑥接受服务对象报案的，应在《值班记录表》上记录受害人提供的所有情况，包括损失情况及破案线索、怀疑对象等情况，以便转告公安机关或有关处理单位。

⑦若是运动过程作案，没有固定现场的，对犯罪分子遗留下的各种物品、作案工具等，应用钳子或其他工具提取，然后放进塑料袋内妥善保存交公安机关处理，切不可将安保人员或其他人员的指纹等痕迹留在物品上。

⑧安保主管要做好现场记录，填写《案件情况记录表》，并写出书面报告报主管部门。

（2）火警、火灾预警规程

①当自动报警系统显示火警信号或接到火情报告后，监控值班室值班员应立即通知巡逻安保人员，同时，坚守岗位，密切注视火警动态。

②巡逻安保人员接到通知，应立即携带灭火器和插孔电话从楼梯赶到报警现场查看确认。

a. 属火警，就近打破手动报警按钮报火警，同时通过电话插孔或固定消防电话向监控值班室报告火灾的发生，并简要说明火灾情况，通知、组织就近的办公人员疏散，能自己动手灭火的，迅速开展灭火工作，否则就地打开消火栓，展开水带、水枪，等待救援人员的到来。

b. 属自动报警系统误报，当场复原，若因设备故障不能当场复原的，应及时通知政务物业管理部门。

③监控值班室值班人员接到手动报警信号或巡逻安保人员的电话报告后，应立即通知政务物业管理部门，并通过电梯对讲机通知电梯中的乘客按下最近楼层的按钮待电梯门打开后迅速撤离电梯，从紧急通道撤出政府机关办公楼，政务物业管理部门接到火警信号后，第一时间通知政府办公室，并组织预警分队队员保护政府机关领导尽快撤离政府机关办公楼。

④政务物业管理部门首接通知者，应立即拨打“119”报火警，告知火灾发生的地点、位置、楼层以及是否有人被困，告知政务物业管理部门负责人、安全保卫部、安全负责人，通知设备人员。

⑤设备人员应立即赶至一楼大厅打破消防电梯的消防开关玻璃，将消防开关合上，迫降消防电梯，使之处于消防功能服务状态，供消防人员使用，待乘客已安全撤离电梯后立即切断除消防电梯外的其他电梯的所有电源。

⑥监控值班室值班人员应监视消防设备运行状态，若有消防设备没有启动，在联动柜上强启。

⑦展开灭火规程。

（3）群体、游行、示威、上访、请愿预警规程

①政府办公室发布预警信息后，政务物业管理部门负责人应立即做出预警措施，迅速做好各岗位应急部署，组织预警分队。

②门卫安保人员发现游行、示威、上访、请愿等人群（以下简称人群）后应立即报告安全保卫部、政务物业管理部门。政务物业管理部门在接到预

警信息后要第一时间向政府办公室汇报，请示。

③根据人群的情况，及时与当地公安机关取得联系，请其给予有力的支援，并及时通知相关组织、单位。

④政务物业管理部门全体员工，除岗位值班员，迅速到达预警现场，组成指挥组、警戒组、调解组、疏散组、隔离组，由政务物业管理部门安保部门负责人统一指挥。

⑤检查政府机关办公楼的各出入口，关闭预警大门，由预警分队搭起预警人墙。

⑥监控值班室全面检查监控区域，发现异常情况及时通知巡逻岗安保人员前去查看，并将主监控镜头调至预警区域，全面监控人群情况，并及时汇报、拍摄。

⑦如遇人群有举、拉横幅标语的应立即进行劝说，将其横幅标语撤下。

⑧指挥组负责现场的具体指挥工作，确保将人群隔离在政府机关办公楼以外区域。

⑨疏散组要设法将人群疏散引到人群少的空旷区域，防止人群冲击政府机关办公楼，或造成大厅（大门）前混乱及交通堵塞等现象。

⑩调解组应尽力安抚人群的急躁情绪，找出人群的核心人物或信访代表，使整个人群平静下来，掌握游行的具体原因、单位及所要面对的部门，及时通知信访主管，并将情况报告政务物业管理部门，由政务物业管理部门安保部门负责人将信息及时汇报政府办公室。

⑪信访主管应联系人群的单位领导，请其立即出面安抚、规劝人群，此外应进一步安抚人群，使其选出代表，按正常信访程序进行。

⑫警戒组要时刻做好政府机关办公楼警戒工作，密切注视人群的一举一动，发现可疑情况或人群异常表现及时采取措施。

⑬隔离组应搭起预警人墙，防止人群暴力冲击政府机关办公楼。如遇暴力冲击情况，各个分组要全力配合隔离组，不惜一切代价，在决不动手伤人、动口骂人的原则下，用身体人墙将人群隔离在政府机关办公楼大门外，直至警戒解除。

⑭打开政府机关办公楼后门，维持机关领导、人员正常的办公、出入秩序。

⑮在政府办公室的指导下，配合当地公安机关，维持人群的秩序，直至警戒解除。

⑯政务物业管理部门安保部门负责人要做好现场记录，填写《事件情况记录表》，并写出书面报告报政府办公室。

（4）静坐、绝食预警规程

①如遇静坐、绝食的人员要设法将其疏散引导至人少的空旷区域，防止人员妨碍政府机关办公楼正常的办公秩序或造成大厅（大门）前混乱及交通堵塞等现象。

②如遇有举、拉横幅标语的应立即进行劝说，将其横幅标语撤下。

③立即通知预警分队、安保部及政务物业管理部门，及时将情况反映至政府办公室。

④通知信访主管上前劝说，尽量了解静坐、绝食的原因及其工作单位与家庭住址，联系其单位领导与街道居委会协助劝说。

⑤进行必要的调解与安慰工作，可适当提供水和事物，劝其离开与进食。

⑥确保有效的交通秩序，切勿发生交通意外事故。

⑦动员人群推选信访代表反映情况，及早疏散其他人群。

⑧密切注意人群所携带的物品，必要时进行安全检查，防止其他意外事件的发生。

⑨做好人群监控工作，发现可疑情况立即制止，必要时通知当地公安机关协助处理。

⑩积极关注人群生理表现，发现有异常及不良反应者应立即联系急救中心，对其进行紧急救护工作，保证大家的生命安全。

（5）围堵、冲击及拦截公务车预警规程

①立即成立预警分队，搭起预警人墙。

②通知安保部门、政务物业管理部门、政府办公室及当地公安机关，做好预警措施。

③观察人群情况，找出策划、挑动者，尽快将其控制。

④如遇公务车被拦截情况，应果断抽调预警队员，保护公务车量，提醒司机锁好门窗，将人群与车身隔离，尤其是公务人员座位车门、车窗位置，确保公务人员的人身安全，不惜一切代价保护其安全转移。

⑤尽量控制现场秩序，通知政府机关办公楼做好警戒防范工作，必要时打开后门，护送机关公务人员安全撤离。

⑥全力配合公安机关维持现场秩序，力争将肇事人群控制住。

⑦打不还手，骂不还口，坚决不让肇事人群进入政府机关办公楼一步，敢于流血、不怕牺牲，直至警戒彻底解除。

（6）阻塞交通预警规程

①政府机关办公楼门前为交通要道，交通秩序的有效维护至关重要，门前不允许停放任何车辆。

②如遇交通事故情况，应立即通知交通警察进行处理，同时，在路口处增设警示标识指示，以免发生交通阻塞。

③如遇上访人群聚集在门前，应立即通知预警分队进行引导、疏散，将其带离门口或疏散至其他区域。

④如遇车辆阻塞交通，应立即安排值勤安保人员进行指挥、疏散，必要时通知预警分队。

⑤如遇肇事车辆阻塞交通，应立即通知预警分队进行管制，疏散聚集的车辆，摆放铁马、路桩，必要时通知城管处及交通警察部门。

四、停车秩序管理

1. 目的

为了完善政府机关办公楼停车场的安全管理，保障车辆停放有序，辖区交通畅通，确保政府机关办公楼停车场秩序，为广大的机关工作人员提供停车保障。

2. 职责

（1）安保部门全面负责停车场的管理工作。

（2）车辆管理人员负责指挥本车场车辆停放、存放、监护和进出查验。

（3）巡逻安保人员负责外围车辆引导。

（4）道口安保人员负责车辆进程管理。

3. 程序

（1）政府机关办公区设进出道口岗，实行 24 小时全封闭管理，公务车辆通过时应敬礼致意。

（2）严禁非固定车辆停占固定车位。

（3）外来车辆进入凭政府发的车辆出入证出入，如没有出入证禁止进入。

（4）停车场应有以下标识：出入口标识、限高标识、方向指示、停车位和禁停位、慢行标识、严禁烟火标识、消防疏散指示及各类提示标识。

（5）车辆管理人员应严禁超大车辆、漏油车辆、载有危险品的车辆进入。

（6）当有车辆驶进时，安保人员应迅速指引其慢行，安全地停放在指定车位上，仔细检查车辆情况，如发现问题应报告车主，在《值班记录表》上进行记录，由车主签字确认，并提醒车主关好车门、车窗，将贵重的物品随身带走，一时联系不到车主的，应做好车辆安全管理措施。

（7）车辆管理人员每半个小时巡检停车场一次，清点停车数量，检查停车情况，发现问题及时处理并通知车主、安保部门，在《值班记录表》上做好记录。

（8）车辆管理人员应严密注视车辆情况和驾驶员的行为，若有醉酒者驾车应立即劝阻，避免事故发生，并报安保部门，在《值班记录表》上记录。

（9）车辆管理人员如发现车主在政府机关办公区内修理车辆、加油应予以制止，严禁车主使用消防水源洗车，经劝阻不听者，按有关规定处理。

（10）车辆出库时，应仔细核对出场之车辆和车主，若对出场车辆和驾驶员有疑问时，应立即到车挡侧前方向司机敬礼，再有礼貌地盘问，并与车主联系确定，检查驾驶证件后，登记放行，若发现有问题时，应立即扣留车辆，报告护管部，通知巡逻安保人员到场处理，将处理情况在《值班记录表》上进行记录。

（11）每班车辆管理人员接班前必须检查防火卷帘门、消防栓、灭火器等设施，发现问题及时报告，做好记录。

（12）车辆管理人员应协助清洁员维护车场清洁，保持车场整洁卫生。

（13）车辆管理人员应按《安保员交接班管理规程》交接工作，清点车辆，做好交接记录。

4. 车辆进出管理

（1）机动车进入政府机关办公区，须持机关汽车通行证或经车辆识别系统识别后方可进入。

（2）无机关通行证车辆来大院参会，参会单位可提前填写《车辆预约登记表》，将《会议通知》及《预约登记表》传真或送至安保处，车辆信息录入识别系统认可后方可进入，或出示会议通知单进入。

（3）政府机关办公楼内无重大会议时，无机关通行证车辆来办事，可到传达室办理手续进入。

（4）经常出入政府机关办公楼送报刊、杂志等车辆，应持单位介绍信到安保处办理车辆录入相关手续，方可进入。

（5）特种车辆（救护车、消防车、军车、警车）及工程施工车、货物运输车进入政府机关办公楼，用车单位应事先向安保处报告备案，由安保处通知安保队伍按照规定登记换证放行。

（6）出入政府机关办公楼的机动车辆，必须登记车牌号、驾驶员姓名及进出时间。严禁出租车进入政府机关办公楼。

（7）机动车携带大件物品出政府机关办公楼的，须出示单位证明方可放行，否则不予放行，同时向大队领导汇报等待核实相关情况。

5. 物业区域道路交通管理

（1）进入辖区后，车速不得超过 15 千米/小时，并且禁止鸣笛。

（2）政府机关办公楼出入口及行车主干道地面用白色油漆画出交通指引标志，指明行车方向；道路转弯处及大门口设置交通禁令、禁示、禁鸣、限速等标志，确保道路车辆行驶畅通、安全。

（3）行车道路两侧设油漆黄色标志，表示禁止停车；油漆黑黄相间（30cm 间距）标志，表示允许临时停车，确保管理区域内无违规停车现象，道路路面应保持整洁、无损、通畅。

（4）办公楼支道允许停车的位置用白色油漆标志停车位及编号，标识应清晰、醒目、完整。

（5）对进入管理区域内的车辆应予以引导，并指挥车辆按规定车位停车。

（6）办公楼行车道应油漆黑白相间减速条标志，警示车辆减速缓行。

6. 停车场管理

（1）在停车场地面用白色油漆画出车辆行驶指引标志、车位标志及编号。

（2）合理规划停车场的使用管理，防止乱停、乱放。同时，建立完善的管理制度，确保行政办公大楼文明有序的工作、学习、活动环境。

（3）对驶入车场的车辆，均限速5千米/小时以下，严防高速行驶，并有专人指引按规定存放到指定区域，做到车辆停放规范、整齐，安全有序，以完善细致的管理，进行安全有序的服务，防止乱停乱放现象发生。

（4）完善的管理制度、智能化的管理系统、全方位的保安监控紧密配合，保证无控制盲点。

（5）贯彻技防为主、人防为辅的原则，做好停车场的出入口控制，建立车辆停放登记制度，严防被盗事件发生，同时停车场防止无关人员进入和逗留。

（6）关注已停车辆，查看有无损坏、漏油、漏水情况，做好相关记录，若出现损坏、漏油、漏水等，尽快与使用者联系，以减小损失。

（7）遇有计划性重大活动安排时，制订活动开展配合计划，事先做好预留车位及场地检查工作，摆放醒目标志，并做好协调、劝说及解释工作。

（8）在停车场的进出口上方醒目处，挂禁令标志、限高标志、收费标志。

（9）停车场的通风、消防、排水及照明等设备及设施应保持完好。

（10）保持停车场环境整洁、地面平整、无渗漏水，无积水。①

7. 政府机关办公楼车辆违章处理管理规定

车辆进入政府机关办公楼后，驾驶人员应自觉遵守管理规定，文明行驶，

---

① 余源鹏．行政办公楼物业管理服务实务［M］．北京：机械工业出版社，2012.

文明停车。对不遵守停车、行驶管理规定、不配合工作、不服从指挥的，采取以下处理措施：

（1）政府机关办公楼内车辆不按规定停放和行驶的，安保人员将在该车辆上张贴违规书面通知单，并拍照、取证同时注明车辆违规次数给予存档；单位车辆（含私家车）如不按指定地点停放的，以书面形式对车主予以警示，并通报相关主管部门责成教育督促驾驶人员限期改正；如违规次数较多的情况下，将根据相应规定进行处罚。

（2）进入政府机关办公楼的非机动车辆（摩托车、电动车、自行车）按规定停放在指定地点，不得乱停乱放，否则可锁车辆。

（3）所有进入政府机关办公楼的机动车辆应按章行驶。执勤人员发现超速、逆行、违停、鸣号等违章车辆应及时进行纠正，并对其进行教育。对不配合工作、不服从管理或辱骂威胁安保队伍执勤人员的驾驶员，将通报所在单位，安保部门备案登记列出黑名单警告，情节特别严重将取消通行资格。

（4）发现使用过期、涂改、转借、伪造通行证的应予没收，造成一定后果和影响的当事人，移交司法机关处理。

（5）进入政府机关办公楼的车辆，造成设施设备损坏的应造价赔偿，人员伤亡等交通事故的移交司法机关处理。

五、信息数据安全管理

政务物业政府机关办公楼是政府部门、企事业单位的办公场所，这使得在办公楼内的很多信息都不可以外传。如何对行政办公楼内的信息进行管理，防止信息泄露是政务物业管理部门的责任。政务物业管理部门需要对政府机关办公楼的信息安全进行全面的管理。

（一）信息安全管理要素分析

1. 信息安全管理的内容

（1）政府会务机要机密。

（2）上级及外宾参观考察情况。

（3）外商参观考察洽谈投资环境的情况。

（4）群众来访接待。

2. 信息安全管理的对象

（1）可能造成信息安全责任事故的行为

①政府机关办公楼接待来访参观的贵宾。不能否认来参观、考察、交流投资环境的商人，会出于种种因素将政府有关机要机密信息携带出门，造成信息安全的责任事故。

②政府机关办公楼属于为人民群众办实事的开放窗口，来访人员众多，也有可能从此处泄露机密。

③政务物业管理部门员工也有可能由于疏忽无意中透露、泄露政府相关秘密。

④政府工作人员也存在信息安全泄露的隐患。

（2）可能造成信息安全责任事故的信息载体和事件

①物品出入：包括随行包裹、个人物品等。

②电子信息：如发送电子邮件、进行网络聊天。

③复制品：如磁盘拷贝、光盘刻录、便携机。

④垃圾：如便条纸、作废图样、草稿纸等。

⑤文字：如复印件、打印件、信函等。

⑥语言：如有人询问政府有关机密事项，谈论政府机关办公相关事务等。

⑦音像：如在政府机关办公楼内部及周围进行的私自拍照、拍摄、录音等行为。

⑧盗窃行为：可能有不法分子、间谍潜入政府机关办公楼窃取政府机密。

（二）信息安全管理模型与构想

1. 管理模型

政府部门机密信息安全防护由专人负责管理，制定了相应的管理规章制度，但目前政府的信息安全管理基本上还处在一种静态的、局部的、少数人负责的、突击式的、事后纠正式的管理方式之下，导致的结果是不能从根本上避免、降低各类风险，也不能降低信息安全故障导致的综合损失。鉴于信息安全管理对政府机关办公楼的重要战略地位，必须在政府机关办公楼建立系统的信息安全管理模式。

2. 管理构想

政府机关办公楼信息安全管理构想具体包括以下内容：上传、下达的文件，向上级有关部门汇报的材料，外来信息及外宾接待，内部工作人员的调整及安全意识教育，政务物业管理部门培训及信息安全工作评审。

（1）与工作人员签订保密协议

政务物业管理部门将通过与员工签订“保密协议”的形式对所有工作人员进行约束和监督。当工作人员违反保密义务，将政务物业管理部门及政府机关办公楼的秘密泄露给他人时，政府部门和政务物业管理部门可以依据该保密协议，请求行政或司法救助，即使职工离职，也要遵守保密协议的规定，否则要负违约的法律责任，而且涉及单位的连带责任也要追究。

（2）建立信息安全管理机构

在政府机关办公楼筹备成立专门的信息安全管理机构——信息安全小组，由政务物业管理部门负责人或政府部门指派专人亲自负责，统筹负责政府机关办公楼内与政务物业管理部门工作有关的一切信息安全问题。

（3）建立各项制度

政务物业管理部门的所有工作都是围绕政府机关办公楼工作人员的需求展开的，必然与政府机关有着千丝万缕的联系，政府机关办公楼的信息从某种程度上会在政务物业管理部门的服务工作中有所体现。因此，做好政务物业管理部门内部的信息安全管理工作也是信息安全管理的重要环节，政务物业管理部门将在政府机关办公楼建立系统的信息安全管理制度，如“保密制度”“网络安全管理制度”“政务物业管理部门档案管理制度”“监控室管理制度”。

（4）信息安全意识教育和培训

坚持群防群治的原则，邀请信息安全专家对信息安全小组进行信息安全技能与意识培训、教育，由信息安全小组负责对政务物业管理部门全体员工进行信息安全意识教育和培训工作，并且常抓不懈。

①鉴于政府机关办公楼信息安全管理的重要地位，必须进行政务物业管理部门全员信息安全意识教育，这种教育从员工入职第一天起就开始进行，并贯穿员工职业培训的全过程，务必在全体员工心中树立信息安全的观念，时刻防范政府机关办公楼信息安全风险因素。

②信息安全技能培训包括以下内容：

a. 安保员信息安全技能培训。

b. 档案管理员信息安全技能培训。

c. 网络安全技能培训。

d. 全员信息安全意识教育与培训。

（5）信息安全工作评审

①定期邀请政府机关办公楼相关人员向政务物业管理部门提出信息安全管理方面不断变化的需求。

②政务物业管理部门负责人每月向政府机关提供信息安全工作报告。

③邀请政府机关每三个月对政务物业管理部门信息安全工作进行季度考核。

④任何人都可以定期或不定期对政务物业管理部门信息安全工作提出意见和建议，督促信息安全工作的持续改进。

（三）信息安全保护策略

1. 建立人员出入管理程序

针对不同的外来人员，制订相应的安全策略，做好外来人员的出入管理和陪同工作，对访问过程进行全程监控和详细记录。

2. 建立物品出入管理程序

严控物品进出，不得携带危险品及其他无关物品进入相关区域，不得将单位的资料、工具、设备等擅自带离，严格按程序报废回收设备、资料，防止信息资料遗失和损失。

3. 建立工作人员规范接待用语程序

对日常来访人员，除日常接待用语之外，不能讨论有关政府机关办公楼的机密话题和相关内容，如来宾紧逼迫问或以其他方式诱导谈论或询问相关机要秘密话题应回答："对不起，某先生/女士，这不是我的职责，我不能回答您的问题，请原谅。"

4. 建立计算机、网络安全管理程序

建立计算机、网络安全管理程序，防止政府机关办公楼的机密以电子流的形式向外传播。

5. 建立档案安全管理程序

政务物业管理部门档案管理分为绝密、机密、秘密三级，属于政务物业管理部门秘密的文件、资料和其他物品的制作、收发、传递、使用、复制、摘抄、保存和销毁，由政务物业管理部门主任或副主任委托专人执行。通过此制度保护政府机关办公楼重要的物业管理档案资料等秘密信息的安全。

6. 建立垃圾分类处理程序

政府机关办公楼每天将产生大量的废纸条、作废的草稿纸、废弃磁盘等垃圾，这些垃圾上面可能会记录一些有关政府机关的重要机密文件信息。如果泄露出去将会对政府机关造成严重威胁。为此，政务物业管理部门将建立垃圾分类处理的程序。对以上可能造成秘密信息泄露的载体每天全部采取特殊处理的方法，如粉碎处理等，经处理后才允许清运出政府机关办公楼。

7. 建立信息安全可疑事件处理程序

为了防止不法分子窥窃政府机关办公楼的机密，将在政务物业管理部门建立信息安全可疑事件处理程序。

8. 建立政务物业管理部门服务人员进入政府机关办公楼室内工作管理程序

（1）政务物业管理部门工作人员不能对政府机关办公楼的任何培训内容、会议等进行窃听、录音、录像、拍照等活动，确因工作需要进行现场设备维修、卫生清洁等工作，需要在政府机关办公楼工作人员的监督下在开展活动前 30 分钟内完成，突发性维修行为需要指定两人以上的专人进行。

（2）政务物业管理部门员工对政府机关办公楼室提供物业管理服务工作

（如清洁卫生、室内绿化管养、室内设备维保等），应根据工作量的情况，固定工作周期和时间，报政府机关备案，以便政府机关安排相关人员监督，若要更改须经政府机关相关部门书面同意。

（四）网络安全策略

1. 法律保障

法律是网络安全的第一道防线，可依据国家有关法律法规建立相应的网络安全管理制度以约束政务物业管理部门员工。相关的法律依据如下：

（1）《中华人民共和国计算机信息网络国际联网安全保护管理办法》（1997 年 12 月 11 日国务院批准，1997 年 12 月 30 日公安部发布）。

（2）《维护互联网安全的决定》（2000 年 12 月 28 日第九届全国人民代表大会常务委员会第十九次会议通过）。

（3）《中华人民共和国计算机信息系统安全保护条例》（1994 年 2 月 18 日，国务院令 147 号）

（4）《中华人民共和国计算机信息网络国际联网管理暂行规定》（国务院令 195 号）

（5）《商用密码管理条例》（国务院令 273 号）

（6）《中华人民共和国电信条例》（国务院令 291 号）

（7）《互联网信息服务管理办法》（国务院令 292 号）

（8）《计算机软件保护条例》（国务院令 339 号）

2. 制度保障

政务物业管理部门将依据国家有关法律法规建立严格的“网络安全管理制度”，以约束员工运用内部网络的行为。如果政务物业管理部门工作人员侵害了政府机关办公楼有关信息资料的安全管理，并造成危害，政务物业管理部门在征得政府机关同意的前提下有权利将其移交公安机关处理。

3. 技术保障

（1）保证通信安全所涉及的技术

①信息加密技术

可对政府机关办公楼涉及政府秘密的档案资料进行信息加密技术处理，并按照秘密级别授权查阅范围。对于绝密级和机密级的档案资料则要经过政府机关有关人员和政务物业管理部门负责人共同批准后才允许查阅。

②信息确认生产

可通过信息互联网确认严格限定有关政府秘密信息的共享范围来达到防止信息被非法伪造、篡改和假冒。

③网络控制

包括：防火、访问接待室、监控中心、安全协议等。

（2）计算机硬件涉及安全数据的管理

所涉及的技术问题主要有容错计算机技术、安全操作系统、计算机反病毒技术。①

六、消防安全管理

消防安全管理是指政务物业管理部门采取措施，预防物业火灾的发生，最大限度地减少火灾损失，为服务对象的工作提供安全环境。因此，可以说搞好消防安全管理是物业安全使用和社会安定的重要保证。消防安全管理工作必须贯彻“预防为主，防消结合”的方针，在指导思想上把预防火灾放在首位。消防安全管理要严格执行《中华人民共和国消防条例》和《高层建筑消防管理规则》，立足于火灾的预防上，搞好防火工作的监督、检查和指导工作，确保物业的安全使用。

近年来，国内一些大型的公共场所经常发生火灾，造成了较大的损失。究其原因，与这些单位不注意贯彻“预防为主，防消结合”的方针，在防火工作的监督、检查和指导方面存在明显的漏洞有关。

（一）消防安全管理的主要内容

消防安全管理主要包括以下几方面：

① 余源鹏．行政办公楼物业管理服务实务［M］．北京：机械工业出版社，2012.

1. 建设高素质的消防队伍

为加强物业的消防安全管理，政务物业管理部门全体员工都必须熟悉《中华人民共和国消防条例》和公安部发布的《高层建筑消防管理规则》。政务物业管理部门还要做好义务消防队的建立和培训工作。多数政务物业管理部门的消防安全管理从属于安保部门，但从业务管理上来看，它又是专业和专职的。

2. 制定较完善的消防制度

（1）政务物业管理部门消防重点防范部位的确定

政务物业管理部门应将容易发生火灾和一旦发生火灾对人身和财产安全有重大影响的部位（场所）确定为消防重点部位。根据实际情况不同，消防重点部位也不同，但都应确定重点防范部位，进行重点防范。

①火灾危险性大的部位，如施工场所、汽车库、危险化学品存放点等。

②发生火灾会影响整个政府机关办公楼正常运转的部位和机要部位，如发电站、变配电所、通信设备机房、生产总控制室、档案室、图书资料室等。

③物资集中，发生火灾造成财产损失大的部位，如仓库、材料库、使用存放先进技术设备场所等。

④人员集中、发生火灾造成伤亡大的部位，如办公楼、礼堂、食堂、集体宿舍等。

（2）建立消防制度，坚持“预防为主”

消防工作的指导原则是“预防为主，防消结合”。为达到“预防为主”的目的，必须把日常的消防管理工作制度化、明确化。消防制度包括各种场所的消防要求规范、消防检查制度、各种消防设施设备的操作及维修保养制度、火警火灾应急处理制度、消防值班制度和消防器材管理制度等。

①制订消防管理规定

消防管理规定包括政务物业消防管理机构及运作方式、消防安全岗位责任、奖惩规定、消防安全行为、消防保障要求和消防事故处理报告制度等。

②制订消防设施设备管理制度

消防设施设备管理制度的内容包括消防系统运行管理制度，消防器材配置、保管制度，消防系统维护、保养及检查制度，消防装备日常管理制度和消防系统运行操作规程等。

③制订消防检查方案及应急预案

根据自身特点，制订消防检查要求与标准，并制订消防演习方案及消防事故应急预案等。

（3）政务物业消防管理的措施

①完善政务物业管理部门消防自治组织，提高政务物业消防自治水平，提高内部人员的自我保护能力。本着谁使用受益、谁负责管理的原则，指导、帮助服务对象自觉维护好公共消防安全秩序。

②认真学习并贯彻执行国家制定的消防法规，掌握服务区域实际情况，明确政务物业管理部门消防管理的职责和具体细化标准，将相应消防负责人作为被检查对象和责任主体，列入监督抽查范围，随机抽查，防止产生失控漏管。制定各种防火安全制度和重点部位的灭火作战方案，督促各服务对象贯彻落实。

③24 小时监视消防情况，防止重大事故的发生，切实加强消防监督检查。

④定期进行消防设备检测、保养、维修，及时排除消防设备故障。发现隐患及时督促有关单位进行整改。

⑤明确政务物业消防管理费用的收取、列支和管理办法。在物业服务收费中单列消防日常维护管理费用，在《物业服务合同》申明确消防管理开支的范围、条件、程序和标准，特别要明确第三方消防技术检测、维护保养、远程监控等服务所需费用来源和支出标准，详细界定日常设施设备故障老化更换、维修与大修、中修、更新、改造等区别。

⑥建立健全的消防管理档案。

3. 消防设备的管理

为了保障消防工作的安全，根据建筑规范，现代建筑物内部都设有基本的消防设备。目前，随着科技的发展和建筑防火要求的提高，一些先进的消防设备被应用到基本建设领域。政府主管部门对消防工作也越来越重视，制定了许多政策和法规。对新建的较大的建筑项目，必须经检查确认消防设备符合法规和安全规定后，才发给合格证，允许使用。

消防设备的管理主要是指对消防设备的保养与维护。消防设备的维修需要专门的技术，特别是一些关键设备，一般应聘请经政府认可的、持有合格消防执照的专业公司来维修。作为政务物业管理部门，必须定期检查消防设备的完好、规范程度，对使用不当的地方应及时改正。禁止擅自更改消防设备的行为，特别是服务对象进行二次装修时，必须严格审查消防设备的完好程度。公共走火通道必须保证畅通，绝对不准放置其他物品。要加强消防值班和巡逻，及时发现火警隐患并予以清除。全体员工要熟悉消防法规，了解各种消防设备的使用方法，制定该物业的消防制度及有关图册，并使业主和使用者熟悉。

（二）消防制度

1. 义务消防队培训管理制度

物业服务范围内所有工作人员都是义务消防员。各部门应针对岗位特点进行消防安全教育培训。政务物业管理部门要结合对消防设施、设备、器材维护检查，有计划地对每个义务消防员进行轮训，使每个人都具有实际操作技能。主要是在物业管理范围内定期组织员工学习消防法规、各项规章制度和实地演示，做到依法治火；消控中心等特殊岗位要进行专业培训，经考试合格，持证上岗；每年以创办消防知识宣传栏、开展知识竞赛等多种形式，提高全体员工的消防安全意识；对消防设施维护保养和使用人员应进行实地演示和培训；对新员工进行岗前消防培训，经考试合格后方可上岗；因工作需要员工换岗前必须进行再教育培训。要制订符合政务物业管理部门实际情况的灭火和应急疏散预案。按照灭火和应急疏散预案每半年进行一次演练，并结合实际不断完善预案，同时定期组织全员学习和熟悉灭火和应急疏散预案。每年举行一次防火、灭火知识考核，考核优秀者给予表彰。

2. 消防安全工作考评和奖惩制度

对消防安全工作做出成绩的，予以通报表扬或物质奖励。对造成消防安全事故的责任人，将依据所造成后果的严重性予以不同的处理，除已达到依照国家《治安管理处罚条例》或已够追究刑事责任的事故责任人将依法移送国家有关部门处理外，根据各部门的规定予以相应的处罚。

3. 消防控制中心管理制度

熟悉并掌握各类消防设施的使用性能，保证扑救火灾过程中操作有序、准确迅速。消防控制中心自动消防系统的值班操作人员，应取得岗位操作证，持证上岗，并存放在消防控制中心备查。

做好消防值班记录和交接班记录，处理消防报警电话。按时交接班，做好值班记录、设备情况、事故处理等情况的交接手续。发现设备故障时，应及时报告，并通知有关部门及时修复。非工作所需，不得使用消防控制中心内线电话，非消防控制中心值班人员禁止进入值班室。应在消防控制中心的入口处设置明显的标志，消防控制中心应设置火灾事故应急照明、灭火器等消防器材，并配备相应的通信联络工具。消防控制中心内严禁存放易燃易爆危险物品和堆放与设备运行无关的物品或杂物，严禁与消防控制中心无关的电气线路和管道穿过。

4. 消防设施、器材维护管理制度

消防设施日常使用管理由各岗人员负责，每日检查消防设施的使用状况，保持设施整洁、卫生、完好。消防设施及消防设备的技术性能的维修保养和定期技术检测由设备部门负责，每日按时检查了解消防设备的运行情况。查看运行记录，听取值班人员意见，发现异常要及时安排维修，使设备保持完好技术状态。根据场所的火灾危险性类别，配备相应的灭火器材，设置点分配合理，便于取用。消防设施和消防设备设备科定期测试。消防器材指定专人按照规定进行管理。

5. 安全疏散设施管理制度

政务物业管理部门应保持疏散通道、安全出口畅通，严禁占用疏散通道，严禁在安全出口或疏散通道上安装栅栏等影响疏散的障碍物，严禁将安全出口上锁，严禁将安全疏散指示标志关闭、遮挡或覆盖。安保部门应定期检查消防通道。应按规范设置符合国家规定的消防安全疏散指示标志和应急照明设施。设备部门应保持防火门、消防安全疏散指示标志、应急照明、机械排烟送风、火灾事故广播等设施处于正常状态，并定期组织检查、测试、维护和保养。

6. 用电、用火安全管理制度

（1）用电安全管理：

严禁随意拉设电线，严禁超负荷用电。电气线路、设备安装应由持证电工负责。下班后，该关闭的电源应予以关闭。禁止私用电热棒、电炉等大功率电器。

（2）用火安全管理：

严格执行用火审批制度，确需用火作业时，作业单位应按规定申请“用火许可证”。用火作业前应清除用火点附近 5 米区域范围内的易燃易爆危险物品或做适当的安全隔离，配备适当种类、数量的灭火器材随时备用。如在作业点就地动火施工，应派人现场监督并不定时派人巡查。离地面 2 米以上的高架用火作业必须保证有一人在下方专职负责随时扑灭可能引燃其他物品的火花。

7. 燃气和电气设备的检查和管理制度

相关操作人员应持证上岗。各类设备均需具备有效合格证明并经确认后方可投入使用。电气设备应由持证人员定期进行检查。防雷、防静电设施定期检查、检测。电器设备负荷应严格按照标准执行，接头牢固，绝缘良好，保险装置合格、正常并具备良好的接地，接地电阻应严格按照电气施工要求测试。各类线路均应以套管加以隔绝，特殊情况下，亦应使用绝缘良好的铅皮或胶皮电缆线。各类电气设备及线路均应定期检修，随时排除因绝缘损坏可能引起的消防安全隐患。电器设备、开关箱线路附近应有明显区分，严禁堆放易燃易爆物并定期检查、排除隐患。设备用毕应切断电源。未经试验正式通电的设备，安装、维修人员离开现场时应切断电源。工作场所内严禁使用明火。场所内严禁吸烟并张贴禁烟标识。

8. 易燃易爆危险物品和场所防火防爆制度

易燃易爆危险物品应有专用的库房，配备必要的消防器材设施，仓管人员必须由消防安全培训合格的人员担任。易燃易爆危险物品应分类、分项储存，库存物品应当分类、分垛储存。易燃易爆危险物品入库前应经检验科室检验，出入库应进行登记。易燃易爆危险物品存取应按安全操作规程执行，非工作人员不得随意入内。库存危险化学品应定期检查。易燃易爆场所应根据消防规范要求采取防火防爆措施并做好防火防爆设施的维护保养工作。

9. 火灾隐患整改制度

各部门对存在的火灾隐患应当及时予以消除。在防火安全检查中，应对所发现的火灾隐患进行逐项登记，并限期整改，同时要做好隐患整改情况记录。在火灾隐患未消除前，各部门应当落实防范措施，确保隐患整改期间的消防安全。对公安消防机构责令限期改正的火灾隐患，应当在规定的期限内改正并写出隐患整改的复函，报送公安消防机构。

10. 防火档案制度

消防部门要建立防火档案，对火险隐患、消防设备状况（位置、功能、状态等）、重点消防部位、前期消防工作概况等要记录在案，以备随时查阅。还要根据档案记载的前期消防工作概况，定期进行研究，不断提高防火、灭火的水平和效率。

11. 消防岗位责任制度

要建立各级领导负责的逐级防火岗位责任制，上至政务物业管理部门负责人，下至消防员，都对消防负有一定责任，从而建立健全防火制度和安全操作制度。每年年初由政务物业管理部门招集物业辖区内的服务对象签订《防火责任书》，确定消防联络员名单，并明确职责，层层明确责任，建立全方位的监督体系。

12. 其他有关消防的规定

如严禁使用交流电门铃；严禁在物业内堆放易燃易爆物品；严禁在楼上燃放烟花爆竹；未经批准，不得擅自进行管、线路（电表）改装、增容；严禁堵塞防火通道；正确使用石油气，做到人走火灭。

（三）消防安全检查内容与要求

1. 政务物业不安全因素及消防安全检查内容

造成政务物业管理部门不安全的火灾因素有很多，如：

（1）环境方面：废弃物、危险品未按安全规定标识、使用、储存、隔离、摆放、处理；紧急出口堵塞；人群密集的礼堂等通风状况不佳；食堂厨房安全、卫生差等。

（2）人员方面：员工安全生产、消防意识不到位；员工使用灭火器不熟练或不会使用；培训及安全防护落实不到位；在工作场地或危险场所吸烟；危险和技术工种作业人员无证操作等。

（3）设备、设施不安全因素：设备接地装置未装或接地效果不良；线路乱接老化；不按规定接装电线、电器设施；发现电器设施过热或保险丝规格不符未及时处理等。

（4）管理的因素：领导督导不到位；灭火器材丢失、过期、不饱满、不完备未及时补齐，未按规定地点摆放配置；危险作业区内焊接未隔离；危险易燃品未隔离等。

政务物业消防安全检查的内容主要包括：消防控制室、自动报警（灭火）系统、安全疏散出口、应急照明与疏散指示标志、室内消防栓、灭火器配置、机房、楼层、电气线路以及防排烟系统等场所。

2. 消防安全检查的程序和要求

（1）消防安全检查的基本程序

①按照安保部门制订的巡查路线和巡检部位进行检查。

②确定被检查的部位和主要检查内容得到检查。

③对检查内容的完好情况进行判断，把检查结果和检查情况进行综合分析，最后做出结论，提出整改意见和对策。

④对检查出的消防问题在规定时间内进行整改，对不及时整改的应予以严肃处理，对问题严重或不能及时处理的应上报有关部门。

⑤对检查情况进行登记存档，分析总结，提出检查安全报告。

（2）消防安全检查的要求

①深入政府机关办公楼，对重点消防部位进行检查，必要时应做系统调试和试验。

②对重点办公区、设施设备、仓库和会议室进行深层次的检查，发现问题立即整改。

③检查公共通道的物品堆放情况，做好电气线路及配电设备的检查。

④对消防隐患问题，立即处理。

⑤应注意检查通常容易忽略的消防隐患，如通道塞满物品，疏散楼梯间应急指示灯不亮，配电柜（箱）周围堆放易燃易爆物品等。

第四节　政务物业管理风险与防范

一、存在的风险点

（一）什么是风险

风险是指未来的不确定性对企业实现其经营目标的影响。企业风险一般可分为战略风险、财务风险、市场风险、运营风险、法律风险等。以能否为企业带来赢利等机会为标志，也可以将风险分为纯粹风险（只有带来损失一种可能性）和机会风险（带来损失和赢利的可能性并存）。

（二）什么是风险管理

风险管理是指企业围绕总体经营目标，通过在企业管理的各个环节和经营过程中执行风险管理的基本流程，培育良好的风险管理文化，建立健全全面风险管理体系，包括风险管理策略、风险理财措施、风险管理的组织职能体系、风险管理信息系统和内部控制系统，从而为实现风险管理的总体目标提供合理保证的过程和方法。

（三）风险分析

风险分析应包括风险之间的关系分析，以便发现各风险之间的自然对冲、风险事件发生的正负相关性等组合效应，从风险策略上对风险进行统一集中管理。

进行风险分析时，应统一制定各风险的度量单位和风险度量模型，并通过测试等方法，确保评估系统的假设前提、参数、数据来源和定量评估程序的合理性及准确性。要根据环境的变化，定期对假设前提和参数进行复核及修改，并将定量评估系统的估算结果与实际效果对比，据此对有关参数进行调整和改进。

根据对风险发生可能性的高低和对目标的影响程度的评估，绘制风险坐标图，对各项风险进行比较，初步确定对各项风险的管理优先顺序和策略，即根据具体风险发生的概率和影响程度将风险分级。

具体可采用定性与定量相结合的方法，按照风险发生的可能性及其影响程度等，对识别的风险进行分析和排序，确定关注重点和优先控制的风险。公司风险控制部应按照严格规范的程序开展工作，确保风险分析结果的准确性。[①]

（四）物业管理风险分类

物业管理风险较多，为了便于研究和制定不同的对策，将物业管理风险进行了分类。

1. 按风险产生的原因划分

物业管理风险可分为自然风险和社会风险。

（1）自然风险

自然风险系指由于物理和实质危险因素所导致财产毁损的风险，例如水灾、火灾、暴风雨、台风、地震等。自然风险是不以意志为转移的，是处在

① 黄安永．改革与创新高校物业管理的开展与服务［M］．南京：东南大学出版社，2011.

自然状况和客观条件下的风险。

（2）社会风险

社会风险系指由于个人行为的反常或不可预料的集体行动所造成的风险。例如盗窃、抢劫、罢工等。社会风险的发生将给物业管理企业服务范围内的业主或住户（使用人）造成人身损害、财产损失。这类风险造成的影响面极大，也是物业管理企业最为关注的。

2. 按风险的变化程度来划分

物业管理风险可以分为静态风险和动态风险。

（1）静态风险

静态风险系指由于自然力量的不规则变动或由于个人错误所导致的风险。这种风险将使物业管理企业在管理服务过程中遭遇危险事故，例如地震、火灾、车祸等。静态风险通常会使物业管理企业遭受财产、人身及责任上的损失。静态风险也被称为纯粹风险。静态风险一般有：企业财产损失风险、员工伤亡损失风险、法律责任或契约行为损失风险、员工犯罪损失风险、企业间接损失风险。

（2）动态风险

动态风险系指由于经济、社会、政治等环境以及人类的技术、组织等变动而产生的风险。例如物业管理企业服务流程再造，国家颁布的服务质量标准和收费指导价，以及国家机关法律的颁布等。这种风险将使物业管理在管理服务过程中遭遇事故发生的结果，除了使企业有损失的机会，同时也存在获利的机会。所以动态风险属于投机风险。物业管理企业动态风险一般有：管理服务风险、财务收支风险、服务创新风险、政治法律风险等。

3. 按风险形成的时间划分

物业管理风险可分为早期介入风险、前期物业管理风险和日常物业管理风险。

（1）早期介入风险

早期介入风险系指物业管理企业充当房地产前期可行性研究或规划设计、施工等阶段的顾问工作所承担的风险。早期介入风险主要包括介入的风险、项目接管的不确定带来的风险、专业咨询的风险等。

（2）前期物业管理风险

前期物业管理风险系指自房屋出售之日起至业主大会的召开、业主委员会成立并与物业管理企业重新签订物业管理服务委托合同这段时间内，物业管理企业所承担的风险。前期物业管理风险主要包括：物业管理服务合同订立、执行的风险，承接查验阶段风险，与房地产开发企业配合销售、各种配套设施设备完善工作中所遇到的风险等。

（3）日常物业管理风险

日常物业管理风险系指物业管理企业与业主大会和业主委员会签订了物业管理服务合同之后所开展的正常服务过程中所承担的风险。日常物业管理风险主要包括：业主（物业使用人）违规装饰装修带来的风险、物业管理服务费收缴风险、各类物业及配套使用中带来的风险、管理项目外包存在的风险以及法律概念不清导致的风险等。

4. 按损失的形态不同而划分

物业管理风险可分为财产风险、人身风险和责任风险。

（1）财产风险

财产风险系指财产发生毁损、灭失和贬值的风险，如房屋有遭受火灾、地震等损失之风险。

（2）人身风险

人身风险系指人们因生、老、病、死而招致损失风险，如物业管理企业内部员工因病死亡等带来的风险。

（3）责任风险

责任风险系指对于他人所遭受的身体伤害或财产损失应负法律赔偿责任，或无法履行契约导致对方受损失应负的契约责任风险。如物业管理工作中由于管理服务人员的擅自离岗、缺位，导致业主家庭财产受损而承担责任风险；又如高空抛物导致路人伤亡，抛物者应承担责任风险。

5. 按风险承担者的不同而划分

物业管理风险可分为物业管理企业风险、业主（使用人）风险、房地产开发商风险和专业分包单位风险等。

（1）物业管理企业风险

该风险系指物业管理企业在物业管理活动中，由于企业员工管理的缺位或服务质量不到位而使业主（住户）造成损失而带来的风险。

（2）业主（使用人）风险

该风险系指广大业主（使用人）由于信息不对称，对物业管理企业及物业管理内容缺乏了解，选择的物业管理企业提供的服务和内容并未达到标准，即出现质价不符，使广大业主（使用人）承受精神与经济损失的风险。

（3）房地产开发商风险

该风险主要系指物业管理的前期介入和前期物业管理选择的物业管理企业所提供的服务并未使楼盘建设及楼盘销售达到自己预期目标而带来的风险。

（4）专业分包单位风险

该风险系指物业管理企业把一些独立的服务（例如保洁、绿化、维修、安全护卫等）分给专业公司去做而带来的风险。他们面临的风险主要是资金的压力、服务质量、价格的竞争。

（五）政务物业管理风险的内容

政务物业管理活动中无时不存在风险，而风险内容随着不同的物业管理企业的服务与管理也存在着不同的风险内容。

1. 矛盾风险点

政务物业管理不同于一般的物业管理，其管理中经常存在矛盾风险点，政务物业管理部门面对的服务对象不单单是政府机关办公楼内的工作人员，还有前来办事的群众，这就要求政务物业管理部门一方面既要有高度的警惕性和安全意识，另一方面还要展示政府的亲民形象。例如：对于上访的群众，既不能把人民内部矛盾当成阶级斗争，动不动上纲上线动用民警、武警的力量，要多做思想工作，妥善化解矛盾；也不能在思想上不重视，觉得类似上访这种事是常见的，有无所谓或者轻视的态度，不管不顾任由类似上访、群访的事情闹大。这就要求政务物业管理部门的员工都要有举重若轻的能力，举轻若重的意识。

2. 服务差错风险点

政务物业管理部门对服务的要求是零差错，因此就存在了服务差错风险点。在政府机关办公楼内进行的各项物业管理活动，在实施之前，都必须经过深思熟虑，做每一件事情，每一项服务，都要精益求精，不能出现丝毫的差错。政务物业管理不同于普通物业管理，一般的物业管理在某些服务过程中，出现一些细小的差错，不会带来较大的负面影响，但是政务物业管理中任何服务细节差错都有可能造成很大的负面影响。例如：在省市级领导的重要会议上，若调音人员事前没有调试话筒，在领导使用话筒时，出现了消音、杂音、噪声等现象，带来的影响不单单是会议效果差，而是会有政治性的影响，对当地的政府机关都会有负面的影响，若有外宾在场，那就甚至会产生国际影响。因此，在政务物业管理部门，服务差错也是风险点之一。

3. 管理风险点

政务物业管理部门对设施设备的管理要求比较高，因此就形成了管理风险点。设备故障风险、信息化通信风险、监控、电视电话会议等智能化系统风险、酒店风险、办公楼风险这些都成为了管理风险点。而这些管理风险点一般主要体现在信息的保密、重要领导的安全、政府机关办公楼正常运行，不能影响政府机关人员的工作等方面。

4. 廉政风险点

政务物业区别于一般物业的另一特点，那就是廉政。在普通物业中，大多数企业都不会涉及廉政这项工作，但是在政务物业管理部门中，廉政是一项重要风险点。近年来，随着反腐倡廉力度的加大，廉政也被政府机关提上了新的高度。政务物业管理部门是为政府机关办公人员服务的，因此，也同样受着广大群众的审视。在廉政方面也同样要自律自控，不能触碰一点红线。

二、政务物业风险防范

（一）风险管理的必要性

政务物业管理中存在诸多风险，但这并不能使物业矛盾和纠纷得到解决，因风险最终表现形式都要转化为损失，要使这种损失降到最低程度，引入风险管理对于政务物业管理行业的发展是势在必行的。

（1）人们在社会经济生活中，面临着各种各样的风险。一方面，从认识论的规律看，人们对风险的认识和控制越来越深刻，风险的防范手段和方法越来越有效，从而使风险的发生处于一种递减的趋势；另一方面，科学技术的突飞猛进和日新月异，导致社会环境和市场环境的多元化和复杂化，影响政务物业管理部门的不确定因素越来越多，影响政务物业管理部门服务的环境变得越来越难以预见，从而使风险的发生处于一种几何级数的递增态势。毫不夸张地讲，风险真可谓无处不在。

（2）从政务物业管理部门角度来说，物业管理活动过程中充满了许多不确定性因素，有人的不确定性和自然情况的不确定性等，同时，服务类别繁多、内容复杂、运作不间断，使风险发生的概率明显增加。作为大量劳动密集型的服务性行业，风险管理是政务物业管理部门更加迫切的内在需求。

（3）从物业管理实际运营过程中看，大多数政务物业管理部门没有足够的风险管理意识，因而就没有专门部门进行物业管理风险活动，很多情况都是当风险事故发生、损失事实已经酿成了，才引起政务物业管理部门的重视，但为时已晚。归根结底，这是由于缺乏科学的风险管理理论方法指导政务物业管理。

（二）风险管理全过程

1. 风险辨识

风险辨识是指风险管理人员运用有关的知识和方法，系统、全面和连续地发现经济单位面临的财产、责任和人身损失风险。对于政务物业管理部门来说，风险辨识是风险管理中的第一步，也是管理中最艰难的一步，要找出物业管理所存在的相关风险，是一项连续的、复杂的系统工程，运用科学的管理方法对风险进行识别，找到引起风险的来源，并针对风险严重程度及可能性大小有效地规避风险。风险辨识的方法有许多，主要有现场调查法、因果图法、事故树法、流程图分析法等。

2. 风险衡量

政务物业管理活动中，风险衡量的作用主要是确定风险发生时造成事故的严重程度，以及风险发生的可能性程度两个方面。在实际过程中，可划分4种可能组合：

风险1：严重、概率高

风险2：严重、概率低

风险3：不严重、概率高

风险4：不严重、概率低

造成严重的损失及高频率发生的风险1，对物业管理活动有很大影响，可能是致命性的影响，不过这样的风险在物业管理中还比较少见；风险2一旦发生就很严重，但是其发生的概率比较小，如发生火灾，不仅造成自己财产的损失，甚至会影响到他人财产和生命的安全，但是这类风险一般是不会发生的，发生的可能性比较小；像服务对象日常使用物业中出现的问题等事件在目前看来是经常发生的，但是其造成的损失是有限的，这类就属于风险3；风险4发生的概率较低，并且对物业管理的影响也很小，在日常检查和例行维保中基本上可以自行解决。在4种组合中，大量的物业管理风险处于2、3，所以衡量物业管理风险重点应分析造成严重程度高而概率低、造成严重程度低而经常发生的事件上。

风险衡量可采用算术平均数、加权平均数、中位数、众位数等平均指标方法来确定风险的严重程度。

3. 风险评价

风险评价是风险管理中的重要步骤，它是在风险辨识和风险衡量的基础上，把损失程度、损失概率及其他因素综合起来考虑，分析风险的影响，并对风险的状况进行综合评价。前面提到的风险衡量主要根据过去发生的损失数据而利用平均指标计算期望损失。但在现实中，物业管理服务企业普遍没有形成一套完整的风险管理体系，不仅缺乏对过去已发生的风险事件资料、数据的统计，而且对未来可能出现的风险也估计不足，因此，采用科学的风险评价方法将更加准确地估计物业管理过程中的风险，可对风险管理决策提供对策建议。

风险评价方法很多，一般常用方法有：调查和专家打分法、ABC 排列图法（一种运用排列图寻找影响质量主次因素的一种有效方法）、层次分析法、故障树分析法、模糊数学法等。

4. 风险评估报告

经过风险辨识及风险评价之后，政务物业管理部门应从实际出发，紧密围绕当前市场形势和发展的实际需要，最终形成风险评估报告。

风险评估报告的制定应坚持全面性和重要性原则，客观真实地反映当前生产经营活动中可能存在的问题，并提出有针对性、可操作性的风险解决方案。

风险评估报告通常分为定期综合报告和重大事项特殊报告。

定期风险管理报告应具备全面性、真实性、针对性、及时性，能够反映出该部门在该时期的全面风险点及具备实操性的解决方案。

重大事项特殊报告应重点报告政务物业管理部门突发事件及重大决策事项，报告内容应简明扼要，内容包括风险描述、风险分析、风险解决方案、现有解决措施及风险解决反应时限等。

5. 风险控制

为了经济有效地控制和降低风险，就必须针对不同性质的风险采取不同的手段或措施，这些手段措施包括：

（1）回避风险

回避风险是指政务物业管理部门在风险识别和评估的基础上，事先就避开风险源或改变行为方式来避免风险损失。衡量采取回避的标准是：当风险可能引起的损失大于或等于冒此风险所能获得的利益时，采取回避政策。避免损失最简单的方式是不要涉及风险活动或者靠近有风险的物体，但回避风险是有限制的，只有当风险可以避免的情况下才可以实行，有些风险是不可避免的。

（2）自担或保留风险

自担或保留风险是指政务物业管理部门承担某项风险的部分以至全部的

损失。例如政务物业管理部门一般不会对政府机关办公楼的窗户玻璃投保，而是承担了窗户玻璃偶尔损坏后的全部替换费用。另一种是自担部分损失。例如房屋业主对自己的房子或设备投保保值低于原价值时，一旦投保的风险事件发生后，投保人不能获得全部损失的赔偿，其中一部分损失由投保人自己承担。

（3）预防与抑制风险

预防与抑制风险是指政务物业管理部门直接面对风险采取行动，以减少损失发生的可能。损失的预防，是指直接针对产生损失的原因采取措施，即消除或减少这些原因，如增加有关预防的知识及改进预防技术等。损失的抑制，即当预防措施不能充分发挥作用，风险事件依然发生时为减轻损失的严重程度所采取的行动，预防与抑制的区别在于前者施之于事前，后者施之于事中。例如，保险箱被窃的风险可以用限制放在保险箱里现金的数量、在财务室安装报警系统等来解决；建筑火灾的危险可以用安装灭火器、自动防火门、防火织物来控制。

（4）转移风险

转移风险是指个人或团体通过一定的方式将风险转移给其他个人或团体，转移的形式主要有两种：一种是以保险形式转移，即通过购买保险，将承担的风险部分或全部地转移给保险公司。另一种是非保险转移，即通过合同方式将某些风险责任转移给对方。例如，政务物业管理部门在与工程施工方签合同时可以明确规定，在施工过程中发生的自然或人为的灾害，所导致的损失，均由施工方承担。

6. 风险调整

风险调整是针对不同的风险控制措施和结果进行检查和评估，从而对原风险管理系统做适当的调整。这是风险管理不可缺少的一步，通过定时或不定时的检查、评估，来不断完善整个风险管理系统，以获得最佳成本效益。

7. 风险管理监督

政务物业风险管理应以重大风险、重大事件和重大决策、重要管理及业务流程为重点，对风险管理初始信息、风险评估、风险管理策略、关键控制活动及风险管理解决方案的实施情况进行监督，采用压力测试、返回测试、穿行测试以及风险控制自我评估等方法对风险管理的有效性进行检验，根据变化情况和存在的缺陷及时加以改进。

风险管理工作宜采取问责制，如有故意舞弊、瞒报风险，重大过失遗漏风险，故意捏造、夸大、低报风险，故意或重大过失拟订与风险不匹配的风险解决方案，不及时上报重大事项的风险报告等行为，对于相关责任人应据相关人力资源奖惩制度进行处罚。

8. 形成风险管理文化

政务物业管理部门应注重建立具有风险意识的政务物业管理部门文化，促进政务物业管理部门风险管理水平和员工风险管理素质的提升，保障政务物业管理部门风险管理目标的实现。

政务物业管理部门全体员工尤其是各级管理人员和业务操作人员应通过多种形式，努力传播企业风险管理文化，牢固树立风险无处不在、风险无时不在、严格防控纯粹风险、审慎处置机会风险、岗位风险管理责任重大等意识和理念。

（三）政务物业管理风险防范措施

政务物业管理活动中，风险是客观存在和不可避免的，在一定条件下还带有某些规律性，虽然不可能完全消除风险，但可以通过努力把风险减小到最小的程度，这就要求政务物业管理部门主动认识风险，有效地控制和防范风险，以保证物业管理服务正常开展，让广大服务对象安心工作。政务物业管理风险防范应针对物业管理服务自身情况、目标物业硬件条件、服务者的素质和要求以及周边环境等因素进行。通常可以从以下几个方面进行防范。

1. 学习法规

政务物业管理发展至今，已成为一个高风险行业。所面临的风险，高出人们的想象，并有不断加大的趋势。作为政务物业管理部门，应加强自身内部管理，认真学习贯彻国务院颁布的《物业管理条例》及建设部出台的相关法规、地方相继出台的配套文件。要了解和熟悉物业管理及其他相关法律法规，特别要明白法律法规对政务物业管理部门有哪些强制性的要求，政务物业管理部门在物业管理活动中各法律主体的责任。通过法制化建设，理顺与政务物业主管部门、上级主管部门以及相关职能部门等的法律关系，依法维护政务物业管理部门各方权利人的合法权益，依法规范政务物业管理部门行为。

2. 在合同订立中注意防范

政务物业管理部门应学习相关法律法规，在合同订立之前要注重合同主体的合法性，合同服务的约定应尽可能详尽，避免歧义。在物业管理委托合同订立中，应明确相关服务项目、服务标准、服务质量、收费事项、违约责任、免责条件和纠纷处理方法等，充分运用法律武器保护自身的合法权益。

国家法规、合同是企业从事经营活动的基础。物业管理发展到现在，相关法规逐渐完善，类似管理规约、委托合同、前期服务协议等，详细地规定了政务物业管理部门与服务对象及其他管理主体之间的权利和义务。

在订立物业服务合同时，政务物业管理部门务必要依法把握细节，明确哪些该做、哪些不该做。特别要注意服务内容要细，不能笼统和简单，明确哪些是物业常规服务、哪些是物业特约服务、权利和义务是否对等，企业自身的合法权益在物业服务合同中是否依法得到保护，合同双方的责任是否明确等。企业对合同中的责任条款，一定要认真审定，它是评判风险责任的重要依据。例如，政务物业管理部门维护政务机关办公楼安全秩序，实际上是承担约定责任，而不是法定责任。因此，政务物业管理部门必须增强“合同意识”，订立物业服务合同时，要把政务物业管理部门应尽的安全防范义务明确载入合同。对安全责任问题，在不违反法律法规的前提下，最好实行菜单式服务，由服务对象与政务物业管理部门双方协商具体约定，而且约定越明确越好。只有在合同中对政务物业管理部门的安全防范责任做出明确、具体的约定，才能有效地规避政务物业管理部门在安全责任上承担的风险。

另外，在政务物业管理中，还有一类特殊的合同约定，也是需要特别注意的，那就是保密协议。政务物业管理部门服务的物业都是政府机关办公楼，各类工作人员随时都有机会接触到许多政务机密，而这些机密都是必须保密，不能外传泄露的，因此政务物业管理部门中全体员工，都需要在入职前签订一份保密协议，以保障政务机密的安全性，规避此类风险。

3. 向服务对象宣传物业管理法规

政务物业管理部门服务的对象是政府领导、公务员及政府办公人员，要使广大服务对象支持和理解政务物业管理部门的工作，就自然要肩负大力宣传《物业管理条例》及相关物业管理法规的责任。政务物业管理部门在政府机关办公楼内，利用一切条件和机会，广泛、耐心地向服务对象宣传《物业管理条例》精神，使《物业管理条例》精神深入人心。这样才能使双方共同按照《物业管理条例》规定行事，规避可能出现的风险。

4. 强化内部管理，注意防范

政务物业管理部门应重视对物业管理人员的管理与培训，因为物业管理的产品是服务，而服务质量的好坏与从业人员素质与服务技能有关。通过建立健全并严格执行政务物业管理部门内部管理任务的各项规章制度和岗位责任制，提高员工的责任意识、服务意识和风险防范意识，在管理中注意对事故隐患的排除，尽可能避免意外事故的发生。

政务物业管理部门要抓制度建设、抓员工素质和抓管理落实，建立健全并严格执行政务物业管理部门内部管理的各项规章制度和岗位责任制，不断提高员工服务意识、服务技能和风险防范意识。通过机制创新、管理创新和科技创新改进经营管理方式，提高管理水平和效率，降低运营成本，增强政务物业管理部门自身的市场竞争能力和抵御风险能力。管理中要特别注意对事故隐患的排除，在服务区域的关键位置，设立必要的提示和警示标牌，尽可能避免意外事件的发生。

目前的现实情况是：许多政务物业管理部门内部管理制度很齐全、很细致，但有的制度制定者未充分考虑制度操作的可行性，造成员工面对制度要求无能为力；有的制度适宜性很好，却因为没有后期强有力的执行力度，而没有获得很好的效果，使一些完善的管理制度成为纸上空文、墙上摆设。

要解决因内部管理带来的风险，目前比较好的办法就是参照推行 ISO 9001 质量标准体系要求，结合政务物业管理部门内部外部实际情况，建立系统的、适宜的、简单明快的、高效的、持续改进的管理制度。然后从政务物业管理部门负责人开始，到所有一线员工，坚决地贯彻执行。如果在一段时期后执行仍有困难，经过认真研究分析调整后还不能有效解决的，宁可降低执行标准，也不能让制度成为摆设。

5. 委托专业安保公司

目前，政务物业管理行业中，有一部分政务物业管理部门将公共秩序维护的工作委托给专门的安保公司，协商约定对外支付一定安保服务费，由安保公司根据政务物业管理部门的具体要求提供一定数量的安保人员，按合同约定提供政务物业管理部门要求的服务。该做法实际也是政务物业管理部门与其他主体分担法律风险的措施。

但众多的安保公司往往在合同中要求排除因人身财产安全的赔偿责任。而法律目前对安保公司的义务尚没有明确的规定，造成聘请专业安保公司分担法律风险变得极为有限。

6. 制订突发事件应急预案

在政务物业管理的日常工作中，有些隐患是不易被提前判别的，也是很难在事先加以控制的。因此突发事件和危机的发生也就在所难免。但事件发生了，如果能够及时而有效地进行处理，也可以大大减少事件的危害程度，降低风险。

（1）突发事件处理要点

对于那些已经提前判别并制订了相应的应急处理预案的“突发事件和危机”，按预案的规定程序处理即可。但对那些预案进行控制的“突发事件”，就需要政务物业管理人员灵活应对了。其中主要应把握以下几点：

①统一指挥

突发事件发生后，应由一名管理人员，一般是政务物业管理部门最高级别的值班人员，做统一的现场指挥，安排调度。

②听从命令

所有工作人员应无条件服从现场指挥人员的命令，按要求采取相应的应急措施。

③立即行动

突发事件发生时，政务物业管理人员不能以消极、推脱甚至是回避的态度来对待，而应主动出击，及时处理。

④灵活多变

对所发生的突发事件和危机应具体问题具体分析，即使已经有预案，但当情况发生变化时，应摆脱墨守成规的做法及时根据情况调整做法。

⑤安全至上

处理突发事件应以不造成新的损失为前提，不能因急于处理当前事件而不顾后果，不能因此造成更大的不必要的人身、财产损失。

⑥团结一致

政务物业管理人员应团结一致、同心协力地处理好突发事件和危机，把损失降到最低。

（2）突发事件类别

①自然灾害

自然灾害主要包括台风、暴雨等气象灾害，火山、地震、泥石流等地质灾害。

②事故灾害

事故灾害主要包括重大安全事故如交通事故，以及影响正常管理与服务的其他事故，如环境污染。

③公共卫生事故

公共卫生事故主要包括突发的可能造成社会公众健康损害的重大传染病、传染性典型肺炎等疫情，及群体性不明原因疾病、重大食物中毒，以及其他影响公共健康的事件。

④突发社会安全事件

突发社会安全事件主要包括重大刑事案件、恐怖事件，经济安全事件以及群体性事件。

（3）突发应急预案

政务物业管理部门各类突发应急预案主要有：

①突发治安事件应急处理预案。

②上访人员应急处理预案。

③其他人员的应急预案。

④突发火警应急处理预案。

⑤火灾时人员疏散救人应急处理预案。

⑥电梯故障（困人）应急处理预案。

⑦突发性水管爆裂、水浸事故应急处理预案。

⑧大面积停电应急处理预案。

⑨地下车库淹水应急处理预案。

⑩台风及自然灾害应急处理预案。

⑪防汛应急预案。

⑫扫雪防冻工作处理预案。

7. 建立风险管理机制，注意防范

风险管理是一门新兴管理学科，它是以观察实验、经验积累为基础、科学分析为手段。因此，政务物业管理部门应注意研究风险发生的规律，加强控制和防范风险的能力，应当建立事前科学预测、事中应急处理和事后妥善解决的风险防范和危机管理机制。把握风险的规律性，引入先进的风险管理技术规避、转移和控制风险，并针对不同类型的物业管理风险建立相应的应急预案来防范风险和应对紧急事件。

（1）提高工作人员防范风险的意识

树立风险意识，是政务物业管理部门化解潜在经营风险的前提。在目前情况下，人们对物业管理的认识产生了误解——服务对象把政务物业管理部门当成了政府的代言人，凡事都找政务物业管理部门解决，解决不好，服务对象就以投诉相威胁，出了事故就要问责政务物业管理部门。

业内人士分析现状时指出"物业行业发展到今天，越来越像是一个政府的派出机构，什么事都要管，但什么权力也没有”。政务物业管理部门在目前这种责任、权力、利益不相称的情况下，风险无时不在。因此，在日常的服务过程中，要建立规范的服务和工作程序，从制度上来保证避免风险或降低风险的程度，如对物业的安全隐患要建立及时的报告制度、处置制度、服务工作的原始记录制度等。

（2）努力提高风险识别的能力

风险识别能力是政务物业管理部门从事物业管理中，防范、规避和化解风险、降低风险的最重要的前提。这是一项细致而又缜密的工作，通过风险识别，就可以定性甚至定量地判断分析出哪些环节存在着风险因素，每一环节中隐藏着哪些风险因素，影响各环节风险因素的主要参数是什么，这些风险因素导致风险出现的可能性大小，如果风险出现会造成的危害及损失程度等内容。

要科学地识别风险，政务物业管理部门首先要注重依据、注重调查、注重数据和统计资料，如要对某种风险发生的参数、环境、时间、频率，造成的人身或经济损失等规律进行分析、归纳和总结，要注意风险识别的细致性和准确性，细致性和准确性直接影响风险对策的正确性。因此，资料来源的可靠性是很重要的。其次还应考虑由于偏差、疏漏等原因以及不可抗力所导致的风险情况的发生。

（3）建立风险快速处理机制

建立风险快速处理机制，包括定期分析机制现状、落实各个部门人员的责任、各类险情紧急处理预案、通信联络和消防演习等内容。在风险将要出现之时，政务物业管理人员要能及时识别、及时采取应对措施、尽早弥补风险造成的损失，努力做好善后工作，进行风险事故总结检查，吸取风险教训，最大限度地规避管理失职导致的风险责任，从而把风险损失减少降低到最低程度。

（4）注意保留工作记录

在物业服务工作过程中，很多时候要求有及时、完整的工作记录。工作记录可以满足法规、合同、服务对象的要求；增强客户信心；可追溯，可提供证据等。《最高人民法院关于民事诉讼证据的若干规定》（法释〔2001〕33号）中，第五条规定：对合同是否履行发生争议的，由负有履行义务的当事人承担举证责任。而在很多物业管理纠纷实际案例中，因为政务物业管理部门缺乏足够有效的证据而承担相关赔偿责任。

8. 重视宣传，树立良好形象

政务物业管理部门应重视宣传，建立舆论宣传的平台，树立良好的形象。要与政务物业主管部门、上级主管部门、行业协会和新闻媒体等相关部门建立良好的沟通与协调机制。在风险与危机发生后，应当从容应对，及时妥善处理，做好相关协调工作，争取舆论支持，最大限度地降低政务物业管理部门的经济和名誉损失。

9. 引入市场化风险分担机制，注意防范

随着市场经济的发展，社会分工越来越细、越来越专，保险业发展非常快，使其也成了分流、防范风险的一种有效途径。政务物业管理行业具有公众服务的特点，各种潜在的风险时时存在。政务物业管理部门要想做到万无一失，最好是将风险责任进行妥善的转移。转移的最主要方式就是购买物业管理责任保险。比如为其接管物业的公共设施设备购买保险，若发生楼宇外墙皮脱落伤及行人或砸坏车辆等意外事件，由保险公司承担相应赔偿责任。

（1）政务物业保险的目的

保险是分散、转移风险的手段之一，是为了应对特定的自然灾害和意外事故，通过订立合同实现补偿或给付的一种经济形式。保险是因自然灾害或意外事故的存在而产生的，物业本身是保险的主要对象之一。在物业管理过程中应充分利用保险，减少损失，以便在意外事故发生后能尽快恢复正常生产和生活秩序。

物业保险的目的：

①分散意外损失

由于政务物业管理涉及的某些风险所造成的损失金额巨大，政务物业管理部门即使已在预算中准备了备用金，也难以应付如此巨大的损失。通过投保，政务物业管理部门就可以将意外经济损失分散、转移给保险公司，以减轻政务物业管理部门及其服务对象的经济损失的程度。

②利于处理善后工作

购买保险不仅可以分散、转移巨大的经济损失，还可在意外发生后，减轻政务物业管理部门处理索赔方面的负担，使其专心处理意外的善后工作。否则，不但在索赔方面会带来不应有的损失（这是由于政务物业管理部门在处理赔偿的估价方面肯定没有专业保险人有经验），而且由于缺少精力顾及善后工作，不能及时恢复对服务对象的服务，从而导致政务物业管理部门的信誉受损。

（2）政务物业保险的主要险种

保险的种类很多，但政务物业管理工作中经常涉及的主要有以下三类：财产保险、雇主责任保险和公众责任保险。

①财产保险

财产保险的含义有广义和狭义两种：广义的财产保险，包括财产保险、家庭保险、责任保险、信用保险等以财产或利益为保险标的的各种保险。从狭义来说，单指财产保险，主要包括：火灾保险、企业财产保险、家庭财产保险、涉外财产保险等。政务物业管理中涉及的财产保险主要是物业的火险。

②雇主责任保险

雇主责任保险，又称为劳工保险。凡投保人所雇用的员工（包括短期工、临时工、季节工）在保险有效期内，在雇用过程中，从事于保险单所载明的、与投保人业务有关的工作时，遭受意外而致受伤、死亡或者因业务导致的职业性疾病或死亡，投保人根据雇用合同，须付医药费及经济赔偿责任，包括应支付的诉讼费用。

③公众责任保险

公众责任保险，主要承担各种团体及个人在固定场所从事生产、经营活动以及日常生活中由于意外事故而造成他人人身伤害或财产损失，依法应由投保人所承担的各种经济赔偿责任。它是一种无形财产保险，它承保的是投保人的损害赔偿责任，没有实际标的。

（3）政务物业管理中的投保决策

购买保险可以转移风险，并可以获得保险机构在降低风险方面的有效服务。但是为了获得上述好处，政务物业管理部门必须支付一定的保险费，从而加大了管理开支，因此正确地进行投保决策就显得极为重要。

投保决策过程：

①详细调查

为了正确地投保，政务物业管理部门必须了解在政府机关办公楼内存在哪些风险因素。为此，就必须对所有的建筑、道路、设施、设备以及各种政务物业管理工作，特别是维修领域进行彻底的调查，并进行分类登记。

②确定所需的保险

在调查登记的情况下，对各种风险按照前面讲的风险管理的方法来进行分类。也就是采取种种措施进行预防和抑制，只有不能解决的，并且潜在的损失将超出政务物业管理部门能够或愿意承担的风险范围才确定购买保险。

③保险金额和保险费的确定

保险金额和保险费的确定，是根据风险带来的损失程度以及政务物业管理部门的财务预算来确定的。保险金过多或不足都会对投保人不利。在这方面要注意保险的几个特点：一是保险价值一般是以重建、重置成本计算，不考虑市场价值，因此在投保时注重重建、重置成本，并且在续保时根据当时的重建、重置成本进行调整；二是赔偿额一般是根据保险金的比例来赔偿的；三是多种保险不会得到多重的赔偿，因为保险的原则是保障损失而不是借意外来牟利。

④选择保险公司

保险公司种类繁多，规模各异，应该根据保险公司的实力和信誉、工作效率与服务质量、保险费的费率高低等标准，选择保险公司。

⑤分析保单条款

保单的条款与投保双方今后的权利义务关系极大。对此，政务物业管理部门或保险经纪人要仔细分析各项条款，比较各种不同保险公司的同一类型保单的各种条款的优劣，选择最有利于自己的条件。

保险顾问和保险经纪人：

由于对风险的识别及管理、保险合同的内容、投保额的计算、索偿的程序都是复杂的，其中涉及大量的专业知识，为了避免太多的麻烦，同时能提高投保的成本效益，在经济许可的情况下，政务物业管理部门可借助保险顾问、保险经纪人的帮助。

第七章　空间环境与保持

第一节　政务物业环境概念

环境是指围绕着人们的空间以及其中可以直接、间接影响人们生活和发展的各种自然因素的总体。不论是居住小区、大厦还是其他类型的物业，也不论人们在该物业中是学习、工作还是生活，物业环境对人们的身心健康都有重大影响。

一、物业环境概念

物业环境是城市环境的一部分，城市环境是城市范围内的环境，物业环境则是某个物业区域内的环境。现在，人们已经由适应环境逐渐地转变为主导环境，这表明人类改造自然的能力已经大大增强，对物业环境的管理便是这方面的客观表现。

二、政务物业环境概念

政务物业环境指政府机关办公楼内外，在政务物业管理部门管辖范围内的，保洁、清洁、绿化等影响政府机关办公人员工作的自然环境。

政务物业环境管理即政务物业管理部门对所管物业区域内环境的管理，它是城市环境管理的重要内容之一，政务物业环境管理水平是城市政府形象的重要标志。政务物业环境管理包括许多内容，这其中绿化管理和卫生管理是最重要的内容。尤其是2003年春季“非典”的爆发，使卫生管理显得格外重要。①

三、政务物业环境特点和要求

政府机关办公楼人员聚集，流动性较大，易出现脏、乱和建筑及配套设施损坏的问题。同时，政府机关办公楼又是政府为民办事、体现行政效率的重要场所，因此，对办公楼的环境有更高的要求：大气、庄重、典雅、舒适，方便工作人员办公，方便人民群众来办事。

1. 与历史文化相适应

政府机关办公楼的形象代表着当地的人文历史文化，政务物业环境的营造，应从大气着手，与历史文化相适应，体现出当地风俗民情，打造出具有历史文化气息的政务物业环境。

2. 与首脑机关办公区格调相适应

政务物业管理部门由于所管辖的物业类型较为特殊，均是政府机关办公楼，因此政务物业环境就不能等同于一般小区、写字楼，在保证美观的前提下，还要展现其庄重的一面，尽可能地使其与首脑机关办公区身份相适应。

3. 与时代发展要求相适应

随着时代的变迁，各行各业的发展也都有着不同的进步和变化，政务物业环境也不能墨守成规，要与时代要求相适应，不能简简单单地只追求美观，而要根据新时代的要求，创造出典雅的政府机关办公环境。

4. 与行业标准相适应

政务物业归属于物业行业中的一类分支，政务物业环境虽然有一定的特殊性，但也要与行业标准相适应，为服务对象提供一个舒适的工作环境。

---

① 董潘，周宇．物业管理概论［M］．北京：清华大学出版社，2005.

四、政务物业的保洁

（一）政务物业保洁的含义

政务物业保洁工作是指政务物业管理部门通过监督治理和日常保洁工作，对政府机关办公楼进行定时、定点、定人的日常清扫，对垃圾进行收集和清运，通过扫、擦、拭、除、洗等常规性的服务，维护政府机关办公楼所有公共地方、公用部位以及重要领导办公区的清洁、卫生，防治环境污染，保障政府机关办公楼的卫生环境，以提高环境效益和政府形象。

政务物业保洁工作从内容上看包括狭义和广义两个层次。狭义的政务物业保洁工作是指政府机关办公楼的道路、空地、绿地等所有公共区域的卫生管理工作和楼宇上下空间的公共部位包括电梯、扶梯、裙房、大厅、天台等范围内日常生活垃圾的收集、清运工作。广义的政务物业保洁工作，除了包括狭义政务物业保洁工作包含的内容以外，还包括对政务机关办公楼所在区域的环境周边废气、噪声、污水的防治工作。在本节中讲述的内容侧重于狭义的政务物业保洁工作①。

随着科学技术的不断发展，更加现代化的建筑设施不断出现，人们对环境卫生的要求也越来越高，这对政务物业保洁工作提出了新的内容和要求。

保洁管理的重心，是防治“脏乱差”。“脏乱差”具有多发性、蔓延性和顽固性的特点。例如，随手乱扔各种垃圾、楼上抛物、乱堆物品堵塞公共走道、随意排放污水废气、随地吐痰和大小便，以及乱涂、乱画、乱搭、乱建、乱张贴，等等。因此需要政务物业管理部门加强宣传教育、监督治理和日常清洁工作，做出坚持不懈的努力，否则就可能因“脏乱差”而破坏政府机关办公楼的整体环境，从而与政务物业管理部门的宗旨相悖。

政务物业环境的整洁卫生，对政府机关办公楼来说是十分重要的。卫生、健康、舒适、优美的工作环境，不仅是体现政府形象的第一象征和政务物业管理部门管理水平的重要标志，同时也可延长设备和建筑物的使用寿命。整

---

① 董潘，周宇．物业管理概论［M］．北京：清华大学出版社，2005.

洁优美的环境需要规范化的保洁管理服务来保证。

（二）政务物业保洁服务的原则

1. 专业化服务与预防相结合

在政务物业保洁服务中，专业化服务和预防不文明行为是保持政府机关办公楼整洁的两个重要方面。政务物业管理部门除了提供各种专业化保洁服务外，还要注意预防各类不文明的行为，也即通过适当的管理措施，纠正服务对象不良的卫生习惯，防止“脏乱差”现象的发生。因为优良的政府机关办公楼环境的造就，是全体人员共同努力的结果，也是管理标准与人们素质不断调适的过程。只有大家齐心协力，相互配合，才能真正搞好环境整治。

2. 照章办事，严格管理

政务物业管理部门就保洁的有关事项要取得服务对象的理解和支持，对政府机关办公楼内的保洁提出切实可行的措施和管理制度，而且要求服务对象共同遵守。这些管理制度是政务物业管理部门和服务对象双方应该共同遵守的行为准则，同时，政务物业管理部门还要开展宣传教育工作，使服务对象自觉地配合保洁服务工作，共同营造一个整洁舒适的工作环境。

3. 责任明确，分工具体

政务物业保洁服务本身是一项很烦琐的工作，而且工作的时间长，内容多，保持难度大。在政务物业保洁管理服务的过程中，要保证各个环节的良好衔接，防止出现卫生区空白，要周密安排每一个岗位和责任范围，明确岗位职责，责任落实到人，才能提供全面的保洁服务，以保持政府机关办公楼良好的卫生状况。

五、政务物业环境绿化

政府机关办公楼绿化是一项功能与美观相结合的工作。它的设计原则是“实用、经济、美观”。为了使政府机关办公楼园林绿化做到主次分明、效果明显，必须满足绿地建设的要求，一般应做到遮阴、降温、减少噪声、防尘、增加湿度、防火。同时要注重对植物的选择，结合实际，选择的树木生命周期要长，并注意树种的选择，防止花絮飞扬造成病菌的传播或繁殖。最后还要重视花、草的布置方式。从总体上看，政务物业的绿化环境是影响工作质量的重要因素，因而绿化工作是政务物业管理部门工作不可缺少的部分[①]。

（一）绿化在保护和改善生态环境中的意义

1. 防风、防尘，保护生态环境

绿化树林能起到降低风速、阻挡风沙、吸附尘埃的作用，因此大面积的绿化覆盖，对防止尘土飞扬是十分有效的。所以选择植物时一定要结合保护生态的要求，选择生命周期长的树木，如果选择不当，就会影响环境效益。

2. 净化空气，降低噪声，改善环境

绿色植物能吸收二氧化碳，放出氧气，起到净化空气的作用；灌木和乔木搭配种植可以形成一道绿篱声障，吸收和隔挡噪声。政府机关办公楼的绿化不同于公园，虽然它们都具有美化环境的作用，但不同的是政府机关办公楼绿化还具有净化空气、改善工作环境的功能。所以在花木选用上要尽量避免带刺和有毒的品种。

3. 改善小气候，调节温度，制止城市热岛效应

绿色植物在蒸发水分过程中，会增加空气中的相对湿度，而散发出来的水分可吸收热量，从而降低炎热季节的气温。所以绿地具有明显的遮阴、降温、增加湿度的作用。热岛效应完全是由人造热源多、车辆多、人口密集、钢筋水泥建筑物和水泥路面储存了大量热能、楼厦拥挤透风差、散热性能差等原因造成的。所以在政府机关办公区内大面积搞绿化对改善小气候，制止城市热岛效应非常有利。

（二）绿化在美化环境中的意义

生活在一个美丽的城市，人们的生活质量会明显提高。而城市是否美丽，园林绿化具有重要影响。可以说，园林绿化已经成为美化城市的一个重要方

① 郭世民，周建华．物业管理［M］．北京：中国建筑工业出版社，2007.

式，是城市建设的重要组成部分。城市环境的改善，知名度的提高，与该市重视园林绿化，绿色覆盖率较高密切相关。运用园林树木、花卉不同的颜色、形状、用途和风格，因地制宜地配置一年四季的各种花卉、草皮、乔木、灌木，不仅能使城市充满绿色生机，而且能为城市居民工作、学习、生活创造清新、优美、舒适的环境。政府机关办公区园林绿化布置通常采用规则式和自然式两种。靠近办公楼的园区采用规则式，远离办公楼的地方采用自然式。规则式景物对称、整齐、端庄、明确、显著，自然式景物优美、活泼、含蓄、曲折、淡雅，对美化环境都具有重要意义。

（三）绿地、花卉在陶冶情操、修身养性中的意义

政府机关办公区内园林绿地的布置虽不像公园里的那样讲究，但利用精巧的园林艺术小品和丰富多彩的园林植物进行布置，使其形成优美、清新、舒适的环境，供服务对象做短时间的文体活动和户外休息、享用，是非常有必要的。绿地是服务对象休闲、娱乐、锻炼身体的场所，能达到丰富业余生活、消除疲劳、令人心旷神怡的效果。花卉具有色、形、味、意多重审美属性，可以用它来装点、美化工作环境。人们欣赏花，培植花，以花为友，不仅能得到美的享受，还能陶冶情操，提高审美能力。政府机关办公区如果在有条件的情况下，可以为服务对象开辟景色优美的花园，并在其中设置凉亭、座椅以及体现人文精神、政府形象的雕塑。

第二节　办公楼宇环境保持

卫生保洁管理是政务物业管理部门正常开展工作后的一项常规服务，但其责任却十分重大。卫生保洁管理是体现政务物业管理水平的重要标志，高品质的卫生保洁为政府机关办公楼的服务对象提供了整洁、舒适、优美的工作环境①。

---

① 王建杰，姜宁．现代企业物业管理与服务［M］．南京：河海大学出版社，2015.

现今世界，先进的科技发展建造了无数高级建筑和现代化楼宇，保持其拥有清洁和优美的环境，就必须要有专业的学识和现代化的工具及相适应的作业方法，才能使办公楼宇保持美观，延长使用寿命，为物业增值打下坚实的基础。

此外，严格有效的管理也是必不可少的，高质量的标准，严格的检查、监督才能使清洁、优美的环境保持相当高的程度，而所费人力、物力才能得到节省，做到少投入、见长效的目的。

一、保洁服务内容与基本方法

（一）政务物业卫生保洁服务内容

1. 政务机关办公院落保洁

政务机关办公院落的保洁主要包括道路、广场、绿地保洁，各种露天排水井沟的保洁、水池景观保洁、露天停车场保洁、房顶的保洁等。

2. 政务机关办公楼宇保洁

政务机关办公楼宇的保洁包括大堂保洁、墙面保洁、电梯及楼梯走道保洁、领导办公室、休息间、会议室、开水间、卫生间保洁等。

政务机关办公楼宇的保洁不仅涉及保洁专业知识，技能及设备等的要求也很高，如玻璃保洁、地毯保洁与保养、各种石材的保养及翻新、打蜡、晶面处理，以及各种不同材质装饰面的保洁与养护等，还有区别于普通物业，较特殊的一点，就是要有高度保密性及忠诚度的领导办公室、休息间的保洁。

3. 垃圾收集与处理

垃圾的收集与处理工作包括收集垃圾、清运装修及建筑垃圾、垃圾分类，以及将垃圾统一清运到市政垃圾场处理等。政务物业垃圾中有少量危化品，例如：消毒或杀菌用的农药空瓶等，必须严格按照国家有关规定进行分类处理。

（二）政务物业卫生保洁服务管理的基本方法

政务物业卫生保洁服务管理的基本方法大致可分为外包管理及自行作业

两大类：外包是将保洁工作交由专业保洁公司具体实施；自行作业是由政务物业管理部门在政府机关办公楼内自行实施保洁服务工作。无论是外包管理或是自行作业，政务物业管理部门均应根据《物业服务合同》的要求，实施保洁服务相关工作。管理中，前者的重点是监督检查外包保洁公司的工作质量，并对其进行考核与管理，后者则不仅要监督检查，更要强化保洁服务工作。

（三）政务物业卫生保洁服务范围

1. 政府机关办公楼

包括大厅所有部位（玻璃门、接待桌、屏风、墙砖、地面），卫生间所有部位（卫生洁具、墙地面砖、隔断门、门窗、拖把池、窗台、洗手池、穿衣镜、热水器），电梯内外，主要领导办公室、休息间（门窗、地面、卫生间、淋浴室、床上用品的更换、清洗），过道及过道玻璃隔断，会议室所有部位（主席台、接待室、桌椅、地面、大门等）。

2. 政府机关办公院落

包括所有道路、绿化带、各类设施（地灯等）、宣传栏、瓜果箱、垃圾堆放点、建筑小品（水池景观等）、车棚、办公楼房顶（露台、天沟、排水管）。

注意事项：

（1）下雨天应巡查下水井道有无杂物、树叶堵塞。

（2）办公院落内如有指示牌脱落等问题及时上报。

（3）注意领导办公室、会议室、休息间各类电器总电源下班前关闭，过道及时关灯，节能降耗。

（四）政务物业卫生保洁服务标准

1. 办公楼宇区域

大厅、走道区域：

（1）大厅的玻璃门无污迹，无指纹迹，透亮无痕。

（2）地面（电梯厅）光亮、干涩、无纸屑、烟头，无水迹，无口香糖胶迹，可照见顶灯轮廓。

（3）墙壁无乱写、乱画、乱贴、乱挂，并做到无污迹、划痕，用手擦拭无积尘。

（4）走道、大厅屋顶无浮尘，斑迹、污渍，积灰，无墙皮脱落现象。

（5）绿色植物摆放整齐，盆内无虫害，落叶、残叶、杂物、烟头等，叶面无积尘，花盘和托盘侧面及槽边无污迹、无积尘。

（6）立式烟灰筒保持光亮、清洁，水面经常更换，筒内垃圾物不得堆放过满。每日及时倾倒。烟头不得超过三个。

（7）各种指示牌、标识无损坏、生锈，消防栓、灭火器每日抹浮灰，照明开关板无污迹，保持洁白光亮，展板、告示栏光亮洁净，无灰尘。

（8）照明灯具表面、侧面、内层无积尘，破损、灯罩无脱落。

（9）护墙板和踢脚线无污迹，划痕，用手擦拭无积灰，风机口百叶片无灰尘。

（10）电梯轿厢内四壁光亮，清洁，无划痕，地面，电梯门缝内无杂物，清洁干净。

（11）安全楼梯保持清洁无尘，通道畅通，无堆积物，阶梯无水迹，污迹，无口香糖胶迹，扶手无尘，无污迹。

（12）窗玻璃透亮，无污迹，窗槽内无积尘，轨道运行良好，窗锁齐全，有效。窗纱无厚灰，无破损。

卫生间：

（1）座厕尿槽清洁，无污迹，水锈，无异味，冲水阀运行良好，无破损。

（2）地面清洁，无水迹，无纸屑，有凹槽的部位无积垢。

（3）镜面、台面，洗手池无污迹、清洁光亮，水龙头开关灵活，下水通畅，皂盒清洁无积水。

（4）座厕隔间门、板壁无污迹，划痕，用手擦拭无积灰。

（5）手纸箱外观和箱内无灰尘，纸屑尘，及时更换手纸，无遗漏。

（6）便纸篓超过 1/3 要及时倾倒，垃圾袋无破损。

（7）保持卫生刷的清洁，并悬挂在指定位置。

开水间：

（1）地面无水迹，纸屑，污渍，无杂物堆放。

（2）开水器表面无污迹，光亮照人，每周清洗开水箱，保证饮用水的安全卫生。

（3）洗手池、拖把池无严重污渍，水池下面无杂物，无死角。

（4）茶叶篓、垃圾桶干净无异味，倾倒及时。

（5）墙壁、房顶层面无积灰，吊灰，蜘蛛网。

领导办公室：

（1）地面（地毯）无纸屑，水迹，无灰尘，无污渍。

（2）办公桌椅、电脑桌白、表面无浮尘，文件、书籍堆放有序无灰尘，台历架、电话机无灰尘，无污渍，笔筒内无杂物。

（3）书橱内的书籍和物品摆放整齐有序，无灰尘，橱顶无积灰。

（4）窗玻璃明亮，无明显灰尘，窗槽干净无积灰，轨道运行良好，窗锁有效，窗帘无破损，干净清洁，窗纱干净无厚灰，无破损。

（5）盆栽植物叶面无厚灰，无枯枝败叶，无虫害。托盘、花盆外观干净无尘。

（6）悬挂的饰物、字画镜框、张贴的地图等表面无浮灰，无破损。

（7）沙发、茶几无灰尘，沙发巾干净平整，无污渍。

（8）电视机、音响设备表面无浮灰，使用良好。

（9）电冰箱外观干净，无划痕，冰箱内物品摆放有序，无过期食品。

（10）墙裙、踢脚线无灰尘，房顶无吊灰、迷雾、墙皮脱落。

休息室：

（1）卫生间地面干燥，无污迹，无杂物。台面、镜面、水龙头无水迹，光亮照人。

（2）坐便器无污渍，水锈，下水通畅，无异味。

（3）冲淋房地面无残留的毛发、杂物，墙壁、玻璃门无残留的肥皂沫水迹，地漏畅通，无异味。

（4）毛巾、浴巾清洗消毒，干净无污渍，拖鞋刷洗干净。

（5）床上用品折叠摆放整齐，无异味，干净清爽，床底无灰尘，无杂物。

（6）生活用品堆放有序，保持干净无灰尘，不留卫生死角。

（7）卧室保持干燥通风，空气清新。

会议室：

（1）桌面干净无灰尘，抽屉内无杂物、无灰尘，桌腿无明显灰尘；座椅各部位无浮灰，椅套、沙发套、沙发巾干净整洁，无污迹；地面无污迹、口香糖胶迹、纸屑、杂物，地毯无污渍、无碎屑；墙壁和屋顶无吊灰、蜘蛛网、划痕，无墙皮脱落。

（2）茶杯消毒干净，无茶渍。消毒柜内无明显水渍，无灰尘。水瓶外观无水迹，无浮灰；窗玻璃干净无明显水迹，窗槽内无积灰，轨道运行良好，纱窗无破损，窗帘整洁干净，无缺损。

（3）照明灯具无明显灰尘，无破损、残缺。会议结束，现场的保洁及相关设备、物品的清点、归还（归位）、存库等工作。

2. 办公院落区域

（1）保证绿地、院落公共区域内清洁，无垃圾、无积水、无积雪、无坑洼、水面、喷水池（河道）无漂浮物，工作中产生的垃圾及时清运或挖坑深埋，工作时间工具及车辆摆放整齐，没有乱停乱放现象。

（2）道路地面：目视道路干净无尘灰、无杂物、无积水、无水泥迹、无口香糖胶迹、无堆放杂物、无青苔。

（3）绿地、明沟：无垃圾、无脏杂物，花草叶无枯萎和明显积尘，花草盆侧面及槽边无污迹、无积尘、无积水和异味，明沟无污物积聚、无阻塞。

（4）垃圾箱（桶）、果皮箱：垃圾无漫溢，垃圾箱（桶）、果皮箱周围地面干净整洁、无垃圾、无污迹、无异味。

（5）消灭鼠害蚊蝇：灭鼠、灭蟑螂、无蝇、少蚊、少虫。

（6）公共灯具、宣传栏：目视无灰尘，光亮清洁。

（7）雕塑、亭、廊、山石等小品：无积灰、无垃圾、无污迹，发现损坏及时上报。

（8）休闲、娱乐、健身设施：无积灰、无垃圾、无污迹，及时发现设施、设备脱焊、脱漆、断裂及其他安全隐患并报告处理。

（9）停车场或共用车库（棚）：无异味、空气流通；标识、指示牌等公共设施目视无灰尘。

（四）垃圾收集、清运标准

（1）垃圾收集容器无残缺、破损；定期杀蛆灭蝇；封闭性好，外体干净；必须定位设置，摆放整齐；设置点及周围保持清洁，无散落、存留垃圾和污水。

（2）垃圾站（点）整洁，内外无散落垃圾和污水，无恶臭、无蝇；蚊蝇滋生季节，应及时消毒、喷洒灭蚊蝇药物；垃圾全部实行容器收集，实行袋装和分类收集，定时清运。

（3）清运垃圾及时，不遗漏，不得堆放在办公区内。

（4）属于危险品、化学品等有毒有害的或国家有规定处理要求的垃圾，按国家有关规定处理或清运到指定地点。

（5）垃圾收集作业完成后，应及时清理场地，将垃圾容器复位，垃圾按规定直接运送到指定地点。

（五）日常保洁卫生维护用具

日常保洁卫生维护用具包括：扫地车、扫把套装、塑料扫把、竹扫把、塑料簸箕、铁簸箕、拖把、抹布，橡胶手套、涂水器、涂水器毛套、玻璃刮、玻璃刮胶条、云石铲刀、云石刀片、玻璃刀片、手动喷壶、双节杆、钢线球、厕刷（连座）、鸡毛掸、水桶、尘推杆、尘推、尘推罩、洗衣粉、全能保洁剂、玻璃保洁剂、香球、化油剂、尘推剂等。

市场上清洁用具的新产品越来越多，机械化程度越来越高，应随时了解市场信息，掌握产品的使用方法，提高劳动效率和服务质量。

二、政务物业卫生保洁的日常管理

（一）卫生保洁工作流程

1. 办公楼宇区域

大厅、走道区域：

（1）大厅的玻璃门用半干的抹布擦净，每天一次。无毛巾脱落物黏附，门头玻璃每周擦一次。

（2）扫净和拖抹门厅地面。每天早晨一次，其余时间用油拖把随脏随拖。

（3）门厅表面墙壁除尘，每周一次。天花板除尘，每月一次，用鸡毛掸轻轻拂尘。

（4）植物叶面的灰尘用拧干的抹布轻轻擦拭，用剪刀去掉枯枝败叶，每周清洗一次花盆外侧和托盘。

（5）每日擦拭的公共设施有烟灰筒、风机百叶片、指示牌、消防栓、灭火器箱等，用拧干的抹布擦干净，不留水迹。

（6）电梯轿厢的四壁每天擦一次，电梯门缝吸尘每天一次，电梯表面涂上保护膜，每周一次。

（7）楼梯扶手及栏杆每天擦一次，用半干的抹布全面擦拭干净，楼梯台阶每天早晨用拖把抹净，有口香糖胶剂的地方用刀片刮干净。

（8）走道的护墙板和踢脚线每天擦拭一遍。

卫生间、开水间：

（1）半小时对卫生间进行一次保洁，做到地面、台面、镜面无水迹，室内无异味。

（2）每日用消毒液洗刷座厕、尿槽，有积垢的部位用去污粉刷洗，每天用开水冲烫便器，去除异味。

（3）座厕隔间门头、门框每天擦拭一次，板壁、瓷砖壁每周擦拭一次。

（4）每更换一次卷纸时擦干净纸箱内侧，纸箱外观每天擦一次，肥皂盒每天清洗一次。

（5）用地砖铺的地面，每天刷洗一次。

（6）半小时对开水间进行一次保洁，做到地面、台面、开水器表面无水迹。

（7）每周彻底清洗开水器一次，关闭电源，放尽开水器内的水，用专用卫生刷边刷边用干净的自来水冲洗，最后注入新的饮用水。

（8）茶叶篓、垃圾桶每天用消毒液、去污粉洗刷干净。

（9）墙壁、房顶天花每周清洁一次。

（10）洗手池、拖把池每天下班前彻底洗刷去污。

（11）使用的清洁工具（抹布、拖把）清洗干净，拖把每日用开水冲烫、消毒、悬挂晾晒。

领导办公室：

（1）地面每天清扫拖抹，地毯每天拣净碎屑，每周吸尘一次。

（2）办公家具的表面浮灰每天用半干抹布擦干净，不留水迹，无毛巾脱落物沾黏。

（3）书橱内的书籍和物品每周整理一次，清洁干净隔板表面，橱顶每周抹灰尘一次。

（4）窗玻璃每月擦一次，用擦窗专用工具，窗槽每天清洁。

（5）电视机、电脑、电冰箱等每天抹表面浮灰，每周移动位置彻底清洁。

（6）沙发、茶几每日抹浮灰，沙发巾每月清洗一次，保持干净。

（7）每日清洁墙裙、踢脚线、房顶天花掸尘。

（8）字画镜框、张贴的地图、表面每周拂尘一次，花卉植物每周整理一次。

（9）室内有损坏的东西（灯泡、桌椅、窗轨）一经发现，立即报修、登记。

休息间：

（1）每日用消毒液对坐便器进行洗刷，用去污粉去除台面、水龙头的水迹、污渍，用半干的拖把拖净地面。

（2）每日早晨整理淋浴房的四壁和地面，用半干抹布抹净玻璃门和墙砖上的水迹。水龙头上无水迹，光亮可照人。

（3）每天更换毛巾、浴巾，洗澡穿的拖鞋每天刷洗干净。

（4）床单、被褥按标准叠放、拉平无皱褶，每月换洗一次，床底每月彻底拖抹一次。

（5）房间内生活用品每日整理放齐，用半干抹布拂去灰尘，每周清理不留死角。

（6）每日早晨开窗通风，抹净窗槽，夏冬两季调节室内温度，保持空气清新。

会议室：

（1）擦抹会议室桌椅，每天不少于一次或随用随清。

（2）清洁会议室内茶具，每次会议结束清洗消毒，不过夜。

（3）拖抹地面每天一次，地毯每天捡净碎屑杂物，每周吸尘一次。

（4）会议室内墙面、电源开关、天棚、灯具除尘，每月一次。

（5）窗槽轨道每天擦干净，窗玻璃每月擦一次，窗帘半年清洗一次。

（6）会议室内卫生间做到一会一清，不留垃圾到下场会议。

（7）会议室内音控设备每日擦浮灰，每次使用前调试检查，出现故障，立即保修，尽快修复使用。

2. 办公院落区域

（1）一日两清，全日保洁。

（2）道路地面：每天清扫保洁两次，清扫避开机关工作人员上下班时间进行，白天专人不间断循环保洁。

（3）绿地、明沟：每天循环保洁，发现垃圾杂物及时清除。

（4）垃圾箱（桶）、果皮箱：每天清理一次，并抹洗一次。

（5）消灭鼠害蚊蝇：每月对窨井、明沟、垃圾箱等喷洒药水一次，春夏季（4 月、5 月、6 月、7 月、8 月）每月灭鼠一次，其余每季灭鼠一次。

（6）公共灯具、宣传栏：每周擦抹一次，2 米以上部分每半月擦抹、除尘一次。

（7）雕塑、亭、廊、山石等小品：每月对雕塑擦洗一次，每月对亭、廊、山石等小品清洁一次，每年对雕塑刷白或刷油漆一次。

（8）休闲、娱乐、健身设施：每天清洁一次（擦拭表面灰尘、清扫垃圾、擦拭座椅），每月刷洗消毒一次。

（9）停车场或共用车库（棚）：每天清扫一次；及时清除地下室进出口的垃圾；发现油迹、污迹、锈迹，应及时擦洗干净。

（二）保洁工作管理制度

1. 保洁工作日常管理

（1）政府机关办公楼内环境卫生实行专人管理、专人负责。

（2）搞好卫生宣传工作，提高服务对象及员工的保洁卫生意识，共同创造优美、整洁的物业环境。

（3）政府机关办公楼内采用“定人、定地点、定时间、定任务、定质量”的“五定”方式加强管理，推行标准化保洁。

（4）政府机关办公楼内实行动态保洁，保洁员按规定时间、地点清洁划分的责任区域。

（5）实行“五不六净”制度：

“五不”：不见积水、不见积土、不见杂物、不漏收集、不乱倒垃圾。

“六净”：路面净、路沿净、雨水口净、绿地净、墙根净、果皮箱净。

（6）生活垃圾日产日清，建筑垃圾及时集中到指定地点。

（7）根据季节及爱卫会布置，及时做好除“四害”等除虫消毒工作。

2. 保洁设备领用管理

领用设备时，领用人需检查设备的完好程度。使用设备过程中如发生故障，不能强行继续操作。归还设备时，必须保证设备完好无损，如有损坏，应及时报修。

3. 常用工具操作

（1）使用前，要了解设备的性能、特点。

（2）操作前先清理场地，防止接线板、电动机进水，或因电线卷入正在操作的设备而损坏设备。

（3）擦地机、抛光机、地毯清洗机、吸水机、吸尘器等设备均需按照使用说明书正确操作。

4. 保洁人员的安全操作管理

（1）牢固树立“安全第一”的思想，确保安全操作。

（2）保洁人员在使用机器时，不得用湿手触摸电源插座，以免触电。

（3）保洁人员在不会使用保洁机器时，不得私自开动机器，以免发生意外事故。

（4）保洁人员应该严格遵守防火制度，不得私自动用明火，以免发生火灾。

（5）在操作与安全发生矛盾时，应以安全为重。

三、政务物业卫生保洁的质量控制

1. 室内地面的检查与质量标准

（1）检测方法：每个责任区抽查 5 处，目视检查。

（2）质量标准：①无垃圾杂物、泥沙、污渍；②办公区域大理石地面打蜡、抛光后光泽均匀；③办公区域地毯无明显灰尘、无污渍。

2. 室内墙面的检查与质量标准

（1）检测方法：每个责任区抽查 5 处，全面检查。

（2）质量标准：①大理石、瓷片、喷涂等墙面用纸巾擦拭 1 米无明显灰尘；②乳胶漆墙面无污渍、目视无明显灰尘；③墙面、墙纸干净无污渍。

3. 室内楼道、楼梯、走廊地面的检查与质量标准

（1）检测方法：目视检查，每个责任区抽查 2 层楼，每 50 平方米走廊抽查 3 处。

（2）质量标准：目视无纸屑、杂物、污渍、烟头，目视天花板无明显灰尘、蜘蛛网。

4. 领导办公室、休息间、会议室的检查与质量标准

（1）检测方法：抽查 5 间（抽查需注意时间，领导办公室一般选择领导上班前；休息间选择无人休息时；会议室选择无会议时）。

（2）质量标准：①地面干净，无异味、无污渍、无杂物；②墙面、门、窗用纸巾擦拭无明显灰尘；③设施完好、用品齐全；④天花板、灯具目视无明显灰尘；⑤桌面、书柜等无积灰，垃圾桶是否及时清倒；⑥配有淋浴房、卫生间的休息室和会议室，还应检查便器无污渍，淋浴房无污渍、积水，玻璃、镜面无灰尘、无污渍、无手印。

5. 室内公共卫生间的检查与质量标准

（1）检测方法：抽查 5 间。

（2）质量标准：①地面干净，无异味、无积水、无污渍、无杂物；②墙面瓷片、门、窗用纸巾擦拭无明显灰尘，便器无污渍，墙面无涂画；③设施完好、用品齐全；④天花板、灯具目视无明显灰尘；⑤玻璃、镜面无灰尘、无污渍、无手印。

6. 室内灯罩、烟感器、出风口、指示灯的检查与质量标准

（1）检测方法：每个责任区抽查 3 处，目视检查。

（2）质量标准：目视无明显灰尘、无污渍。

7. 室内玻璃门窗、镜面的检查与质量标准

（1）检测方法：每个责任区抽查 3 处。

（2）质量标准：玻璃表面无污渍、手印，用纸巾擦拭无明显灰尘。

8. 车库的检查与质量标准

（1）检测方法：目视检查。

（2）质量标准：①地面无垃圾、杂物，无积水、泥沙、油渍；②墙面目视无污渍、无明显灰尘；③车库的标识牌、消防栓等设施目视无污渍、无明显灰尘。

9. 室外道路的检查与质量标准

（1）检测方法：每个责任区抽查 3 处，目视检查。

（2）质量标准：无明显泥沙、污垢，每 100 平方米内烟头、纸屑平均不超过 2 个，无直径 1 厘米以上的石子。

10. 室外绿化带的检查与质量标准

（1）检测方法：每个责任区抽查 3 处，目视检查。

（2）质量标准：①无明显大片树叶、纸屑、垃圾胶袋等物，地上无直径3厘米以上石子；②窗台下每100平方米内烟头等杂物在5个以内，其他绿化带每100平方米内杂物在1个以内。

11. 垃圾桶、果壳箱的检查与质量标准

（1）检测方法：每个责任区抽查1个。

（2）质量标准：地面无散落垃圾、无污水、无明显污迹。

四、卫生虫害消杀防治

（一）鼠害的防治

鼠害防治的主要方法有以下几种：

1. 防鼠

防鼠的主要方法包括环境治理、断绝食源以及安装挡鼠栅、挡鼠板等设施进行隔防等。

2. 化学灭鼠

化学灭鼠采用灭鼠毒饵灭鼠。在用毒饵灭鼠时须注意所选用的毒饵不得含有国家禁用的急性灭鼠剂，其主要有效成分含量应符合标准，选用的毒饵的适口性要好，不变质或发霉。投放毒饵时应遵循少量多堆、定时补充的办法。

3. 器械灭鼠

器械灭鼠就是将鼠笼、鼠夹、粘鼠板等放置于鼠类经常活动的地方，放置食物诱饵引诱鼠，从而捕捉消灭。

4. 生物灭鼠

生物灭鼠就是利用鼠类天敌、病原微生物、不育遗传等方法灭鼠。

（二）灭蚊

蚊子的防治方法有以下几种：

1. 环境治理

环境治理就是通过清除积水、水池放养鱼类等环境治理方法防止蚊虫滋生。

2. 药杀

药杀的主要方法有：在无法清除的积水处（如下水道进水口等）投放浸药木塞或杀虫剂，杀灭蚊幼虫；在鱼塘、菜地沟积水处投放球型芽孢杆菌类等生物制剂灭蚊幼虫；采用超低容量喷雾或打烟炮等方法，喷洒杀虫剂或点燃灭蚊片等来对付蚊虫。

（三）灭蝇

蝇的防治方法有以下几种：

1. 环境治理

环境治理的主要方法有：保持垃圾日产日清，不乱丢垃圾和果皮，不用粪肥、花生、麸饼等撒于地表作为植物肥料，消除苍蝇的滋生场所。

2. 诱杀

诱杀就是利用苍蝇喜好的饵料将苍蝇引入蝇笼或具黏性的物体上，然后用热水烫杀。

3. 药杀

药杀就是对可能滋生苍蝇的地方（垃圾堆放地等）喷洒杀虫剂灭杀。

（四）灭蟑

蟑螂的防治方法有：

（1）对建筑物各种孔缝进行堵眼、封缝，防止蟑螂入内。

（2）严格控制食物及水源，及时清理生活垃圾，消除蟑螂食物。

（3）彻底整顿室内卫生，清除残留卵夹，控制和减少高峰季节的蟑螂密度。

（4）利用灭蟑药粉、药笔、杀虫涂料及毒饵粘捕等进行化学防治。

（五）白蚁

白蚁是一种群居性昆虫。白蚁对房屋建筑、江河堤坝、森林树木、文档书籍、服装家具、文物古迹等进行蛀食和破坏，给国民经济造成严重危害，对社会造成不可估量的损失，特别是在南方地区。因此，白蚁防治已成为政务物业管理部门不可或缺的一项重要内容。

白蚁的防治有挖巢法、药杀法、诱杀法、生物防治法等，可根据不同的情况采用相应方法来治灭白蚁。

1. 挖巢法

挖巢法是根据蚁路、空气孔、分飞孔及兵蚁、工蚁的分布等判断找出蚁巢后将其挖除的办法。一般的树巢、墙心巢，特别是泥砖墙的墙心巢，较浅的树头巢或地下巢，都可采用挖巢法。挖巢法最好在冬天进行，因为天气冷，挖巢后的残余白蚁会被冻僵，能较彻底地消灭白蚁，挖巢后最好再施一些白蚁药。

2. 药杀法

药杀法是通过在白蚁蛀食的食物中或在白蚁主要出入的蚁路中喷入白蚁药物，使出入的白蚁身体粘上白蚁药粉，药粉通过相互传染传递给其他白蚁，导致整巢白蚁中毒死亡。为了保证白蚁在回到蚁巢前不死亡，一般所使用的药物都是慢性药物，施药后一星期或一个月白蚁才全部中毒死亡。常用的白蚁药粉主要成分有亚砒酸、灭蚁灵等。用药后一星期即可检查白蚁是否全部中毒死亡。

3. 诱杀法

诱杀法有药物诱杀和灯光诱杀两种方法。诱杀法主要用于发现白蚁又未能确定蚁巢地点，或者知道蚁巢地点又不能将其挖出，或者用药杀法不能彻底消灭时。药物诱杀通常用木制诱杀箱诱杀。灯光诱杀主要用于白蚁纷飞时诱杀纷飞蚁。

4. 生物防治法

生物防治法的原理就是利用白蚁的天敌或病菌对白蚁进行生物灭杀。

5. 其他卫生虫害的防治

其他卫生虫害包括蚤类、螨类、蚂蚁等。防治的主要方法是做好保洁保养工作，改善环境，做好个人卫生防护，定时进行药物防治等。

第三节　办公院落环境保持

政务物业环境绿化是政府机关办公区域的一个重要组成部分，绿地对建筑、道路、管线有良好的衬托和遮挡作用。绿化环境质量直接影响到人们的身心健康和劳动能力，碧绿的草坪和绿叶对人的心理有镇静作用，能使人们在较短的时间内恢复体力，可使人们工作、生活时精神饱满、心情舒畅，提高劳动生产率和提高产品质量，减少工伤事故的发生。同时，绿地可以反映出政务物业管理部门的管理水平和员工的精神风貌；对外可树立良好的政府形象，增加群众的信任感①。

一、绿化管理的内容

1. 政务物业绿化规划应遵循的原则

（1）满足工作和环境保护的要求，把保证政府机关办公楼的工作安全放在首位。

在政府机关办公楼绿化时，应充分考虑绿化与建筑朝向、门窗位置、风向等因素的关系，充分满足通风和采光的要求。在管线复杂区域，不但应考虑植物与地下管线和空中线路的最小净间距，还要考虑植物的耐修剪程度，以不影响空中电缆和地下管线的安全为原则，合理选配树种，达到防火、防爆、安全的要求。

（2）合理开辟绿地面积，充分保证绿地率，以达到国家相关指标要求。

优先发展垂直绿化，多布置藤蔓植物，扩大立体覆盖面积，丰富绿化的层次和景观。要以最小的绿地获取最大的绿化覆盖率，充分利用每一块绿地，做到“见缝插绿”。开辟多种形式的绿地，以提高绿地率、绿视率，使绿地率达到国家指标要求。在规划设计时，要对政府机关办公楼的自然条件、规模等进行充分的调查，确定适生植物种类，优先使用乡土树种，确定骨干树种。

---

① 王建杰，姜宁．现代企业物业管理与服务［M］．南京：河海大学出版社，2015.

（3）绿化规划与总体规划要相适宜，做到规划与建筑主体相协调，统一规划，合理布局，形成点、线、面相结合的工厂绿地系统。要与建筑主体相协调，对政府机关办公院落内、道路、领导办公室、会议室等周围重点绿化，起到烘托建筑的作用，并用园林小品、花池、花台等形式丰富景观，形成点、线、面相结合的绿地系统。

（4）在种植上，首先考虑发挥各种植物的保护功能，对政府机关的建筑、道路、管线要有良好的衬托和遮挡作用。根据乔木、灌木、草坪、花木一年的季节变化，丰富景观。

（5）创造政府机关自己的苗圃，可大大降低苗木、运输等费用，降低绿化成本，并加速绿化、美化进程。

2. 政务物业绿化管理的内容

（1）日常管理

绿化的日常管理包括浇水、修剪造型、施肥、中耕除草、病虫害防治、绿化保洁等。另外，日常管理中还包括园林建筑及园林小品维护、绿化标识制作、园林观赏鱼喂养等。不同地点的园林、室内绿化与室外绿化的质量要求及环境条件各不相同，日常管理也有比较大的差别。

（2）翻新改造

绿化翻新改造包括草坪翻新与补植、绿篱翻新补植、林下绿地改造、园林建筑小品翻新、花坛植物更换等。另外，对于一些用时令花卉摆设的花坛也应根据不同时期及节庆要求及时进行更换翻新。

（3）花木种植

苗圃是政务物业管理部门为了方便绿化管理而自建的花木生产基地，用于时令花卉栽培、苗木繁殖及花木复壮养护等。花场花木种植工作包括时令花卉栽培、阴生植物繁殖与栽培、苗木繁殖、撤出花木复壮养护、盆景制作等。

（4）环境布置

环境布置是指节假日或喜庆等特殊场合对政务机关办公楼公共区域，或会议场所等进行花木装饰布置。

3. 绿化管理的基本要求

（1）保持植物正常生长。应加强对植物病虫害、水肥的管理，保证病虫害不泛滥成灾，确保植物正常生长，没有明显的生长不良现象。

（2）加强枯枝黄叶的清理及绿化保洁工作。为了保证政府机关办公楼环境整洁及安全，应及时清除园林植物的枯枝黄叶，对园林绿地范围进行清扫保洁，每年要对大乔木进行清理修剪，清除枯枝。在灾害天气来临前还应巡视政府机关办公楼的园林树木，防止其对人员和财产造成潜在危害。

（3）及时对妨碍服务对象活动的绿化植株进行改造，减少人为践踏对绿化造成的危害。如对道路行道树进行适当修剪，对因设计不合理而造成的明显影响员工正常工作、生活的园路分布进行合理化改造。这样既方便服务对象，也减轻政务物业管理部门绿化补种的压力。

（4）创建政务物业管理部门环境文化，加强绿化保护宣传。要对主要花木进行挂牌宣传，注明其植物名、别名、学名、科属、原产地、生长习性等方面的知识。引导服务对象主动参与绿化管理，使绿化管理达到事半功倍的效果。

4. 绿化养护质量标准

（1）办公楼宇植物租摆

①树木生长茂盛无枯枝；树形美观完整无倾斜。

②绿植修剪整齐无缺枝；盆花有型娇艳无枯叶。

③根据不同季节或领导要求及时更换摆放花卉。

④保持楼内花卉植物生长茂盛，每周最少对每株植物进行养护清洁 2 ~ 3 次，保证植物叶面及配套物品（花盆、盆套、托盘等）干净无灰尘；及时更换楼内枯萎衰败的花卉植物。

⑤进行花卉养护时需注意楼内及办公室的清洁卫生，不可对楼内卫生环境造成不良影响。

（2）办公院落绿化

①绿化设施维护：供水管线，喷灌设施、护栏等公园设施基本完好，发现问题及时汇报，维护及时，园林小品等基本完好，无乱贴乱画现象，无摆

设摊点、摊晒物品及树木上挂鸟笼现象，发现问题及时向领导汇报。

②乔木：单株生长旺盛，树形自然，修剪及时，病虫危害程度控制在5%以下，存活率达95%以上，基本无缺株，背景林杂草高度不超过10cm。

③花灌木：生长均匀，符合几何图案要求，冠面无缺损，立面整齐，平面无断档，枯死株及时补植，存活率达95%以上，无明显病虫害，地面清洁。

④绿篱类：生长均匀，修剪要符合几何图案要求，具有高低起伏的层次感，景观效果较好，冠面无缺损，立面整齐，平面无断档，枯死株及时补植，存活率达95%以上，无明显病虫害，地面清洁。

⑤草坪：郁闭度良好，生长整齐，边角规整，修剪及时，无抽穗现象，高度适宜，无明显色差，坪面基本无杂草、污物，基本无病虫害。

⑥地被、草花：生长正常，密度、高度适宜，基本无断垄、缺株现象，基本无杂草。

5. 绿化作业安全规定

机械使用安全操作规程：

（1）通用安全规定

①所有绿化机械使用前，必须检查油管、油箱是否漏油，如果不是在室内作业，则运输中要关闭刀盘。

②所有绿化机械使用场所不允许吸烟。

③所有绿化机械在使用前都必须检查其功率与电源是否匹配，不允许超负荷使用。

④使用接线板、线轱辘等活动电源时，必须注意接线插座是否完好，线芯是否裸露，如有发热现象，应及时降低负荷或加粗拖线，以免超负荷而引发事故或损坏机器。

⑤作业前必须再次核对电源开关等设备是否有短路、断路、漏电等现象。

⑥所有机器在没有完全冷却时，不允许用手去触摸散热器及枕头外壳等，以防烫伤。

（2）剪草机使用规定

①必须穿长衣、长裤及密封性鞋袜等方便操作而且不易被机器卷进去的

服装，严禁赤脚或穿拖鞋、短裤等进行操作。

②开机前，须仔细检查机器的刀盘、传动带、离合器等各部件是否工作正常。

③剪草前，应彻底清除场地内的石块、杂物，并劝离工作区域内的无关人员。使用剪草机时，工作点周围半径5米内不得有无关人员。

④剪草时，要匀速进行，拐弯时要减速。

⑤带草袋的剪草机应装好草袋才可剪草。

⑥在任何情况下，不可将手伸入剪草机刀盘内清理草渣，以防刀片伤手。

⑦草地如果是湿的，就不能剪草，以防对草坪、机械及人员造成损伤。

⑧在斜坡剪草时，操作人员应站在与机器同一水平线的位置上侧向操作，避免滑倒时机械伤人。

⑨剪草机启动时，操作员应面对刀盘，而不能背对刀盘。

⑩使用机械前应充分了解机械性能特点，并牢记注意事项。

（3）绿篱剪的使用

①使用前应检查机器的刀片等各个部位是否工作正常。

②熟记并遵守机械使用方法。

③启动绿篱剪时，应先将机器放在地上，人应朝向绿篱剪的方向打动启动绳，不允许提着机器启动或背向剪刀方向启动。

④绿篱剪启动前，应将油门调到低位，避免剪刀随机器启动而运动。

⑤剪绿篱时，应遵循“横平竖直”的握机原则，任何时间都不允许剪刀朝向自己身体的任何部位；机器启动后，不允许只用一只手操控。

⑥在自己的脚被植物盖住而看不见的情况下，不允许向自己的脚部方向修剪。

⑦如果机器的剪刀被较大的树枝卡住，应先关掉机器，然后用手将树枝拨开，不允许在未停机的情况下直接用手去拨。

（4）大树修剪、伐树安全操作规程

大树修剪、伐树等高空作业，具有一定的危险性，应注意以下事项：

①应使用高枝剪、高枝锯及人字铝梯或液压升降机进行操作，要系好安

全带，一般不应直接爬到树上修剪。

②使用高枝剪或高枝锯修剪时，人与修剪杆之间最少应成 15 度夹角，以防剪下的树枝砸到人身上。

③使用人字梯时，应两人配合，注意先将梯子放稳定再爬上去，另一人在下面扶梯子，扶梯的人应注意梯上人员的动作，以便配合，并防止剪下的树枝砸到自己。

④伐大的枝干或大树时，应几个人配合，先将待剪树枝用绳子绑住，由一个人朝无人的方向拉动绳子，其他人在反方向进行锯剪。

⑤工作时，应在周围摆放工作告示牌，防止无关人员靠近。

⑥伐树的锯树工及作业人员，必须经过培训，做到持证上岗。伐树人必须佩戴安全帽，严禁有饮酒等违章行为。

⑦倒树前，须观察四周有无障碍物（人）及风向、风速等，在确保安全的情况下，方可下锯，遇 4 级以上大风、下雨等恶劣天气，应停止伐树作业。

（5）农药安全使用注意事项

大多数的农药具有毒性或腐蚀性，如果使用不当，不但会对人身、植物造成危害，还会对环境造成很大破坏，使用农药时应注意以下事项：

①农药应存放在指定的仓库柜子中锁好，不应随意乱放。

②配药或喷药时，应戴好口罩及胶手套，并穿长衣、长裤。

③人应站在上风口，不应逆风喷药。

④注意过往行人，有人走过时，应压低喷枪或暂时关闭喷枪。

⑤未用完的农药，应装在一小桶中放于喷药机旁，不应随意乱放。

⑥打完药后，应及时洗手、洗脸等，并更换衣服，漱口后才可吃东西、喝水。

⑦不得擅自将农药借出或卖给他人，也不应擅自替他人打药，以免对他人造成危害或产生纠纷。

⑧洗药桶的水不允许乱倒，应倒于指定地方，空药瓶、药袋应回收集中处理。

二、绿化管理的方法

绿化养护工作具体安排如下：

一月份

1. 气候特点

本月是全年气温最低的月份，露地苗木和草坪处于休眠状态。

2. 重点养护工作及标准

（1）修剪：全面展开落叶树木的整形修剪工作，根据各种树木的树龄、生长习性、树型特点，做到有针对性的修剪。去除病虫枝、枯死枝、徒长枝、交叉枝等，对于没有做定型的乔木，协调整体统一截干定型，树木做到三枝六叉十二头，保证树木的整体协调和丰满，对于花冠木根据观赏需要通风透光进行缩修，保证树型。

（2）防病虫害：冬季是消灭园林绿化植物病虫害的有利时机，可在树下疏松的土中挖集虫蛹、虫茧，刮除枝干上的虫包、虫茧，剪除害虫多的树杈，进行集中销毁。

（3）维护巡查：随时检查苗木的防冻情况，发现防冻物有漏风的情况应及时补救。大雪大风后及时检查苗木的损伤情况，及时处理。

（4）积雪：雪后对道路进行扫雪时，应将未喷洒过盐水和融雪剂的雪堆积在树木的根部和草坪中；喷洒过盐水和融雪剂的，忌堆积到绿化带中，尽量不在色带中堆压积雪。

二月份

1. 气候特点

气温较一月份有所回升，苗木仍处于休眠状态。

2. 重点养护工作及标准

（1）修剪：继续进行苗木的整形修剪，月底前把各种苗木的修剪工作完成。

（2）做好春季绿化的各项准备工作。

三月份

1. 气候特点

气温继续上升，中旬以后树木开始萌芽，下旬有些树木已经开花。

2. 重点养护工作及标准

（1）苗木：春季是绿化的黄金季节。土壤解冻后，应立即抓紧时机进行绿化补栽、植树等工作。根据规划、设计方案，事先统计好需要补栽或种植的苗木数量，然后定点挖好坑，做到随时掘苗、随时运苗、随时栽种、随时浇水，以提高成活率。

（2）春灌：华北地区春季干旱多风，蒸发量大。为防止春旱给绿化苗木带来严重伤害，对需要浇水的各种树木、花卉、草坪应及时灌水，特别是上年新种植的苗木，含水量不足的植物等根据气温回升情况、土壤解冻情况合理安排灌水，保证苗木的水分需求。

（3）拆除防寒物：随着气温上升，对冬季所用的防寒物应适时拆除。

（4）施肥：土壤解冻后，根据植物的生长特点及日常管理措施结合灌水适当地施入基肥，保证营养供给。常用基肥多为有机肥或复合肥。

（5）修剪：在冬季修剪的基础上进行复剪，特别是剪除风干抽梢严重的枝条，对因各种原因造成伤害的枝条短截，并适时进行剥芽。

（6）防治病虫害：本月是防治树木病虫害的关键时刻，根据树种的需要，有条件地采用喷刷药剂等措施，为全年防治病虫害打下良好基础，需要防治的病虫害有：介壳虫、蚜虫、天牛、柏锈病等。

（7）除草：阔叶杂草出现，要及时清除。

（8）为新的绿化区域做好土壤处理工作。

四月份

1. 气候特点

气温继续回升，树木均已发芽、开花及展叶，开始进入生长旺盛期。

2. 重点养护工作及标准

（1）苗木的栽植：上旬应抓紧时间种植萌芽晚的苗木，争取在萌芽前全部完成种植任务。

（2）浇水：根据各种植物生长状况继续进行春灌。

（3）施肥：结合浇水施入基肥，争取月底前所有苗木春灌一次、施肥一次。

（4）修剪：继续剪除冬春干枯的枝条，对于早春开花的灌木适时进行花后修剪，以疏、截为主。对常绿树木及绿篱进行修剪，绿篱的修剪高度根据观赏需要而定，但不应低于上年的修剪高度。对于造型绿篱要保证其原有的形状特征，使其轮廓清晰，层次有序。根据草坪的长势、高度进行修剪，高度保持在 5 ~9 厘米。对上年生长旺盛、密度较大的草地，第一次修剪可以重剪，有条件的可以先疏草打孔再修剪。

（5）病虫害的防治：柏树、桃树、海棠等树木芽、叶上的红蜘蛛开始出现，白蜡树上的介壳虫，榆叶梅、碧桃、月季等树木上的蚜虫等也相继活动，所有的绿化植物必须全面地、均匀地喷洒药物一遍。降低虫量，减轻危害。

（6）除草：随着温度上升，杂草生长加速，清除草坪杂草是保证草坪正常生长的一项重要措施。

（7）新的绿化区域的绿化工作已全面展开。

（8）维护：许多先开花后长叶的早春苗木类，正集中在本月开花，应加强看护，防止人为的攀折损坏，对伤残枝及时进行处理，以免影响树体及观赏效果。

五月份

1. 气候特点

气温急剧上升，进入夏季，各种植物生长迅速。

2. 重点养护工作及标准

（1）浇水：本月是树木抽枝展叶盛期，春季开花的花灌木也正处于开花期，绿篱及各种色块也逐渐进入生长期，草坪的长势也进一步加速，各种植物的需水量很大，应适时浇水满足苗木的生长要求，并及时松土保墒（墒，即土壤适合种子发芽和作物生长的湿度）。

（2）施肥：根据植物的生长发育情况，结合浇水追施一些速效氮肥。特别是草坪，为均匀长势，加强整体的观赏效果，遵循“弱多强少”，做到有针对性的施肥，且以速效氮肥为主。

（3）修剪：新栽苗木的剥芽、去蘖（蘖，即树木砍去后从残存茎根上长出的新芽，泛指植物近根处长出的分枝）。早春花灌木已陆续进入开花末期，加强花后修剪工作，以疏枝、断截措施为主，及时剪除因折断等而枯黄的枝叶，维持树型均衡。对于常年开花的植物，例如月季，要及时剪除残花，减少营养损失。绿篱及色块要修剪一次，平时剪除个别长枝条进行局部修整，保证造型轮廓明显，层次分明，提高观赏效果。草坪修剪频率逐渐增加，基本上 15 ~20 天一次，剪下的草屑及时清运，不得堆积在草坪里。

（4）除草：绿篱及色块内生出的杂生植物、爬藤等应及时予以连根清除。

六月份

1. 气候特点

气温偏高，燥热。

2. 重点养护工作及标准

（1）浇水：树木、灌木、花卉、草坪、绿篱及各种色块进入生长旺盛期，各种植物的需水量很大，应适时浇水满足苗木的生长要求，并及时松土保墒。

（2）修剪：雨季即将来临，可将树冠大、叶密、根浅的苗木（洋槐、法桐等）适当进行疏剪，对与高压电线及路灯、建筑物有矛盾的枝杈也应进行剪除，同时要及时去除根蘖及疯蘖。

（3）病虫害的防治：本月主要需要防治的是紫薇长斑蚜，黏虫，杨柳合欢树上的光肩天牛，槐树的蚜虫、国槐尺蠖、红蜘蛛，榆叶梅、碧桃、月季等树木上的蚜虫以及月季黑斑病等。全面、均匀地喷洒药物，药物种类要交替使用，避免产生抗药性。

（4）准备排水：雨季将临，对于低洼易积水的绿化区域，应预先挖好排水沟等，以便解急。

七月份

1. 气候特点

本月气温最高，中旬以后，开始进入雨季，多风雨，典型的高温高湿。

2. 重点养护工作及标准

（1）浇水：应根据雨量减少浇水量和次数，并及时松土保墒。

（2）施肥：做到有针对性的局部补施肥。

（3）修剪：雨季来临，对树冠大、叶密、根浅的苗木适当进行疏剪。草坪修剪，高度可以适当放低修剪，增加通透性，减少病害的发生。

（4）病虫害的防治：本月主要病虫害是草坪上的黏虫、天牛，槐树的蚜虫，国槐尺蠖、甥虫、黄刺蛾等各种蛾类害虫以及月季黑斑病、白蜡黑斑、柏锈病等。还要注意预防草坪病害的集中发生。

（5）移植常绿树：雨季期间，水分充足，空气湿度大，蒸发量低，可以移植常绿树。

（6）维护：雨季多风雨，容易发生树木歪倒等情况，应事先做好物资、人力、设备等方面的准备。随时检查，发现情况及时处理，及时扶正歪倒的苗木或支立柱。

八月份

1. 气候特点

本月气温较高，雨季，多风雨，高温高湿。

2. 重点养护工作及标准

（1）浇水：适时浇水，及时松土保墒。

（2）施肥：局部补肥。

（3）病虫害的防治：本月主要病虫害是草坪上的黏虫、天牛等各种蛾类害虫以及月季黑斑病、白蜡黑斑、柏锈病等，还要注意介壳虫及草坪病害。

（4）移植常绿树：可以继续移植常绿树。

九月份

1. 气候特点

气温开始下降。

2. 重点养护工作及标准

（1）施肥：局部补肥。对一些生长较弱、枝条不充实的苗木，应补施一些磷钾肥，促进其发育。

（2）修剪：临近国庆，做好迎接国庆的工作。伐除死去的苗木，修剪枯干枝，除根蘖、疯蘖，剪残花。前半个月做好绿篱及色块整型修剪。国庆前夕所有草坪都要修剪一遍，修剪时不要漏剪，剪下的草屑及时清运，保持草坪干净，树木青枝绿叶，园容干净整洁。

（3）病虫害的防治：本月主要防治的是草坪上的黏虫、蚜虫、红蜘蛛、白粉虱等草坪病害。

十月份

1. 气候特点

气温继续下降。

2. 重点养护工作及标准

（1）准备秋季植树：下旬耐寒树木一落叶，就可以按计划开始栽植。

（2）浇水：适时浇水，及时松土保墒，下旬开始浇灌冻水，冻水一定要浇匀、浇足。

（3）施肥：结合冻水，可以追施一些复合肥，提高苗木的抗寒性。

（4）修剪：继续伐除死去的苗木，修剪枯干枝，除根蘖、疯蘖，剪残花。根据草坪长势适当进行修剪。绿篱除过长枝条剪下外，一般不再进行修剪，为冬季修剪做准备。

十一月份

1. 气候特点

土壤夜冻日化，进入隆冬季节。

2. 重点养护工作及标准

（1）秋季植树，继续栽植耐寒树木，在土壤封冻前完成。

（2）浇灌冻水：继续对苗木、草坪浇灌冻水，尤其是新栽植的苗木要浇灌透水，在土壤封冻前完成。

（3）防寒：对不耐寒的树木做好越冬防寒的准备工作。

（4）施肥：有条件的可以在土壤封冻前施基肥。

（5）涂白。树木涂白的目的：①有效地防止冻害；②能防止病菌侵入；③树木涂白看起来整齐洁白，亦可起到美化作用；④防止牲畜啃食树干。

十二月份

1. 气候特点

上旬大雪节气前后，土壤全部封冻。

2. 重点养护工作及标准

（1）修剪：全面展开落叶树木的整形修剪工作，根据各种树木的树龄、生长习性、树型特点做到有针对性的修剪。去除病虫枝、枯死枝、徒长枝、交叉枝等，对于没有做定型的乔木，协调整体统一截干定型，保证树木的整体协调和丰满，对于花冠木根据观赏需要通风透光进行缩修，保证树型。

（2）消灭病虫害：清除残枯枝、落叶，对病残枝进行销毁处理，消灭过冬病源。

第四节　政务物业环境文化

政务物业环境文化是政务物业管理部门及政府机关文化的外在体现，是机关文化各方面的融合体现，优良的机关环境文化，是物理环境与人文环境的统一。它不仅包括办公环境等硬环境，更包括政务物业管理部门全体员工以及政府机关公务形象、活动组织及团队意识的培养等软环境。统一规范、文明有序、洁净优美的工作环境不仅能够给置身其中的工作人员以美的享受，并使其心情舒畅地投入工作，而且能够充分反映机关的价值观念、文化品位、人生追求和工作情趣。不断加强环境文化建设，通过创造优美的硬软件环境，陶冶情操，提升品位，加强员工修养，展现机关良好的精神风貌，不仅是加强政务物业文化建设的客观要求，更是推动转型跨越的内在要求。

一、文化的概念

“文化”这个概念在20世纪以前是相当不确定的。中国人对于“文化”的理解比西方人要早，《周易》中记载：“观乎天文，以察时变；观乎人文，以化成天下。”后两句用现代用语诠释，则是指用礼仪、风俗、典籍，以教化天下苍生。此处文与化虽未联结成词，但已有当今“文化”所指之意。西方人论述"文化"要比中国人晚，但比中国古文献中的论述要广泛，要科学。最早最经典的文化概念由英国人类学家爱德华·泰勒在1871年提出，"文化是一个复合的整体，包括知识、信仰、艺术、道德、法律、习俗以及作为一个社会成员的人所习得的其他一切能力和习惯。"到了20世纪末的90年代，谢弗引用伯纳德·奥斯特利《文化联系》一书中的定义，为东西方的学术界所认可。

文化是我们所做的事以及我们为什么做这件事的理由；文化是我们的环境和我们适应环境的方式；文化是我们已经创造的世界和仍在创造的世界；文化是我们看待世界的方式和促使我们改变世界的动力；文化是我们了解自己和相互了解的方式；文化是我们的个人关系网；文化是使我们能在社会和国家内生活在一起的图像和抽象；文化是我们生活的要素。

二、"服务文化"的建立

政务物业管理文化体现了领导者的管理思想，是从政务物业管理部门建立时就开始产生的，并将伴随其生存、发展下去，具有明显的政务物业管理部门特征——不可复制。具体来说，政务物业管理文化包括环境文化、行为文化、制度文化和精神文化四个方面的内容。

1. 环境文化

环境文化是政务物业管理文化的外在表现，主要包括政务物业管理部门容貌、文化设施、工作环境等，通过政务物业管理部门环境可以感知员工理想、价值观及精神面貌等外在形象。

2. 行为文化

行为文化是政务物业管理文化的内在表现，指员工在交往、工作、生活、学习等过程中产生的文化，这些活动能反映出政务物业管理部门风尚、人际关系等文化特征。

3. 制度文化

制度文化是政务物业管理文化的深层次内容，是指与政务物业管理精神、理念等相应的制度、规章及组织机构等，这些制度对保障政务物业管理文化持久、健康开展具有一定的约束力和控制力。

4. 精神文化

精神文化是政务物业管理文化的核心，包括政务物业管理精神、道德观、价值观、行为准则等。如政务物业管理部门开展的各项活动，这些活动属于精神文化建设范畴。精神文化往往要经年累月才能逐步形成。

所谓服务文化，是政务物业管理部门在长期的服务过程中所形成的服务理念、职业观念等服务价值取向的总和。服务文化是以服务价值观为核心，以使服务对象满意、提升核心竞争力为目标，以形成共同的服务价值认知和行为规范为内容的文化。政务物业服务对象的复杂性及政务物业服务工作的无形性、突变性、随机性、不可恢复性、不标准性等，决定了服务文化建设的必要性。

三、政务物业文化的内涵和内容

1. 政务物业文化

政务物业文化是指政务物业管理部门及其成员在长期工作实践中形成的、为大家所认同和共同信守的理想信念、价值取向、群体意识、道德准则、行为规范、精神风貌等各种要素的总和，它集中体现了政务物业管理部门的整体精神、共同的价值标准、道德品质和文化素质，构成了软环境。政务物业文化来源于行政文化、机关文化，但是不拘泥于政府部门，还包括党、政、群、行政事业机构，为各级机关党的组织普遍使用。政务物业文化作为一种组织文化，是根据先进的执政理念和行政管理思想，学习借鉴企业文化建设成功经验，改进管理方式、提高管理效能的有效途径。

2. 政务物业文化建设

通过政务物业文化的整合与管理，在组织中形成共享的愿景、目标与核心价值体系，牵引政务物业管理部门的员工朝着共同的方向努力，并通过核心价值观的践行系统，驱动核心竞争力、软环境的形成与战略目标的实现。

3. 政务物业文化建设的内容

（1）以公共服务为核心的物质文化建设，目前主要载体是政务物业管理部门的服务品牌建设。

（2）以执行力为核心的行为文化建设，主要载体是服务承诺、政务公开。

（3）以程序公正为核心的制度文化建设，主要载体是长效机制建设。

（4）以和谐为核心的精神文化建设，主要载体是文明单位创建。

（5）以视觉传播物为载体的环境文化建设，主要载体是走廊文化建设。

（6）以职业礼仪规范为内容的礼仪文化建设，主要载体是文明窗口建设。

（7）以高尚健康为导向的文体文化建设，主要载体是文化艺术节和运动会。

四、政务物业环境文化建设的实践

近年来，政务物业管理部门以营造环境文化为抓手，以陶冶员工情操为重点，积极开展环境文化建设活动，有力地推动了政务物业管理部门工作合力的形成。

1. 积极创造文明的形象环境

政务物业管理部门以健康向上、格调高雅为主题，积极配备、改善各种设施，美化政府机关办公环境。通过设置形象墙，悬挂行业标志，摆设花木盆景等，建立井然有序、文明规范、亮丽整洁的外观环境，给人以舒适、清新、干净的感觉，大力营造充满人情味、亲情感的文化氛围，创造优美的工作环境，使服务对象受到环境的约束和文化的熏陶。政务物业管理部门坚持美化、绿化、亮化的“三化”原则，将企业文化建设与政府机关办公楼环境建设紧密融合，实现了因地制宜、拓展载体、高效利用、整体提高的目的。

2. 营造高雅的办公环境

通过悬挂突出行业特色的名人名言、警句、励志语和配置现代化办公设备等进行形象展示，体现政务物业管理部门优良的服务风格，让员工时时处处对照检查，耳濡目染，潜移默化，激励员工自觉做好服务工作，自觉维护政府机关的荣誉，营造一个和谐、民主、愉悦、舒心、勤于工作、乐于奉献的人文环境。

3. 打造温馨的服务环境

推行"敞开式办公""一条龙服务"等办公模式，健全服务公示、限时办结、首问负责和程序公开等工作机制，通过工作服务场所的优化完善，不断提升政务物业管理部门环境文化建设的档次和水平。通过规范文明用语和服务忌语，让政府机关办公楼的工作人员和外来办事人员，感到门好进、人好找、话好听、事好办，用以"一张笑脸相迎、一把椅子让座、一杯清茶解渴、一腔热忱办事、一声祝福道别"为主要内容的温暖型服务方式，打造优质的服务品牌。

五、加强政务物业环境文化管理

政务物业环境文化建设是一项系统工程、综合性任务，牵动面广、涉及领域多、工作难度大，需要各级领导、机关干部和全体职工的共同参与、齐心协力，需要各种有利于促进文明机关良好环境的规章制度和具体措施。从近年的成功经验来看，应该重点在加强四个"环境建设"上下功夫、做文章。

1. 加强团结共事人际环境建设，增强亲和力

构建文明社会，首先必须实现人与人之间的和睦相处。营造团结共事的人际环境，关键要做到"一多三互"。

（1）多读书

鼓励政务物业管理部门的员工学深党的先进理论，学透专业知识，学全文明礼仪，学精新技术新技能，增强服务经济，服务群众的过硬本领。

（2）互相信任

信任是沟通的前提，更是合作的基础。诚信就是操守自重，一诺千金，友爱就是互相关心，互相爱护，诚信友爱是道德基础。

（3）互相沟通

通则顺，顺则和。由于政务物业管理部门分工细密，各部门负责人各管一摊，"工作见面多，思想见面少"，相互之间缺乏沟通了解，因此要通过广泛开展谈心交心活动，疏通思想，化解矛盾，要巩固深化先进性教育活动成果，把建立谈心制度作为一项长效机制，长期坚持下去。

（4）互相谅解

要教育政务物业管理部门的各负责人开阔视野，开阔思路，开阔胸怀，能够容人、容事、容得不同意见。要大事讲原则，小事讲风格，做到多律己不责人，多沟通不猜疑，多谦让不争功，多宽容不挑剔，不为个人得失论长短，不为一己私利争高低。要大力提倡友谊和谅解，推行“学习上互相鼓励不轻视，工作上互相支持不拆台，人格上互相尊重不为难，感情上互相信任不怀疑，困难面前互相帮助不旁观，成绩面前互相学习不骄傲”活动，努力形成团结共事的良好风气。

2. 加强奋发向上工作环境建设，激发原动力

政务物业管理部门履行的工作职能是一个有机的整体，既有具体的工作分工，又有相互配合的团队合作，内部分工无论是工作内容和专业大都不尽相同，因此造就一个宽松、和谐、团结、协作的工作环境至关重要。

（1）加强工作计划性

要通过组织调研、集思广益等方法明确阶段性、中长远期的工作目标和任务，建立和完善领导办公会、工作例会、工作讲评等行之有效的制度和措施，加强工作协调，克服工作随意性，避免机关工作忙乱。

（2）科学、合理设置人员工作岗位

政务物业管理部门履行职能靠的是若干个工作岗位作用的发挥，按事设岗和人员的优化组合是政务物业管理部门科学、合理分解的重中之重，要坚决克服和纠正因人设岗、能者多劳、苦乐不均等问题，着力解决分工分家、各管一摊等各自为政的人和事等不良风气。

（3）充分发挥中层干部的组织协调骨干作用

要采取民主推荐、竞争上岗等方法选准配强中层干部，发挥中层干部在各项工作中的组织协调作用，实施有效的层次管理和领导，切实解决随心所欲、“一竿子插到底”的工作简单化倾向，最大限度地调动中层干部的工作主动性和积极性。

（4）努力提高机关干部的业务素质

通过组织开展业务培训、技能比武、岗位竞赛、优质服务评选等活动，鼓励员工争做业务知识的“专家”、文明政务物业的“形象”、服务对象的“朋友”，同时加强“一专多能”训练，进一步深化创建学习型政务物业活动，提高员工的业务素质、工作能力和文明服务、严格依法办事的本领，切实提高工作效率。

（5）建立健全工作目标管理制度和机制

要在继承和发扬政务物业管理部门工作优良传统的基础上，建立健全适合新形势新任务要求的工作目标管理制度和机制，如制定岗位目标责任制、首问责任制、服务承诺制、岗位述评等制度，深化细化工作目标考核评价体系，完善奖勤罚懒的制度和措施，推动以制度管人、以制度律人，以制度选人、以实绩评人的管理制度和机制的形成。

3. 加强全员参与组织环境建设，增强向心力

政务物业管理部门中设置的党政群团各类组织，是党对政务物业管理部门实施领导的重要组织保证，其作用发挥的好坏，关系到能否有效地组织协调和调动好各方面的积极性，关系到工作的正常运行。

（1）加强党组织自身建设

坚持和完善民主集中制，扩大党内民主，推进党务公开，严格党内生活，严肃党的纪律，增进党的团结统一，以党内和谐促进政务物业文明。

（2）正确处理党同群团组织的关系

要加强和改进党对工会、共青团、妇联等人民团体的领导，让他们按照各自的章程独立自主地开展工作，支持他们发挥联系群众、服务群众、教育群众、维护群众合法权益的作用。同时群团组织也要自觉加强自身建设，牢固树立“有为才有位”的思想，紧紧围绕政务物业管理部门的中心工作主动开展活动，推进工作，从而形成党政群团各类组织“四轮齐驱”的良好局面，为环境文化建设提供坚实的领导和组织保障。

4. 加强政治文化环境建设，增强凝聚力

（1）继承和发扬政务物业管理部门环境文化建设的优良传统，在长期的建设中已经形成了具有自身特点的文化，要在认真总结经验教训，继承和发扬先进经验和成功的做法，进一步倡导文明理念，培育文明精神，建设文明文化。

（2）加强和坚持政务物业文化建设的高品位、高格调，牢牢把握社会主义核心价值体系这个根本，加强思想政治教育和职业道德、家庭美德教育，特别是理想信念、爱国精神、文明礼仪、探索精神和团队精神的教育，始终坚持把社会主义核心价值体系融入到政务物业管理教育和精神文明建设全过程、贯穿环境文化建设各方面。

（3）不断创新环境文化建设的内容和载体，最大限度地形成员工的目标认同和思想共识。当前尤其要抓好社会主义荣辱观教育，培育文明道德风尚。通过扎实的思想政治工作，进一步形成共同的理想信念和道德规范，打牢员工团结奋斗的思想道德基础，以思想文明促组织文明、行动文明。

（4）广泛开展环境文化建设的创建活动，突出思想教育内涵，弘扬正气，表彰和树立先进典型。大力开展适合员工特点的文化体育活动，丰富员工的文化业余生活，满足员工的文化需求。通过征文、演讲、研讨、评比和健身、体育竞赛等寓教于乐健康向上的活动，广泛吸引员工参与，增强员工的向心力和凝聚力，进而培养组织纪律观念和团队精神，推动形成我为人人、人人促进文明的局面。

第八章　会务运行与支撑

会务管理是政务物业管理服务的一大特色。对于一般的物业，服务对象常常在内部配有会议室，因此它们很少需要物业服务企业提供会务服务，会务服务也不是物业服务企业的主要服务项目。但对于政府机关来说，服务对象是政府的相关行政部门，是一个相对统一的整体，因此往往统一配有会议室，在使用会议室时需要政务物业管理部门提供相关的服务，会务服务是政务物业管理的一项重要内容。[①]

第一节　会议的分类

政务物业管理的会务服务根据会议地点、规模以及服务对象的不同，可进行以下分类：

一、按照会议地点分类

根据会议的地点不同，会议可以分为办公楼内会议、集中专门会议和酒店会议。

① 余源鹏．行政办公楼物业管理服务实务［M］．北京：机械工业出版社，2012.

1. 办公楼内会议

一般指在政府机关办公楼内的会议室召开的各类会议。

2. 集中专门会议

一般指有针对性、特殊性的会议，如电视电话视频会议。

3. 酒店会议

一般指在外预订，其他非政府机关办公楼内的会议室进行的会议。

二、按照规模分类

根据会议的规模，即参加会议的人数的多少，会议可以分为小型会议、中型会议、大型会议和特大型会议。

1. 小型会议

一般指出席的人数少则几人，多则几十人，但是一般不超过 100 人的会议。

2. 中型会议

一般指出席人数在 100 ~ 1000 人的会议。

3. 大型会议

一般指出席人数在 1000 ~ 10000 人的会议。

4. 特大型会议

一般指出席人数在 10000 人以上的会议，如重大节日庆典、大型表彰、庆祝大会等。

三、按照会议对象不同分类

根据会议的对象不同，即参加会议的人群，会议可以分为决策层会议、工作布置类会议、面向社会和基层会议。

1. 决策层会议

决策层会议又可称为重要会议，一般有以下几种：

（1）党政主要部门会议，如几套班子主要领导会议：市委常委会、人大常委会、政府常务会、政协会议、会纪会议等。

（2）省市区县电视电话会议。

（3）全市部门综合性会议。

2. 工作布置类会议

工作布置类会议一般指全省或全市性布置工作类大会以及各区县召开的工作大会，如上级工作布置落实会、作风建设大会、大型总结表彰大会、年度工作推进会等。

3. 面向社会和基层会议

面向社会和基层会议一般有以下两种：

（1）日常会议：由上级组织召开的，需要各下属机关参加的会议；由行政机关组织的，某一行业的会议。如卫生局牵头召开的卫生系统工作会、人社局（即人力资源和社会保障局的简称）牵头召开的人事工作布置会等。

（2）大量体制外人员参会，如政协会议和人大会议等。

第二节　会务保障特点

政务物业是展示政府形象的窗口，它一方面要面向社会民众，另一方面又要接待相关部门、领导的来访、视察等。为此，服务对象通常都对物业管理提出了很高的要求，既要提供高水平的常规服务，又要提供相关的配套服务。配套服务通常有会议服务、接待、引导服务、便民器材使用管理服务、工作餐提供服务等。其中，颇受服务对象关注的是会议服务，由于政府机关办公楼内政府各职能部门办公地设置相对集中，各种不同级别、不同规格的会议召开较为频繁。能否成功地召开各类会议，受到各级机关、部门的重视，政务物业管理部门是否有能力为之提供专业、高品质的会议服务，既是政府机关办公楼服务对象关注的一个重点，同时又是检验政务物业管理部门服务能力的一个重要标志。政务物业管理部门要掌握会场环境布置、氛围营造、不同类型会议服务的流程设计等技巧，掌握会场灯光、影视、音响、录音等系统的控制，为所管理的政府机关办公楼量身定做，精心设计一套会议服务方案，打造一支较为专业化的会议服务团队，使政府机关办公楼的硬件设备与软件服务完美地融为一体，赢得服务对象的好评。

一、常规会议保障特点

（一）联动性

对于政府机关办公楼内的常规会议，最大的保障特点就是联动性。一场会议看似简单，实际上不光只有会务人员在服务，政务物业的安保、设备、保洁、绿化人员都参与其中，每一个环节都环环相扣，缺一不可，形成了整合的联动小组。一场会务服务的主要工作流程包括会前、会中、会后部分。

1. 会前

会务人员：

（1）接到会议通知后，通过《会议情况登记表》或智慧政务平台、电话、微信群等通知各部门，注明会议时间、地点、人数及会议重要程度，各部门注意及时查收。

（2）询问到会人数、参会领导、桌椅要求，详细核对会标内容，有无录音、录像等其他要求。

（3）根据会议情况及服务对象要求，了解参会领导有无特殊的饮茶习惯，进行个性化服务，悬挂会标，摆放毛巾、杯具、桌椅及绿色植物。

（4）调节室内温度和光线，春秋两季利用自然通风，夏季温度在28℃左右，冬季温度为23～25℃。

（5）会前提前两小时对会议室进行保洁，视参会人数准备相应的茶杯，并放置茶叶，准备好开水并打好茶底。

（6）会前15～20分钟，佩戴白手套，从侧面服务，左手倒水，右手持杯为参会人员续水。续水结束后，保持正确的站姿，面带微笑，在门口迎宾。

调音人员：

（1）会议前一天检查音控设备完好情况，并保持音控设备的干净。若出现故障，要立即报修，并尽快修复使用。

（2）无法自行修复的设备，及时通知维保单位维修，维保单位也无法修复应及时向领导汇报，并做好计划采购工作。

（3）会议开始前一小时开启音响设备，把话筒音质音量调试好，配备无线话筒，开启投影机，使音响、视频显示工作状态。

（4）在临会前如发现设备无法正常开启，经反复测试确认设备故障时，应在第一时间向会议负责人汇报。

（5）召开电视电话会议，音响人员应提前一天进行系统调试。会议当天提前1小时进行系统调试。

（6）询问到会人数，参会领导，有无录音、录像等其他要求。根据会议议程要求进行操作。

保洁人员：

（1）涉及会议及活动路线、区域范围内的大厅、走道：会议提前半天将大厅玻璃门用半干的抹布擦净，无毛巾脱落物黏附。门厅表面墙壁及天花板除尘，用鸡毛掸轻轻拂尘。电梯轿厢的四壁擦拭，电梯门缝吸尘，电梯表面涂上保护膜。提前2小时扫净和拖抹门厅地面。公共设施（烟灰筒、风机百叶片、指示牌、消防栓、灭火器箱等）用拧干的抹布擦净，不留水迹。楼梯扶手及栏杆用半干抹布擦净，楼梯台阶用拖把抹净，有口香糖胶剂的地方用刀片刮净。走道的护墙板和踢脚线擦净。

（2）涉及会议及活动路线、区域范围内的卫生间：提前半天用消毒液洗刷座厕、尿槽，有积垢的部位用去污粉刷洗，用开水冲烫便器，去除异味。座厕隔间门框擦净，板壁、瓷砖壁擦净。刷洗用地砖铺的地面。提前2小时查看卷纸是否需要更换，擦净纸箱内侧、外观及洗手台、镜面、肥皂盒等。

（3）涉及会议及活动路线、区域范围内的会议室：提前1小时擦抹会议室桌椅，拖抹地面，地毯捡净碎屑杂物、吸尘，会议室内墙面、电源开关、天棚、灯具除尘，窗槽轨道、玻璃擦净，会议室内植物叶面灰尘用拧干的抹布轻轻擦拭，用剪刀去掉枯枝败叶，清洗花盆外侧和托盘。

设备人员：

（1）收到《一周会议情况报告表》或网上查阅有会议后，需安排人员进行巡查。

（2）当值人员应在会议开始的前一天，对会议或重大活动路线、区域范围内的各类相关设施设备（照明、音响、供水、供电、电梯、空调等）做巡查、调试。

（3）巡查、调试过程中，发现有问题的，应及时修复、更换，以确保第二天的会议、活动能正常进行。

（4）对于无法修复或更换的问题，应第一时间向科长汇报，并立即启动应急措施。

（5）会议前两天通知各维保单位，提前一天到现场对各设备系统进行维保、检查，发现问题及时处理。

安保人员：

（1）收到《一周会议情况报告表》或网上查阅有会议后，需进行组织安排及巡查。

（2）内勤人员注意及时查收信息。巡逻人员发现有临时会议及时上报主管、科长。

（3）停车场工作人员需在会议召开前30分钟在现场指挥疏导交通，指挥车辆按序停放，工作人员如发现车辆鸣号、逆行、超速、违停等应及时纠正。

（4）巡逻岗提前1小时对会议或活动路线、区域进行巡查，发现问题及时处理。

绿化保洁人员（负责会议区域环境保洁及绿化养护）：

（1）每日8点之前，卫生清洁完毕。

（2）每日8点、13点30分前清洁降尘一次。

（3）对会议或活动路线、区域重点保洁，提前一天对区域内的绿化巡查，发现问题及时修剪、处理。

（4）有协作单位的（如保洁、绿化）重大会议应提前3天通知对方，平时每周对接一次，要求协作单位提前1天对会议或活动路线、区域进行重点清理。

2. 会中

会务人员：

（1）会议开始后的15分钟内，进行第一次续水，检查是否有遗漏的空杯。使用规范的语言进行服务，操作时一定要说“您好，请用茶”“不客气”等礼貌用语。

（2）会议开始30分钟内，进行第二次续水。会议进行中在会场外守候，根据季节特征续水，冬季10～15分钟一次，夏季15～20分钟一次，会中注意观察室内的温度变化，根据天气、室内人数，随时调节室内温度，及时开窗通风，保持会议室空气流通，直至会议结束。

（3）会议进行中，会务人员续水结束后，一人保持正确的站姿，面带微笑，在会场外守候，为参会人员随时提供服务，如指引卫生间的位置，阻止闲杂人等进入会场。另一人通过监控观察参会人员需要，如提供纸笔、送拿文件材料等。

调音人员：

（1）按照领导讲话的顺序依次把声音调整到最佳状态。注意观察会议室声音的大小，及时调整。

（2）召开电视电话会议，音响人员在调试和会议期间，对会议全程的图像声音实行连续监看监听。如发现设备有问题，应尽快使用应急预案的无线话筒并第一时间向会议负责人汇报。

保洁人员：

（1）大厅、走道：每隔20分钟进行一次巡扫，会议结束前15分钟巡扫一次。

（2）卫生间：15分钟进行一次保洁，做到地面、台面、镜面无水迹，室内无异味。

（3）遇突发状况，需随时进行应急清理。

设备人员：

（1）会议进行时，当值人员正常进行公共设施设备的巡检。

（2）遇突发状况，可以自行修复、处理的应及时解决。不能自行维修的需紧急联系维保单位现场维修，以确保会议或活动的正常进行。

安保人员：

（1）会议进行时，巡逻岗安保人员必须在现场，对会议或活动重点区域加强巡逻。

（2）遇到突发状况时，现场安保人员应及时上报主管、科长，并及时处理。若事态严重，无法处理，应及时上报主管、科长，启动应急措施。

绿化保洁人员（负责院落保洁及绿化）：

穿插流动卫生保洁（含绿化巡查），发现问题及时处理。

3. 会后

会务人员：

（1）会议结束时立即打开会议室门，保持走道畅通，并在门口送客、道别，等客人全部离去后，确认会场内没有遗留物品，方可收拾会场。对拾到的物品进行登记、上交、寻找失主。将杂物收拾干净，收起会标。

（2）茶杯倾倒干净，认真清洗和消毒。清洗茶杯时用专用的毛巾将杯子的水迹擦干，然后放入消毒柜消毒，按照要求消毒 30 分钟，并填写《会议用品消毒情况登记表》。小毛巾放入消毒液中浸泡、搓洗。将有污渍的毛巾拣出，清洗并消毒毛巾、烘干，其余放入消毒柜，然后取出晾干。

（3）关掉照明灯、关掉空调、关紧门窗、关闭电源，检查是否有安全隐患。检查完毕后，锁好大门。

调音人员：

（1）投影机关闭时，必须用随机配的遥控器（具体操作：把遥控器前方对准投影机，按住遥控器上的电源键 5 秒钟，此时灯光熄灭），且要待投影机朝下的面板上的冷却灯不再闪烁时方可关闭时序电源。

（2）会后先关闭使用的音响设备，然后再关闭电源，收起话筒。检查无安全隐患后，关灯关门。

保洁人员：

（1）大厅、走道、卫生间：在会议结束后，进行一次巡扫，发现问题及时处理。

（2）会议室：整理桌面，椅子归位放齐。会议室内卫生间做到一会一清，不留垃圾到下场会议。桌面、抽屉收拾干净，无遗留物品和垃圾。地面拖扫干净，无纸屑、水迹。

设备人员：

（1）会议结束后，当值人员应对设施设备进行检查和保养。

（2）当值人员当天巡查的情况及发现的问题、维修情况要上报主管，并做好记录。

（3）设备主管对设备维修管理工作情况做好日报表和工作（日）志并以电子档案的形式上报设备科。

安保人员：

停车场工作人员需在会议结束前 10 分钟在现场指挥疏导交通，指挥车辆有序地离开停车场。

绿化保洁人员（负责院落保洁及绿化）：

会议结束前 15 分钟，对会议或活动路线、区域的卫生、绿化进行巡查，发现问题及时处理。

（二）保密性

政府机关会议经常会涉及党政机关的重要会议、活动和重大决策，关系着党和国家的重大利益，政务物业管理部门的各项工作紧紧围绕政府机关的行政工作来开展，特别是与党政重要领导、机密文件和重要会议有直接接触的服务工作，要求政务物业管理部门从业人员必须时刻保持高度的保密意识。因此，保密性就成了政务会议保障的重要特性。会议的保密性分别体现在人员、设备、载体等多个方面。

1. 人员的保密性

政务物业管理部门的工作人员，在员工入职培训时，就需对其身份进行认真审核，在做好政审的同时还要接受保密培训，并签订保密协议。会议服务人员中，能接触到机密文件或对话的重点岗位人员，如会务人员、调音人员、会场保洁人员等，还需重点排查、掌控，确保会议保密安全。

2. 设备的保密性

电视电话会议是目前国际上流行的一种新的会议形式，利用它可以随时随地召开会议。这种会议形式快捷方便，有助于提高办公效率、节省办公费用和行政开支。同时还具有图像、音质清晰、安全保密、使用范围广等优点。目前，政府机关重要领导会议经常使用此种形式。这种情况下，就对设备的保密性提出了一定的要求。例如：采用相应的机制保证会议安全、有序、可控地进行，防止对视频会议信息的不当使用和流传，使得文档不会轻易“看得到、改得了、发得出、带得走”，同时，还要求系统具有高度安全性保障及安全验证策略，数据传输采用高效率、高安全性的加密机制，确保视频会议信息传输安全可靠。

3. 会议不同载体的保密性

政府机关办公楼内的会议中，会接触到许多不同的资料文件载体，而这些载体的保密性也是需要政务物业管理部门的服务人员多加注意的。

（1）纸质载体

会议发放的各类书面资料、用过的纸张，凡是被参会者丢弃在会议室内的，会务服务人员和保洁人员在清扫时，都不能随意处理，而是在确认核实是废弃文件、资料后，按照相关作废文件、资料的规定程序对其进行粉碎、作废处理。

（2）图像载体

会议中使用的各类图片、投影、展板等，也都在保密范围内，政务物业管理部门服务人员不允许拍照外传，并且要做好内部保存。同时，若会议中需要政务物业管理部门服务人员进行拍照，此类照片只能内部使用，不得私下外传泄露。

（3）软件载体

会议中使用的U盘（一种移动存储设备）、光盘、电脑资料等，政务物业管理部门服务人员一律需要进行保密，不能拷贝、外传泄露，并且在会议期间，对此类软件载体有保管义务。

（4）声音载体

会议中凡是涉及领导发言的都在保密范围内，政务物业管理部门服务人员对其要做到两点：一是对听到的任何话语不得外传、讨论；二是会议服务期间不得使用录音笔，或有录音功能的手机、设备等进行录音。

（三）分级性

政府机关办公楼内的会议、活动不同于一般写字楼，既场次频繁，又分门别类，因此，政务会务保障还有一项重要特性，就是分级性。根据会议或活动的规模、对象以及重要程度不同，一般分为三级。一级会议包括大型以上会议、决策层会议；二级会议包括中型会议、布置类会议；三级会议包括小型会议、面向社会和基层会议。

1. 一级会议活动安全管理

（1）做好安全保密工作，不得向任何与会无关人员透露有关会议、活动的时间、地点及参加人员等情况。

（2）提前一周对整个政府机关办公楼进行全面治安安全及消防安全的检查工作，检查所有监控系统，检查所有的通道及楼道，消除一切安全隐患。

（3）取消会议期间的一切休假制度，并对全体员工做好接待与突发事件处理规程的培训工作。

（4）提前一天保留所有停车位供次日与会人员使用，安排专人指挥引导车辆，若遇车位紧张情况，应提前与周边的停车场协调处理，确保会议车辆的安全停放。

（5）全力配合省市公安机关执行安全保卫工作，听从公安系统的调遣与部署。

（6）执行一级安全保卫方案：道口岗设立双岗形象岗，每个路口安排值勤队员指引，院内增设一个机动巡逻岗，院外增设双岗巡逻形象岗，组织预警分队进入一级警戒状态。

2. 二级会议活动安全管理

（1）做好安全保密工作，不得向任何与会无关人员透露有关会议、活动的时间、地点及参加人员等情况。

（2）提前两天对政府机关办公楼主要部位及贵宾途经路径进行全面的治

安安全及消防安全检查工作，检查所有监控系统，检查所有的通道及楼道，消除一切安全隐患。

（3）取消会议期间的休假制度，并对全体员工做好接待与突发事件处理规程的培训工作。

（4）提前一天保留1/2停车位供次日与会人员使用，安排专人指挥引导车辆。若遇车位紧张情况，应提前与周边的停车场协调处理，确保会议车辆的安全停放。

（5）服从上级安排，必要时与公安机关联合执行保卫工作。

（6）执行二级安全保卫方案：道口岗设立单岗形象岗，重要路口安排值勤队员指引，院内增设一个机动巡逻岗，院外增设单岗巡逻形象岗，组织预警分队进入二级警戒状态。

3. 三级会议活动安全管理

（1）做好安全保密工作，不得向任何与会无关人员透露有关会议、活动的时间、地点及参加人员等情况。

（2）提前对政府机关办公楼的主要部位及贵宾途经路径做好安全检查工作，检查所有监控系统，检查所有的通道及楼道，消除一切安全隐患。

（3）提前一天保留1/3停车位供次日与会人员使用，安排专人指挥引导车辆。若遇车位紧张情况，应提前与周边的停车场协调处理，确保会议车辆的安全停放。

（4）做好员工接待与突发事件处理规程的培训工作。

（5）必要时安排部分护管人员加班进行安全保卫。

（6）执行三级安全保卫方案：道口岗设立双岗，安排值勤队员指引，院内增设一个机动巡逻岗，组织预警分队进入三级警戒状态。

二、不同类型会议保障特点

（一）决策层会议

决策层会议主要是指重要领导所参与的会议，这类型会议保障的特点，最主要的就是保密性要求高，运行频率高，场次多。

决策层会议通常有重要领导出席，会议内容往往涉及诸多党政机密，因此对保密性的要求更高。另外，此类型会议召开的场次较多，频率较高，对政务物业管理部门的会议服务人员的基本功要求会更高。

（二）工作布置类会议

工作布置类会议主要是指重大节日庆典的一些会议，如大型表彰、庆祝大会等，这类型会议保障的特点，最主要的就是对各类会议设备以及停车管理要求较高。

1. 对各类会议设备要求较高

工作布置类会议使用投影、视频、音响比较频繁，并且对此类设备的要求不同于普通会议使用的要求，例如：表彰大会中的音响，除了发言需要使用外，还需要在开始、颁奖期间、结束时切换不同的音乐，并且要根据会议的情况，不断地调整音量的大小。另外，在工作布置类会议中空调的使用也不同于普通会议，普通会议春秋两季利用自然通风，夏季空调温度一般设定在28℃左右，冬季空调温度一般设定在23～25℃，而工作布置类会议中，由于人数和场地的变化，对空调的设定也需要政务物业管理部门的服务人员根据实际的变化，随时进行调整，以达到人体最为舒适的温度。

综上所述，工作布置类会议对现场各类设备的运用提出了更高的要求。

2. 对停车管理要求较高

工作布置类会议的参会人数一般远超普通会议人数，因此，在停车管理上就提出了较高的要求。政务物业管理部门的车辆管理人员，在接到此类会议通知后，就要根据参会人数，对现有停车位进行分布，合理并最大化利用现有的停车位，尽最大努力满足会议当天参会人员的停车需求。并且在会议当天，车辆管理人员还需要对会前的车辆停放、会后的车辆离开做好引导、疏导工作，避免造成车辆拥堵、车位不够等现象。

（三）面向社会和基层会议

面向社会和基层会议主要是指大量体制外人员参会的会议，如政协、人大相关会议，这类型会议保障的特点，最为主要的就是会场引导、座次安排、政府形象展示等。

此类会议最特别的就是参会人群并不是一般的政府机关办公区内的领导和工作人员，而是社会人员和基层人员，这类人员含部分非政府机关工作人员，对政府机关办公楼的环境也是陌生的，因此，面向社会和基层会议中，政务物业管理部门的服务人员就必须做好会场引导、座次安排，使参会者进入办公区及会场内就一目了然，进入办公区后能很容易找到会场、卫生间等场所，进入会场内能明确参会者的座次，避免造成场面混乱。

另外，此类会议也是将政府机关形象向公众进行展示的机会，因此对政务物业管理部门的会议服务人员的语言、形象、服务态度等各方面要求更高，此时物业服务人员的一言一行、一举一动都代表着政府形象，同时也受到公众的审视，不能有丝毫的差错。

第九章 政务物业设施设备管理

随着时代的发展，科技的进步，现代楼宇 BA 系统（一种楼宇设备自控系统）普遍应用。大型集成系统更是政务物业管理的重中之重，它的良好运行直接关系到政府机构各项政务活动的正常开展。政务物业设施设备管理在传统设施设备管理模式的基础上逐步实现现代化、智能化全方位管理，统计分析设备运行数据，适时调整设备运行参数，保持设备最佳运行状态，控制政务大楼的总体能耗等已经成为现代政务物业管理部门设施设备管理的一项重要的基础性工作，只有通过科学规范的管理手段对设施设备进行专业化管理，才能切实保障党政机关各项工作高效运转，最终完成保障政务活动正常有序开展的任务目标。

第一节 政务物业设施设备管理内容

一、前期介入

政务物业管理的前期介入一般分为两种。一是新建工程项目的前期介入；二是老旧办公用房升级改造工程的前期介入。政务物业管理部门在这两种前期介入过程中均扮演着非常重要的角色。

（一）前期介入的概念

政务物业管理的前期介入是指政务物业在服务对象入住前的各个阶段，如在规划设计阶段、建设施工阶段就介入管理，从政务物业管理和运作的角度为机关单位提出有关规划设计、设备选用、功能布局、施工监理、工程竣工、验收接管等多方面的建设性意见，以充分反映服务对象的使用要求，力求使服务对象入住之前的各项前期工作与服务对象使用的实际需要及日后政务物业管理工作的需要相适应，并在此阶段制订出政务物业管理方案，为以后的政务物业管理工作打下良好的基础。

（二）前期介入的必要性

在前期介入工程中，针对工程项目的进度情况及实际情况，定期收集工程项目的有关信息，从政务物业管理的专业角度对相关问题提出专业性的建议。政务物业管理前期介入的必要性具体体现在以下几个方面。

（1）完善政务物业的使用功能。

（2）改进、改善政务物业的具体设计。

（3）能更好地监理施工质量。

（4）为竣工验收和接管验收打下基础。

（5）便于日后对政务物业的管理。

（6）解决在项目建设中的一些工程质量问题。

涉及土建、消防、供配电、给排水、空调、电梯、景观等质量问题，会使工程存在缺陷和瑕疵。有些是显露的，如墙面或地面不平整、裂缝、起皮、脱落等；有些是隐蔽的，如保温砂浆工艺、做法不到位造成面层空鼓，屋顶、卫生间漏水，烟道串味等，而后者更为危险。这些隐患会为后期的政务物业管理带来诸多困难和不便。

（7）全面熟悉总体规划和施工全过程。

在前期介入中要做到对结构以及管线走向、设备安装心中有数，并坚持对工程质量进行巡查监督，掌握隐患信息，确保在后期管理各项设施设备修养护工作中事半功倍，同时能够厘清责任，减轻管理难度，并为顺利移交准备好依据。

政务物业项目的前期介入，设备管理部门必须为后期服务对象利益考虑，在工程建设质量、结构安全状况、人性化使用等方面把好关。避免或减少今后政务物业设备管理中将会产生的问题和矛盾，降低管理成本。①

（三）前期介入的操作程序

首先，要成立前期介入专项领导小组，从工程施工初期开始就深入管理。从施工图纸的优化设计、管线的走向、设备的功能布局、选用安装以及日后升级空间的预留等，到施工质量的现场监督管理，工程竣工验收承接查验等各方面，定期与施工建造单位进行沟通协调。政务物业管理部门要将长期积累的物业管理知识与经验应用于改造、新建工程的规划设计项目上，并且在建设施工阶段同步跟进配合，及时发现和处理建设过程中存在的问题，从源头上堵住漏洞。在同步跟进过程中坚持既要充分反映服务对象的使用要求，也要与日后政务物业管理工作的需要相适应。

其次，需在前期介入阶段制订出政务物业管理方案，为以后的管理工作打下良好的基础，减少政务物业管理中产生的问题和矛盾，便于维护与管理，降低设备运维成本。

二、设备日常运行及维护

（一）中央空调系统

1. 空调系统的组成

（1）中央空调子系统主要包括：制冷主机、二次热交换及附属水泵（循环水泵、冷冻水泵、冷却水泵、补水泵、发球机、水质处理）、冷却塔、空气处理机（空调机）、送风机（新风机）、抽风机、送（通）风诱导器、空调管网、冷却的处理设备、配套电气控制设备、地源热泵机组、螺杆式热泵机组、VRV

① 邵小云．物业工程·消防·节能手册［M］．北京：化学工业出版社，2015.

(一种冷剂式空调系统）空调机组、专业恒温恒湿空调机组、机房机密空调机组、天然气锅炉供暖等。

（2）专用空调子系统主要包括：恒温恒湿空调机、医疗专用净化空调、窗式空调机、分体空调机、配套电气控制设备。

（3）专用空气处理系统主要包括：正负压系统、氧气系统、配套电气控制设备。

（4）采暖子系统：锅炉、常压热水机组及其配套电气控制设备。

2. 空调系统的运行管理

空调系统的设备运行由空调组负责，暖通、给水排水管理员进行监督。当值人员、操作人员必须熟悉中央空调机组操作规程、规范，严禁盲目操作。每班当值人员每两小时巡查空调机组和外围设备一次，并将运行情况记录在“空调系统运行表”上，不得擅改运行参数。

另外，每周需对机房、机组进行大扫除一次，保持机房整洁卫生。在不影响大楼正常营运的前提下，积极探索并实施有效的节能方法。

3. 空调系统的维修养护管理

对于办公区内的公共空调系统，设备科要做好以下几方面的维修养护管理。

（1）做好办公区公共空调系统的核查登记，制订完善、合理的养护计划和巡查制度。

（2）认真落实所管地区空调系统的日常维修、养护及抢修工作，确保空调设备安全运行。

（3）日常养护工作要按规定分解空调设备，进行检查、清洗、清扫、更换易损件，检查安全防护、冷却、电气和控制装置，消除空调设备故障或隐患，保证功能正常。

（二）消防系统

1. 消防系统的组成

（1）报警系统。报警系统主要包括以下部分：火灾报警控制器、火灾探测器、感烟探测器、感温探测器、复合探测器、气体探测器、其他探测器、模块、手动火灾报警按钮、警铃、辅助指示装置、隔离器、消防紧急电话、电梯回降控制系统、停非消防电装置、应急广播设备。

（2）灭火系统。灭火系统包括自动喷淋灭火系统、消火栓子系统以及其他灭火器具。灭火方式包括液体灭火、气体灭火、泡沫灭火等。

（3）防火分区。防火分区主要包括风机正压送风机、排烟风机，送、排风阀、余压阀，防火卷帘、防火门含闭门器，防烟垂壁以及控制系统。

（4）安全疏散系统。安全疏散系统主要包括疏散指示灯和应急照明设备等。

2. 消防系统的管理要点

（1）火灾自动报警系统及联动控制系统。一般火灾自动报警及联动控制系统设于总控制中心。当所管物业某处发生火灾时，系统能够自动启动其监控对象转入火灾应急状态，如强制切除火灾区域的供电电源、启动消防水泵、自动关闭防火卷帘、自动关闭送风机、强制切入紧急事故广播、迫降电梯至首层及电扶梯停止工作等。

（2）消防广播及背景音乐系统。消防广播及背景音乐系统平时作为背景音乐使用，在火警时作消防紧急广播。当系统收到所管物业内某区域火灾信号时，紧急广播系统将预录下的信息，及时播出并引导物业内人员疏散。两个系统通过报警主机切换。

（3）消防水系统。消防水系统由室外消火栓系统、室内消火栓系统及自动喷淋系统组成。例如，某广场的消防系统用水由市政自来水管网直接供给，设置消防水箱，消防水分别用于消火栓系统和自动喷淋系统。

（4）消防专用通信系统。消防专用通信系统是供消防专用的通信系统，其覆盖范围包括消防泵房、电梯机房、消防控制室、发电机房、高低压变配电房、风机房、生活水泵房及各个重要场所。系统总机设于消防总控制中心，各主要机房则设置系统分机。

（5）气体灭火系统。气体灭火系统主要用于配电房的灭火。

（6）防火卷帘系统。该系统通过各防火卷帘将各区域分成不同的防火分区。当发生火灾时，防火卷帘系统可根据消防控制室、火灾探测器的指令或就地手动操作使卷帘门下降到定点位置。

（7）防排烟及正压送风机系统。当发生火灾险情时，各区域的烟感、温感探测器首先会将探测到的信号传到报警主机，通过主机信号关闭相关区域内的新风机，并启动相应的排烟阀，进而启动相关的排烟风机及正压送风机。

（8）楼宇管理系统的联系接点。消防系统提供各联系接点至弱电系统，进行系统的总体监控，包括室外消火栓水泵的控制接点、室内消火栓水泵的控制接点、喷淋水泵控制的接点、高区喷淋增压泵控制的接点、高区室内消火栓增压泵控制接点、消防水池液位以及火警报警信号等。

消防系统是所有物业管理工作中都不可或缺的系统，是防范和处理消防事故的安全线，是工程设备管理当中一个不可忽视的环节，必须确保消防系统设备的正常运行。因此，消防系统的管理重点在于做好日常运行、维护、保养和定期的试验工作，保证消防控制主机系统和各消防系统设备随时可以启用，同时，应每两年在消防监测部门进行一次系统全面检测。

3. 消防器材的维保

（1）消防设施器材按照划分的管理区域，实行“谁主管，谁负责”的原则，使消防设施器材确保处于良好备用状态。

（2）每年对消防设施器材进行两次定期检查、清理和登记造册存档。

（3）消火栓、箱体、玻璃、门锁、阀门、水带、水枪、手动报警器、小锤及其配件确保处于良好备用状态。

（4）温感、烟感控制箱体，指示灯，开关，探头确保处于良好备用状态。

（5）消防水泵、阀门、管道、压力表、水喷淋自动灭火系统每月放水试验一次。

（6）消防手电筒、出口指示灯、事故应急照明灯保持完好。

（7）定期对灭火器进行检查、更换，确保处于良好备用状态。

（8）消防用广播器材随时处于良好备用状态。

（9）消防扳手存放在显要位置，随时备用。

（10）加强消防设施器材的巡视、检查、保养、更换，发现隐患及时处理。

（11）消防设施器材禁止挪作他用及改变位置，严禁损坏丢失。

（三）给水排水系统的管理

1. 给水排水系统的组成

（1）给水排水系统主要包含升压和储水的设备给水子系统、各类阀门系统的给水附件以及将它们联通的管道。

（2）排污子系统包括抽升设备、卫生器具、排水管网及附件（包括沙井盖、排水沟盖）、通气系统和污水池、化粪池、隔油池、隔油井等。

2. 给水排水系统的运行管理

给水排水系统运行管理的内容主要是进行巡检管理。

巡检管理包括运转检查、电气检查、阀门检查、管道检查等，同时要每月记录用水量并以图表形式与往年同期用水量做对比。检查结果做好记录，并由检查人员签上姓名、日期，每月由系统工程师对其运行记录及统计表格进行审核并鉴定。

3. 给水排水设施设备的维修保养规程

（1）水泵机组的维修保养。维修养护人员每年应对所有水泵机组进行4次清洁、保养，主要维保目标是电动机、水泵，要注意检查电动机与水泵弹性联轴器、水泵机组螺栓等，排除隐患。

（2）控制柜的维修保养。工程技术员每年应对水泵房的控制柜进行两次清洁、保养，务必使柜内外无积尘、无污物。应检查、紧固所有接线头，对交滚挟触器、自耦减压启动器、热继电器、断路器、中间继电器、信号继电器、信号灯、指示仪表进行维修保养。

（3）对阀门、止回阀、浮球阀、液位控制器进行维修保养。

（四）供配电系统

1. 供配电系统的组成部分

供配电系统主要由以下三部分组成。

（1）供电子系统，主要包括：变压器、发电机、高压配电柜、直流屏、高压配电设备的保护（辅助）装置及高压送（配）线缆（槽）。

（2）配电子系统，主要包括：低压配电柜（箱）、服务对象配电柜（箱）、低压配电设备的保护（辅助）装置、低压送（配）线缆（槽）。

（3）照明子系统，主要包括：户外的灯具，如彩灯、霓虹灯、广告灯、喷泉灯、顶灯、外围射灯、水池灯、航标灯等。户内的灯具，如大厅、过廊、楼梯、停车场、会议室舞台灯光设备以及报警灯或临时需求电光源等。

2. 供配电系统的运行管理

（1）值班人员每天定期巡查供配电系统的设备，包括高、低压室，变压器室，发电机房，并将设备运行参数记录在“供配电系统运行记录表”上。

（2）发现供配电负荷有显著变化或其他设备异常，值班人员应马上查找原因，并通知主管工程师安排处理。

（3）用电高峰或潮湿天气期间，值班人员应每班两次关灯检查接头是否有过流放电现象，发现异常马上处理。

（4）未经主管工程师同意，值班人员不得私自更改设备线路和运行设置。特殊情况下，须经主管工程师批准并做记录。

（5）高压工具应每年送供电局年检，年检合格标志贴在工具表面上。

（6）与系统有关的钥匙应集中放置在钥匙箱中，交接班时交接人员清点数量，发现缺失立即追究。外借钥匙应做好登记并按时追收。

（7）值班人员应保持消防设施完备，配电室内禁止吸烟；保持室内照明、通风良好。

（8）不得擅自更改变配电室工程设备线路及器材，若要整改须按规程报批同意后组织实施；禁止乱拉乱接线路、堆放杂物。

（9）交接班时，接班人员应认真听取和查看交班人员的值班和设备运行报告，对于记录不清楚的要当面询问。

（10）运行人员严格按变配电设备的操作说明操作，供电操作开关的标志要明显，保证设备正常运行。

（11）全部停电或部分停电作业时，运行人员应在断开的开关分闸把柄上悬挂“有人工作，禁止合闸”的指示牌。

（12）严禁带电作业，紧急情况须带电作业时，应有监护人和足够的照明和空间，运行人员穿戴绝缘手套、工作衣、绝缘鞋，确认安全才可进行作业。

（13）断路器跳开或熔断器熔断时，运行人员应查明原因再进行恢复，必要时允许试送电一次。

3. 供配电系统运行的安全操作规程

（1）双回路供电。其供电方式为一主一备，两路电源的进线柜即受电柜设电气联锁。当主供电源停电，只有在主供电源的受电开关分闸后，备用电源的受电开关方可合闸，并在主供开关上悬挂“严禁合闸”警示牌，同时在一次结线图板上正确反映供电运行方式。

（2）电源转换。停电应按先停低压后停高压，送电应按空载先高压后低压原则执行。为避免变压器并列时运行，当两路电源的一路停电，需另一路电源实行全供。电源转换的操作，应在3分钟内完成。完成后，应在一次结线图板上正确反映供电运行方式。

（3）发电机供电。为防止发电机向变压器倒关电，发电机输出线路的受电开关与市电的受电开关设有电气联锁。只有在市电的受电开关完全分闸后，发电机的受电开关方能合闸。市电恢复供电，只有在发电机输出线路的受电开关分闸后，市电的受电开关方能合闸。

4. 供配电设备维修保养的工作规程

（1）日常维修保养。日常维修保养由运行或维修领班负责安排工程人员完成，维修保养应遵守安全操作规程，并且不能影响正常的供电，必要时须向设备科经理报告。主要包括保持卫生清洁；计量表整定或更换，恢复精度；各负荷开关维修或更换，恢复状态；转换开关维修或更换，恢复功能。

（2）月度维修保养。月度维修保养由设备科经理负责安排设备科人员，并根据月度维修保养计划内容逐一完成，重点是对低压配电屏内、配电箱、控制箱除尘，检查维修、调整或更换存在故障隐患的主要开关、电缆接头，检查并拧紧配电屏、配电箱或控制柜内接线，做好相关记录。

（3）年度维修保养。年度维修保养由设备科经理负责安排设备科人员，根据年度维修保养计划严格执行完成，年度维修保养时间应安排在对顾客的营业影响最小的时间段进行；同时避开节假日，并且采取分段分项施工的办法，做到不影响顾客的正常生活工作。年度维修保养之前由设备科向顾客发布停电通知，同时在宣传栏内公示，并做好停电期间各种准备。年度维修保养作业之前必须做好充分准备，包括施工的计划、步骤、材料、零配件、责任人、紧急措施等，经设备科主任和设备科经理审核确定。年度维修保养作业必须对重要电气设备或项目进行技术检测和试运行，发现存在故障隐患或检测不合格要立即进行电气设备采取维修、整定或更换等整改措施，直至合格。

（五）电梯系统

1. 电梯系统的组成

电梯系统主要由以下不同用途的电梯组成：乘客电梯，载货电梯，客货两用电梯，住宅电梯，服务电梯（杂物电梯），特种电梯（观光电梯、船用电梯、冷库电梯、防爆电梯、户外电梯、自动扶梯、自动人行道），其他提升设备（液压升降平台、高空作业车）等。

2. 电梯系统的运行管理

设备科负责电梯的日常管理，并监管电梯维修养护承包商的工作。每天开梯后进行一次电梯全段运行状况检查，注意轿厢、井道等设施有无湿水情况。升降机的任何改动，均须书面征询承包商的专业意见后方可进行。

3. 电梯系统的维修养护

物管部委托电梯保养承包商对电梯进行维修养护。物管部负责与承包商联系，督促并协助其维修养护。特殊情况时其他部门可以直接与承包商联系，并及时通知物管部。设备科技工负责将维修保养情况记录于“电梯设备维修记录表”“电梯设备养护记录表”，零部件更换及大修同时记录于电梯设备档案。当电梯年检期到期前，物管部应督促分包商做电梯年检年审。

（六）公共设施的管理

1. 公共设施的概念

公共设施包括：区内道路、室外照明、沟渠池井、园林绿化、公共标识导示、停车场、文娱场所、管理及商业用房、公共防盗监控及邮政信箱、连廊及自行车房、围墙大门及电动大门、儿童娱乐设施、健身设施、避雷系统设施和其他公共设施（垃圾转运站、围墙、挡土墙）等。

2. 公共设施的管理规定

物业工作人员应定期对物业公共设施进行巡检，发现问题及时处理。定期清理室外雨水井、污水井，防止污物沉积。定期检查物业内避雷针、避雷网，定期除锈、涂装，确保各部位连接牢固。公共配套服务设施维护周到。在条件允许的情况下，选用节能灯具，安装定时器和红外感应开关，在保证物业外观形象和服务对象方便的前提下，尽量节约能源。

3. 公共设施的维修养护

（1）区内道路的维修养护。

区内道路包括混凝土路面、人行道、混凝土道牙、缓路径、无障碍通道。

（2）室外照明的日常维修养护。

每天检查一遍，每周检查供电控制保护装置功能。

（3）沟渠池井的维修养护。

沟渠池井主要包括排洪沟、雨水井、污水井、化粪池、阀门井等。要检查沟、渠有无堵塞现象、防雨水装备有无异常。汛期前对下水道进行疏通，清捞井内淤积物。

（4）园林绿化的维修养护。

园林绿化包括绿化、雕塑景观、水池、花池、水景、喷水池等。循环水每周更换一次；每周对雕塑景观全面清洁；每月检查一次喷水池的排水管道、控制阀门、喷嘴、喷头功能是否正常，水泵控制系统工作是否正常；每年两次检查喷水池的水底照明灯具，保持其完好无损；春、夏季各补换绿地一次，补种树木一次；花木每半月修剪一次；草坪每月修剪一次；乔木每月修剪一次；根据病虫害发生规律，每年进行三次大消杀和四次日常消杀。

（5）公共标识导示的维修养护。

公共标识导示包括标识牌和警示牌等。每周检查一遍，保证标识清晰、无污迹、无脱落、无破损；每月清洁标志一次；每半年对标识安放基础稳固情况进行检查维护一次；每年对标识维护一次；每15年更换一次。

（6）停车场的维修养护。

停车场包括地面停车场和室内停车场等。每天检查路面有无积水；每周检查停车线、行车指示线是否清晰、完整；限速牌、指示牌是否齐全、完整；检查挡车器是否正常；每季对地面停车场维修养护一次；每季检查地下停车场照明灯具及应急照明装置一次，保持功能良好；每月检查地下停车场大门保安闭锁装置及停放升降装置一次，每年对其养护一次；对因施工质量问题造成的局部沉陷损坏，5年翻新一次；对停车场的维护费用逐年递增10%；每1～2年对车位线、禁停线和标识重刷一次。

（7）应急照明灯指示设施的维修养护。

应急照明灯、应急指示灯在市电停断或发生火灾时，应能起引导、照明的作用。凡是储能装置的应急指示、照明部分，应每月进行一次放电操作。

（8）路灯、梯灯、走廊灯设施的维修养护。

路灯灯柱每年涂装一次，灯罩每季清洁一次，点亮率达到98%。夜间巡逻值班负责检查登记点亮情况。

（9）防雷及接地设施的维修养护。

楼顶防雷避雷带及避雷针每年涂装一次，并检查焊接点有无脱焊，保证接触良好；发电机、水泵接地网，应每年测试一次，确保安全接地。

（10）其他公共设施的维修养护。

其他公共设施一般包括垃圾转运站、围墙、挡土墙等。每周检查一遍，每季度检查挡土墙、排水沟通畅情况，每季度检查一次泄水孔疏通情况，每年两次对围墙栅栏检查养护，每年一次涂装铁栅栏，每1～2年对垃圾屋、池、中转站（含垃圾屋门锁）维修养护一次，每季检查，维修养护垃圾车、垃圾桶一次。

（七）安全防范系统

1. 安全防范

安全防范是指一切以保障安全为目的的防被盗、防侵入、防破坏和安全检查等的方法和措施。安全防范包括人工防范、技术防范和物理防范三大类。

人工防范是指依靠人力资源进行防范，如住宅小区的保安站岗、人员巡更等。

技术防范则以各种技术设备、集成系统和网络来构成安全保证的屏障。它以现代物理和电子技术及时发现侵入破坏行为，产生声光报警阻吓犯罪，实录事发现场图像和声音提供破案凭证，提醒值班人员采取适当的物理防范措施。技术防范方式目前已被广泛认同和使用。

物理防范是以实体进行防护从而阻隔犯罪的，其主要措施如使用保险柜、周界栅栏、防盗门等。

2. 安全防范系统

安全防范系统是指以维护社会公共安全和预防、制止重大治安事故为目的，综合运用技防产品和其他相关产品所组成的电子系统或网络。

3. 防护对象的风险等级和防护级别

根据受到威胁和承受风险程度的大小，被防护对象分为高风险目标和一般目标。高风险目标一般有文物保护单位、博物馆、银行营业场所、民用机场、铁路车站、重要物资储备仓库等。

高风险防护对象的风险等级分为三级，按风险由大到小定为一级风险、二级风险和三级风险。

安全防范系统的防护级别应与风险等级相对应，防护级别也分为三级，按其防护能力由高到低定为一级防护、二级防护和三级防护。

4. 安全防范系统的功能

（1）防范

安全防范系统使入侵者在尚未进入时就能被察觉，从而采取措施。把入侵者拒之门外的设施主要是机械式的，例如安全栅、防盗门、保险柜等。为了实现防范，报警系统应具有布防和撤防功能，即当夜间、非工作时间或工作人员离开时应能实施布防，保持对防范区域的警戒。

（2）报警

当发现安全受到破坏时，系统应能在保安中心和有关地方发出各种特定的声光报警，并把报警信号通过网络送到有关保安部门。

（3）监视与记录

在发生报警的同时，系统应能迅速地把出事现场的图像和声音传送到保安中心进行监视，并实时记录下来。此外，系统应有自检和防破坏功能，一旦线路遭到破坏，系统能触发报警信号。

5. 安全防范系统的构成

在智能建筑和社区安全防范中，形成了融防盗报警、视频监控、出入口控制、访客查询、保安巡更、停车库（场）管理等集系统综合监控与管理于一身的集成式安全技术防范系统。

安全防范的结构模式主要有以下三种：

（1）分散式安全技术防范系统：各子系统分别单独设置，各自独立运行或实行简单的联动。

（2）组合式安全技术防范综合管理系统：各子系统分别单独设置，通过专用的通信接口与专用的软件将各子系统联网，实现全系统的集中管理和集中控制。

（3）集成式安全技术防范综合管理系统：各子系统分别单独设置，通过统一的通信平台和管理软件将各子系统联网，实现全系统的自动化管理和监控。

6. 常见安全防范子系统

（1）入侵报警系统

入侵报警系统是利用传感器技术和电子信息技术探测并指示非法进入或试图非法进入设防区域的行为、处理报警信息、发出报警信息的电子系统或网络。系统工作时，预先对防范区域中一些特定的场所，如保险柜、住宅小区周界等安装的报警探测器进行布防，当该场所出现异常时发出报警，及时提醒值班人员关注，也可与电视监控系统联动拍摄情况异常时的图像。

（2）闭路电视监控系统

电视监控系统是利用视频技术探测监视设防区域并实时显示记录现场图像的电子系统或网络。系统工作时，首先由安装在现场的前端摄像设备将防范区域的情况拍摄成视频信号，然后该视频信号经由传输设备送至处于监控中心内的显示和记录设备，供监控人员使用，监控人员则可以在监控中心通过对控制设备的操作完成对各设备的控制和图像切换。电视监控系统也可以与防盗防侵入探测报警系统等联动运行。

（3）出入口控制系统

出入口控制系统又称门禁系统，是利用自定义符识别或模式识别技术对出入口目标进行识别并控制出入口执行机构启闭的电子系统或网络。主要用于对进出防范区域的人员和车辆进行管理，包括限制出入的权限，记录出入时间、出入口等，对车辆还有停车和收费问题的管理。

（4）电子巡更系统

电子巡更系统是对保安巡查人员的巡查路线、方式及过程进行管理和控制的电子系统。该系统可按预先编制的保安巡查人员巡更软件程序，通过读卡器、信息采集器或其他方式对保安巡查人员的工作状态进行监督记录，并能对意外情况及时报警。

（5）楼宇对讲系统

楼宇对讲系统是服务对象通过声音或图像信号对来访者进行身份确认并遥控开锁的电子系统。有的楼宇对讲系统还兼有将住户室内防盗、火灾、煤气及紧急求助信号传至小区监控中心的功能。①

三、设备日常运行保障应急处置

政务物业设备管理根本在“保障”，一切设施设备运行工况的好坏直接影响着党政机关政务工作能否顺利进行。在做好各项设施设备日常运行及维护保养工作的同时，制订一整套设备运行保障应急处置预案尤为重要。

① 张智慧，张辉．物业设备设施管理［M］．北京：北京理工大学出版社，2012.

针对政务物业设备管理的特点，应急处置预案在结合传统物业管理基础上，着重体现在建立健全各项设备管理规章制度、制作各类设备操作流程工作手册、主要设施设备的定点调试和所有设施设备备品备件的储备管理以及突发事件处置、汇报程序等方面。设施设备系统应急处置方案主要有以下几类：

（一）中央空调系统

空调系统故障的应急处理：

（1）空调系统故障的处理流程。为了确保空调系统的正常运作，空调系统故障处理步骤包括以下几方面：由运行管理人员负责空调系统的巡查工作，发现问题及时处理；运行管理班长负责出现故障时组织运行工及时到现场处理故障和情况汇报；运行管理主管负责空调系统出现故障时分析原因，及时制订出临时解决方案，保证空调正常服务。

（2）冷水机组发生故障。空调运行人员应立即启动备用空调，恢复供冷。水电维修人员必须在出现故障后 5 分钟以内赶至现场，确定事故原因，能自行处理的应及时排除故障，恢复机组正常工作；不能处理的故障，应在确定故障原因后 3 分钟内通知专业维修单位，专业维修单位应在 30 分钟内赶至现场处理。

（3）水塔穿底漏水。技工巡查发现水塔穿底漏水，应即刻开启备用水塔，并将漏水水塔平衡管阀门关闭。同时应立刻将情况报告主管管理员，由其组织修补水塔，并在事后做维修报告。

（4）水塔溢漏。巡查发现水塔溢漏，技工应马上检查相应的浮球开关，可当场解决的应立即解决，及时修复。浮球开关损坏则即刻停止该塔，关闭对应的进水阀，并开启备用水塔。同时将情况报告主管管理员，由其组织人员维修并在事后做维修报告。

（5）管网系统。主管道发生故障时，发现或接报主管道漏水应迅速关闭冷水机组和水泵。现场用沙包拦住电梯口、走廊口，以防水浸入电梯井和服务对象单元，并将水引入地漏；如地漏排水量不够，则将漫出的水导入走火梯。将空调机房内管道底部排水口打开排水，留意水泵房污水泵抽水情况；一旦发现集水坑水位过高，则需关闭排水口。报告主管管理员，由其安排抢修并在事后做维修报告。

（6）水平管网。水平管网发生故障时，发现或接报空调水平管网漏水，应迅速将事故楼层风机房内的空调水平管阀门关闭。现场用沙包拦住服务对象单元门口和电梯口以防水漫入电梯和服务对象单元，将水导入洗手间地漏。报告主管管理员，由其安排抢修并在事后做维修报告。

（7）空调机房内的伸缩节。发现或接报机房内伸缩节破裂，应按急停掣停止冷水机组，并按急停掣停止水泵。将破裂伸缩节上的闸阀关闭，漏水停止后开启备用泵和冷水机组。同时报告主管管理员，由其组织维修，并在事后做维修报告。

（二）消防报警系统

1. 火灾自动报警的处理程序

值班人员在接到火灾自动报警信号时，应按以下程序处理：

（1）火灾自动报警时，首先看其显示屏报警部位为几层几区，并到指定位置查看。

（2）当确定有火灾时，启动联动系统，切断非消防电源，切入应急电源启动发电机，把电梯全部迫降到一楼，消防梯供抢险人员使用。

（3）启动消防水泵，使消火栓内水压充足，供灭火使用。

（4）启动消防排烟风机，排除着火层烟雾，启动送风机给灭火和疏散提供方便。

（5）发出疏散命令，打开楼层广播，通知服务工作者疏散所有人员。

（6）如没有火灾发生，是误报火警，按“复位”按钮，将恢复正常运行状态。

2. 消防系统的安全操作规程

（1）烟感系统。当发生火情报警时，值班人员确认楼层后，首先通知保安人员到报警层观察情况，同时与该层人员及时取得联系。若为火险，值班人员应立即按灭火作战方案处理，若为误，请保安人员将区域报警进行复位，后将值班室内的集中报警器复位。

（2）防火卷帘门系统。当群楼发生火警时，根据失火方位及火热大小，可采取隔离法，及降落相应的防火卷帘门，值班人员可根据现场报告情况遥控降落，就近人员也可击碎报警按钮降落，若以上两种情况都不能降落时（观察卷帘降落信号灯）可速派消防维修人员到现场打开锁匙开关强迫降落。

（3）排烟系统。发生火灾时，值班人员遥控打开该层及其上下层的排烟阀。若失控时，值班人员就地打开该层的排烟阀，这时排烟风机自动启动，启动信号灯亮。若风机不能自动启动，速转入手动位置启动；仍不能启动时，速派人到风机房内强行启动。

（4）加压送风系统。根据火灾的不同方位，值班人员应迅速打开相应的加压风机，启动信号灯亮，若失控时可派人到风机房进行手动操作。

（5）消火栓系统。该系统是救火的主要设备之一，当进行该系统操作时，值班人员应时刻监视该系统的消火栓报警信号。当灭火人员打碎就地的报警信号，消防中心得到该消火栓的报警信号后，这时相应的消火栓泵自动启动，启泵信号灯亮。若不能自动启泵时，值班人员应立即转入手动位置启动；仍不能启动时，速与水泵房人员联系，或派人到泵房强行启动。

（6）花洒系统。当某层发生火灾时，失火部位的花洒喷淋头爆破喷水，该层的水流指示器工作，监控中心得到该层的报警信号。值班人员观察水位信号，水位降到下限，花洒泵自动启动，相应的启泵信号灯亮。若不能自动启泵时，值班人员应立即转入手动位置启动；仍不能启动时，速派人到泵房强行启动。

（7）气体灭火系统。气体灭火系统主要用在不适于设置水灭火系统等其他灭火系统的环境中，比如计算机机房、重要的图书馆或档案馆、移动通信基站（房）、电池室、一般的柴油发电机房等。

（三）给排水系统

1. 给水排水系统的停水应急处理方案

市政供水计划性停水，设备科应提前通知服务对象，说明停水原因、停水时限等，做好水池蓄水工作。市政供水管网故障造成突发性停水，来不及通知服务对象时，设备科应设法满足服务对象生活用水，事后向服务对象说明原因。

设备故障停水，接到事故报警后，水电维修人员应在 5 分钟内赶到现场控制事态发展，查出事故原因并及时处理，不能及时处理的迅速向公司汇报。事故不能在 2 小时内处理的，设备科经理签发“停水通知单”，并附上处理方案告知服务对象。根据现场的具体情况，关闭相关的供水设施，并启动相关的排污设施，防止水患。

2. 给水排水系统的设备故障应急处理方案

发现或接报生活水泵故障，设备科应停止故障水泵，开启备用水泵。水泵变频故障，设备科应关闭变频器，由专人手动操控水泵，根据管网压力控制启停。因给水泵自动控制系统故障影响供水时，由两名技工分别在上水池和下水池泵房采用手动状态定时供水，并用对讲机保持联系和在现场监护，防止出现水浸事故，待自动控制系统修复正常使用后恢复自动控制状态。

发现或接报气压罐内胶膜或外置水银开关故障，不能有效控制水泵的启停，值班人员应立即关闭气压罐的进水阀，由专人负责根据故障区管网压力手动启停水泵，值班人员发现问题即刻报告主管工程师安排维修。

发现或接报垂直管网漏水，值班人员应立即关闭故障区水泵。

（四）供配电系统

1. 触电事故的处理程序

发现有人触电时，当值工程技术员应镇定，保持头脑冷静，尽快使触电者脱离电源，并进行紧急抢救。

2. 配电柜断路器跳闸的处理

配电柜发生断路器跳闸现象，当值工程技术员应判断跳闸原因（短路或过载），查清楚负载种类及分布情况，对可疑处逐个检查，确认故障部位，排除故障，如故障已排除应立即恢复供电。

3. 变配电房火灾事故的处理

变配电房发生火灾时，现场人员应当保持头脑清醒，迅速向单位值班领导报告并报警，并迅速采取救护措施。启动相应的应急措施，组织开展灭火抢险和自救。首先迅速切断电源，以免事态扩大，如果带负荷切断电源时应戴绝缘手套，使用有绝缘柄的工具。当火场离开关较远时需剪断电线时，火线和零线应分开错位剪断，以免在钳口处造成短路，并防止电源线掉在地上造成短路使人员触电。电源线若不能及时切断，应及时通知变电站从供电始端拉闸，同时使用现场配置的灭火器进行灭火，灭火人员要注意人体的各部位与带电体保持一定充分的安全距离。扑灭电气火灾时要用绝缘性能好的灭火剂如干粉灭火器，二氧化碳灭火器或干燥砂子，严禁使用导电灭火剂扑救。

应急处置结束后，应急自救小组应做好事故现场的保护、勘查；配合有关部门做好事故原因的调查取证工作。火灾损坏的电气设备、设施的全面修复应由持证电工进行维修，并由变电站电工复查，确认检查正常后，可恢复供电。

4. 变配电房水浸事故的处理

变配电房发生水浸事故，当值工程技术员应视进水情况，拉下总电源开关或高压开关，堵住漏水源。如果漏水较大，立即通知设备科负责人，同时尽力阻滞进水。漏水源堵住后，立即排水。排干水后，立即对湿水设施设备进行除湿处理。确认湿水已消除（如各绝缘电阻达到规定要求），开机试运行，如无异常情况出现，则可以投入正常运行。

5. 供电突发性事故的处理

值班人员或第一时间发现停电人员应立即用对讲机或其他方式通知其他设备科人员和办公室前台及监控中心，设备科全体人员在得知停电后应立即赶往配电房。当日值班人员应迅速判断停电原因是市政停电还是机房故障停电，启动应急发电机并网工作，应急发电机常规情况下应处于自动启动和并电位置，同时检查应急发电机各运行参数是否正常，各油水位等是否正常。值班人员以外的其他维修人员应首先启动电梯应急救人程序放出被困人员，然后协助值班人员检查配电房情况。设备科经理接到停电通知后，应立即赶往现场，检查停电和发电情况。判明停电原因，证实电梯困人解救情况，通知监控中心向服务对象广播停电情况。如果是市政停电，要及时向供电部门了解停电原因和恢复供电时间，如果是配电房内故障停电，应立即组织人员抢修，及时恢复供电，尽量缩小停电影响范围，同时将大体情况向领导汇报。应急发电机运行期间，值班人员应随时检查发电供电情况，并抄表记录。市政（或故障）恢复供电时，值班人员应按照配电房操作规程逐个合闸供电，同时检查应急发电机停机情况并记录停机时间。由设备科经理和值班人员同时确认恢复供电各处正常无误后离开现场，填写停电（或故障）处理记录。

6. 外线故障

外线故障主要是指供配电系统停电，备用供配电系统自动投入。当外线故障导致主要供配电系统电源停电时，值班人员要检查真空开关的指示牌是否分闸，再检查电压和指示灯，当明确失压断电后，将主供电源进线柜真空开关退出，挂上“有人工作，禁止合闸”指示牌。备用电源处于非自动位置，所以主供电源断电时不能自动合闸，值班人员应检查备用电源进线柜的电表和指示灯，真空开关应处于准备合闸位置，合上备用电源进线柜开关。值班人员应向供电局调度室报告并了解外线故障情况。各设备机房、楼梯、通道、地下车库等出口地方均开启应急灯，并保证运作正常，作为人员疏散照明使用。

7. 内部故障

当高压柜真空开关、高压电缆或变压器出现故障时（短路或接地），非误操作引起，除该高压柜停电，甚至会引起主供电源或备用电源的受电柜停电，此时值班人员应将故障柜的真空开关退出（若引起火警，1 人用手提式二氧化碳气体灭火器灭火，1 人向消防中心报告火警）。将故障柜的低压总开关退出，挂上“有人工作，禁止合闸”指示牌。将低压母联合闸，保证物业设施用电。向设备科主任和维修班报告故障经过和处理情况。设备科召开事故分析会，邀请供电局、厂商及有关方面参加，分析事故发生原因和处理措施，并书面总结报告有关部门。

8. 市电全停

当接到市电计划停电通知后，值班人员应立即检查备用电源系统，做好转换备用电源的准备工作，并立即将停电信息反馈给服务对象，使服务对象对工作进行适当安排，尽量减小停电所造成的影响。同时，值班人员应立即向供电部门了解停电原因和可能影响的时间，及时将信息反馈给服务对象，并协助服务对象解决因停电造成的困难。值班人员启动发电机退出市电联系开关，合上发电机联系开关，向应急负荷供电，并每隔 15 分钟检查一次发电机运行状况，如燃油量、水温等。值班人员应监视市电进线电压，尽快与供电局联系，一旦市电恢复正常，立即退出发电机电源，恢复市电。值班人员应及时以书面形式向上级领导报告。

9. 计划停电

供电局转、停电，设备科接到通知后应立即报告设备科上级主管领导。因大楼施工需要停电，须至少提前 24 小时将停电计划书上报设备科上级主管领导。上级主管领导审批后，物业管理部拟发转、停电通知书，由物业管理部派人送至服务对象。停电通知书最迟应在事发前 1 小时送达服务对象，如不能在上述时限内送达，应报经上级主管领导批准启用大楼广播系统紧急通知服务对象。

10. 事故停电

大楼因供电局故障发生停电，设备科须立即向上级主管领导报告，经上级主管领导批准后，启用大楼广播系统（或由设备科用电话）向服务对象解释原因。事后，设备科应向供电局索取解释函，并转呈设备科上级主管领导。因大楼内部事故引起停电，设备科应立即排除故障恢复供电，并书面通知市场部启用大楼广播系统（或由设备科用电话）向服务对象解释原因。事故转、停电后24小时内，物业管理部拟定解释函，经上级主管领导审批后在公告栏公告。

（五）电梯系统

电梯系统突发性事故的应急处理：

1. 电梯困人

无论是停电或电梯自身发生故障造成意外停梯，还是因为消防系统报火警引起电梯迫降，都会给乘梯人带来极大的不便，甚至使乘梯人受到惊吓。为此，发生停梯事故时须严格按以下程序执行，保证乘客的人身安全。

当消防系统报火警引起停梯时，消防值班人员应沉着冷静，迅速查清报警点位置和数量，电话通知保安值班人员急赴现场查看，同时用对讲电话提醒乘梯人保持镇静。现场确认发生火灾时，保安值班人员必须立即通知设备科组织人员灭火救灾，同时停止电梯运行。若系误报，设备科应尽快排除故障，恢复电梯、扶梯正常运行。

突发性停电或电梯自身故障引起电梯停止运行，消防值班人员应通过对讲电话告诉乘梯人不要惊慌失措，不可将身体任何部位探出轿厢外，然后立即通知水电班人员，根据楼层灯指示或小心开启外门察看，确定轿厢所在位置。在解救被困人员离开轿厢前，应先切断故障电梯电源，视情况依下列步骤救出被困乘梯人。

电梯自身发生故障时，解救出被困人员后应立即组织人员检修，查明事故原因，消除隐患，如不能自修，必须尽快通知电梯维修专业人员排除故障，恢复电梯正常运行，并写出事故书面报告交付设备管理部门。

2. 水浸事故

电梯维修员发现或接报发生水浸事故将会危及电梯运行时应立刻通知物管部，当值保安人员通过轿厢对讲机通知乘梯人从最近的楼层离开受影响的电梯。

电梯维修员将受影响的电梯轿厢升至最高处，并关闭该电梯。

电梯维修员拦住水浸楼层的电梯口，以防水浸入电梯井。

电梯维修员即刻将情况报告主管管理员和电梯承包商。

3. 火灾事故

楼层发生火灾时，电梯机电维修员应立即击碎玻璃按动“消防开关”使电梯进入消防运行状态，电梯运行到基站后，应使乘梯人保持镇静，疏导乘梯人迅速离开轿厢。

井道内或轿厢发生火灾时，电梯机电维修员应立刻停梯，疏导乘梯人迅速离开轿厢，切断电源，并用灭火器灭火以控制火势蔓延。

对于上述两种情况，电梯机电维修员应及时通知小区消防中心，按《火警、火灾应急处理标准作业程序》处置。

4. 巡查中发现电梯异常

电梯维修员巡查中发现电梯运行异常，如钢缆有毛刺、断股，控制柜有异声、异味，轿厢升降异常等将危及电梯安全运行的现象发生，应立刻通知监控中心。

监控中心当值人员通过轿厢对讲机通知乘梯人从最近的楼层离开故障电梯。

电梯维修员将故障电梯关闭。

电梯维修员即刻将情况报告物管部负责人和电梯承包商[①]。

四、设施设备软件管理与应用

现代政务物业设施设备的软件管理可以通过智慧政务平台实现以下功能：一是对楼内工作人员楼层闸机门禁、办公室智能门锁、网络电话、食堂用餐刷卡和车辆进出等开通权限；二是对外来办事人员的车辆停放进行指引定位，对进入楼层的闸机门禁进行开通，规定访客时间，并对其在楼内行径路线进行定位和跟踪，如突发事件可以作为责任认定的重要依据；三是对重要活动、文化宣传、相关的法律法规宣传等通过信息发布系统推送至大厅以及各个政务工作人员办公室网络电话机上，起到告知宣传作用；四是根据实际工作情况可以对公共区域和办公室照明以及室内空调等设定开关时间和温度的控制，对各党政机关的有关文件进行统一处理打印等；五是政务物业管理部门通过

---

① 郭冰，刘绪荒．物业设备设施维护与管理［M］．北京：中国财富出版社，2012.

智能化管理对每月会议预定、设备维修、仓库管理、服务回访、停车收费、能源消耗、文件打印等服务项目的实时数据进行统计，对统计出现偏离数据进行细致分析，找出原因及时进行调整，并提出预防改进措施，目的就是不断提高政务物业管理服务质量。

随着科学技术的飞跃发展，信息技术、计算机技术越来越多地深入物业管理工作，楼宇智能化已成为现代高级商住楼中一个不可或缺的重要功能。管好用好物业内的智能化软件系统是政务物业管理工作中一个极其重要的环节。同时由于智能化软件系统具有科技含量高、投入大、管理要求高等特点，所以不同档次的物业，智能化系统的组成也会有所差别。目前政务物业智能化管理软硬件主要包括：智慧政务网、信息发布系统、网络电话、办公智能照明系统、智能亮化系统、智能门锁系统、停车场管理系统、车辆引导系统、门禁安防巡更系统、人脸识别系统、访客定位系统、集中打印处理系统、能源管理平台运用系统和电视电话视频会议系统等。每个系统均由计算机统一管理，并关联整个机关政务工作的各个环节，管好用好物业内的智能化软件系统是现代政务物业管理工作中一个极其重要的环节。

（1）安全防范系统的运行管理。安全防范系统是指利用现代科学技术，通过采用各种安全技术的器材设备，达到办公区防入侵、防盗、防破坏等目的，保证服务对象的人身及生命财产安全的综合性多功能防范系统。为整个办公区提供的安全技术防范体系，包括闭路电视监控系统、红外报警系统、服务对象紧急报警系统、可视对讲联网系统、保安巡更系统和出入口控制系统（含门禁及停车场管理系统），并建立监控中心，整个防范系统组成一个有机的整体。监控中心设置 24 小时全天候值班制度，当有报警信号切入时，在监控中心就可以立刻接收到报警信号，通过信息交换，监视系统将报警地点附近的摄像机切换到指定的监视器上监视，同时视频录像机自动记录现场情况；值班人员将立即通知保安前去处理，并将情况记录备案。

闭路电视监控系统的运行。电梯及周边各重要通道等部位都布置了摄像机，24 小时密切监控办公区停车场、重要出入口、围墙等主要场所，同时将监控情况记录备案。智能中心的监控人员将实施 24 小时屏幕监控，同时将异常情况记入录像带，以备查证。结合流动岗、固定岗的人员多层监控，使政务物业内无监视死角，对政务物业的治安起到可靠的保障作用。

红外报警系统。红外报警系统主要是在政务物业内首层墙体四周设置主动式红外探测器，建立政务物业内第一道安全防范体系，一旦发现非法穿越，附近的报警扬声器会立刻鸣响，报警信息同时传至监控中心。

服务对象安防报警系统。服务对象安防报警系统是忠实的安全卫士，取代以往普遍安装的防盗网，使物业环境更加整齐。当有险情发生时，服务对象可通过该按钮向监控中心求救。监控人员将视情况通知该区域的固定岗、巡更人员和快速应急分队、公安等相关部门进行现场处理。

消防报警系统。楼宇火灾危险性大，一旦起火则不易控制，消防安全至关重要。消防设施是楼宇火灾自救的重要手段。智能中心消防监控设备必须24 小时正常工作，所有消防设备必须保持完好。智能中心消防监控在任何时候均须有人值班，并严格按照公司消防设施管理规定，定时检查维护和试运行各消防系统设备，一旦发生火警信号，应按物业公司相关的“应急处理程序”和“灭火作战方案”执行。

电梯报警对讲系统。电梯是住宅楼宇和办公楼重要的垂直交通工具，但由于电梯轿厢是一个较小的封闭空间，一旦发生停梯困人故障，被困人员会感到处于孤立无援境地，心情将十分紧张烦躁。因此，电梯中应设有报警按钮和对外通话装置。智能中心接听报警后，一方面通过闭路电视观察梯内情况，并应与梯内被困人员保持联系、给予安慰，嘱其耐心等待救援；另一方面迅速通知管理人员解救被困人员。如电梯内发生治安报警，智能中心将立即派巡更人员或快速应急队伍前往现场处理。

一卡通系统。服务对象凭已授权的市民卡实现停车、身份识别、车辆出入管理等功能。

可视对讲联网系统。通过可视对讲联网系统，来访的客人和服务对象能可视通话，如发生异常情况，服务对象可以直接向报警中心报警求援。通过服务对象与访客的对讲，由服务对象控制开门。设备科可通过该系统，对访客身份进行识别后，与服务对象取得联系，决定是否放行。

保安巡更系统。为保证保安巡更人员切实巡查到位，及时了解巡查过程中的任何异常情况和保障巡查人员的人身安全，根据政务物业内所布置的巡更签到点和物业特征，设备科将组织队伍，合理安排路线，实行 24 小时全天候巡更。智能中心将把巡更路线、签到器点对点的时间间隔和巡更遥控器、对讲机的资料输入计算机加以控制。当出现异常情况报警时，监控人员将立即与巡更人员进行对讲联系，确认情况类别。一般情况下，由巡更人员处理后继续按路线巡查，监控中心将记录事发原因；遇到要支援的情况时，由智能监控中心派出快速应急队伍赶赴现场协助解决；紧急情况时，按相关的应急处理方案办理。为保证巡更人员和固定岗人员始终保持良好的体力和精神状况，智能监控中心应制订合理的值班程序和最佳的巡逻路线，对流动岗、固定岗、巡查路线进行轮换，使政务物业内的安全管理无死区、盲区。巡逻路线应根据政务物业的不同管理要求，因地因时制宜，制订出恰当方案，并经常加以调整、交换，防止被人掌握规律造成漏洞。

停车场管理系统。设备科对于车辆的管理，除了采用固定岗外，将充分利用智能设备的先进功能。智能监控中心将已办理停车手续的车主资料输入计算机，应用车牌号码识别系统，自动控制道闸起落，完成车辆出入登记。

外来车辆的进出在严格控制的情况下，由固定岗输入该车资料给予一次性放行通过，方准予进场。出场时调出计算机资料核对无误方能离开。未在智能停车系统监控下的车辆无法进出。

（2）信息管理系统的运行管理。信息管理系统是设备科向服务对象发布和提供信息交流的场所，它主要包括背景音乐系统、远程抄表系统、物业信息管理系统、电子公告栏系统和局域网信息系统。该部分系统将由监控中心负责操作，智能化技工负责维护。

背景音乐系统。设备科应根据所管政务物业的特点，由监控中心实行分区控制紧急广播和背景音乐系统。在出现非常事件或火灾时，系统能够接受消防监控中心的强制切换，并自动投入事故或火灾报警广播，当发生事故或火灾时，可作为事故紧急广播，引导疏散，指挥处理事故。该系统每季度与消防系统联动调试一次。

政务物业信息管理系统。它为设备科的规范化管理提供了便利条件。政务物业信息管理系统用于协调服务对象与政务物业管理服务人员之间的关系，对政务物业管理中的信息资料进行数据采集、分析、传递、加工、存储、计算等操作，反映政务物业管理的各种运行状态。

电子公告栏系统。电子公告栏系统应设置于大堂或楼面等显眼的地方，用于发布各种信息，包括政务物业信息、政务动态、天气预报、广告、重大新闻等，信息的发布由客户服务中心管理，设备科负责日常的维护。

局域网信息系统。政务局域网通过数字技术将管理、服务的提供者与每个服务对象紧密相连，服务对象可以在上面获得有关居住社区的各项信息，为服务对象和政务物业管理服务的交流提供了一个平台。在网上，服务对象可以享受网上金融、证券、游戏聊天、电子阅览、购物、社区服务、费用查询、投诉保修、公告服务等多项服务内容。

远程抄表系统。根据市政府关于水、电、气抄表到户统一收费的原则精神及小区的具体情况，设备管理部门应密切配合市主管部门做好此项工作。燃气抄表、计费由市燃气公司负责，而水电表的抄录、计费等工作则由物业设备科配合供水、供电部门通过计算机终端进行操作。利用自动抄表系统能准确、及时、无干扰地完成服务对象水电表抄录，同时设备科应与供水、供电主管部门联系，采用统一的计费标准和方法，按市政府规定实施统一收费，并以银行托收方式结算。

信息网络系统的运行管理。信息网络系统的运行由专门的专业公司进行，管理主要负责配合相关的专业公司，保证政务物业服务对象信息网络的通畅。

智能化系统的运行情况分析。每年的 1 月，由智能化系统的系统设备科专门对上年度的系统运行情况进行技术分析，提交系统运行分析报告，该报告须包含全年智能化系统运行的故障率、分析智能化系统出故障的主要原因及解决办法、分析智能化系统运行的主要技术特点、分析智能化系统存在的问题及解决办法、对全年智能化系统运行进行综合的评价，根据智能化系统上一年全年运行情况，提出当年运行管理的意见，针对智能化系统存在的缺陷，提出可预见性的预防措施，以及系统升级的建议及意见。①

五、设施设备档案管理与应用

（一）政务物业设施设备档案的概念

政务物业设施设备档案是设备管理的基础资料。政务物业设施设备档案全面、完整地反映了物业的全部设备设施的原始情况和动态变化情况，是设备运行管理和系统保养工作结果的最完整记录。

政务物业设施设备档案就是以建筑物为单位，从建筑物所配套的设施设备的70年使用寿命的目标管理出发，包括从设施设备的使用、维护及维修直至它的报废处理全过程的最有价值的数据记录，是若干年后多代技术管理人员在设施设备管理过程中所需求的最快、最直接、最有效的数据资料。政务物业设施设备档案的建立具有非常重要的意义，可以为提高物业设施设备管理工作提供坚实的保障。

（二）政务物业设备档案管理的特殊性和重要性

政务物业设施设备档案管理是设备管理的基础。政务物业管理部门与传统物业档案管理内容既统一也有区别，统一性在于从前期介入阶段就要认真收集设备档案资料，包括纸质档案资料和电子档案资料，建立专门档案资料室，建立健全档案管理制度，设置专人定期对设施设备档案进行修订，以全面、完整地反映设施设备的原始情况和动态变化情况。区别在于，一是物业产权归属性决定了政务物业机构所管理的主要设施设备在其性质上均为国有资产，必须严格按照相关法律法规要求，从设施设备的使用、维护及维修直至报废处理全过程等，每一项的变更均要有相关完整记录并建档统一管理，坚决不能造成国有资产损失；二是由于服务对象的不断变化，造成一系列服务档案的不断更新和变化，特别是智能化管理信息系统方面的档案变化必须

---

① 李霞，贺澄君．物业智能化及信息化管理系统［M］．北京：石油工业出版社，2012.

及时更新；三是大型设施设备的更新改造造成功能性改变的设备档案必须及时进行更新，包括图纸、设备台账等；四是主要设备故障、维保单位服务质量的考核评分、重大责任事故的处置以及较大型工程维修改造等方面的档案必须实时更新。

一套好的物业设施档案必须具备完整性。对于设施设备的定期保养、维修、技术改造、变更及运行、报废等记录必须详尽、完整。一台设备出现故障，政务物业设施设备管理人员必须按照设备事故处理的表格填写，做到及时发现问题、解决问题。记录要形成一个闭环，按设备管理的一整套表格规范记录。建立政务物业设施设备档案是为了掌握物业建筑配套设施设备的种类、数量、基本性能参数和设备使用的长期运行情况及变更记录等，便于对设备系统进行长久性、专业化的管理。因此，政务物业设施设备档案的建立为提高物业设施设备管理工作奠定了坚实的基础，也是若干年后多代技术管理人员在设施设备管理过程中所需求的最快、最直接、最有效的数据资料。

（三）政务物业设施设备档案的管理要求

（1）专人管理。所管辖的建筑物所配套设施设备的设备科主管全面负责其设施设备档案的建立、填写、变更记录及管理工作。

（2）及时性。当设施设备出现故障维修、技术改造及变更时，政务物业设施设备管理人员必须在设施设备对应的档案进行及时的变更记录。

（3）完整性。一套好的物业设施档案必须具备完整性，对于设施设备的定期保养、维修、技术改造、变更及运行、报废等记录必须详尽、完整。一台设备出现故障，政务物业设施设备管理人员必须按照设备事故处理的表格填写，做到及时发现问题、解决问题。记录要形成一个闭环，按设备管理的一整套表格规范记录。

（4）科学管理。在设备管理现代化的要求下，政务物业设施设备管理人员应尽可能地应用电子计算机信息管理系统对整套档案进行管理。

（四）政务物业设施设备档案的内容

根据不同分类，物业设施设备档案包括以下内容：

（1）设施设备的原始技术参数。它包括设备类型、品牌、型号、生产厂家、生产时间、购买时间、安装时间、竣工验收时间、投入运行时间、供货商及联系人、联系电话，原购买合同编号、购买合同原件或复印件的存放位置、原安装调试记录资料的存放位置，设备的标称额定电压、额定电流、功率因数、机械效率、标准温升等。

（2）政务物业设施设备档案的检修、系统保养、技术改造、变更等记录。要求做到详尽、准确，成为该设施设备最有价值的原始档案，所以物业设施设备档案具体内容至少包括检修记录、系统保养记录、技术改造记录、变更记录、运行记录五个方面。

（五）政务物业设施设备档案的收集办法

政务物业设施设备档案的建立、记录、管理必须持之以恒，为日后设施设备管理提供最有价值的原始数据，才能更有效地达到设施设备管理的目标。

档案记录人员在记录台账时，必须对设备各参数的记录做到详尽、准确。所以要求相关人员在物业前期介入管理过程中尽可能地详细熟悉各设备系统设计技术参数、技术性能参数以及安全经济运行的状态参数等，做好详细记录并建立完善的设施设备前期技术资料档案。对于隐蔽性设施设备，在了解其施工质量情况的同时还要求图像存档。

在政务物业设施设备验收前，我们还要求施工单位提供各设备系统的安装验收阶段各设施设备运行的有关资料。目前，通常政务物业管理部门在建筑的建设后期或建成后才接手进行政务物业管理，在这种情况下，设备的有关资料是不完整的。在接管后为了弥补设施设备资料的欠缺，最好的办法就是现场对设施设备（包括附属设备）铭牌上的数据进行抄写记录。

为了建立完善的政务物业设施设备档案，政务物业设施设备管理人员必须通过多种渠道进行设施设备资料的收集，尽可能地将建立档案所需的有关资料、参数详细、准确地记录在簿。

（六）政务物业设施设备档案的填写要求及格式

（1）档案的变更记录工作必须具有完整性、及时性、长久性。

（2）档案必须用钢笔填写，蓝、黑墨水均可，书写要工整、清晰。

（3）填报数据一律用阿拉伯数字，文字说明一律用汉字。

（4）大型设备按统一表格规范填写；小型设备或小部件可另作表格记录，但表格要规范，记录必须要详尽。

物业设施设备档案是设施设备系统养护、运行管理工作和设备标挂设备卡片工作的基础，因此物业设施设备档案的格式和内容既要规范、详细，又要科学、准确，同时必须根据设备自身的特写性质与记录重点，有针对性地制订不同形式的档案表格，主要有以下两类：

①设备故障报告。设备故障报告又叫设备事故报告，是物业设施设备档案的一种。设备故障报告是故障发生后的第二天以书面形式上交给档案资料员处理，档案资料员收到报告后分发给系统工程师、领导批示处理意见，批好的故障报告复印件发给发生故障部门。然后档案室资料员根据文件夹里的部门、时间、编号进行归档工作。“故障报告表”上应有公司名称、部门、故障报告人、故障表编号、故障发生时间（时间必须要精确到几时几分几秒）；表格内有现场人员名单、发生何种故障、故障原因解决方法恢复正常时间、报告上级情况、系统工程师处理意见、领导处理意见。

②设备维修记录表。主要记载的是设备的详细维修情况，其可以作为设备维修养护的依据。

（七）设备档案的综合管理

（1）档案是汇集和积累设备运行状态的最基本工作，是提供分析研究设备在使用期的改进，探索管理和检修规律，增加对设备的认识和了解，提高维修和管理水平的有力措施。

（2）办公区内的各种大型设备、关键性设备、技术性较复杂的设备均应建立“设备登记卡”记录设备的名称、作用、安装地点、厂家、型号、铭牌数据、设备附件、估计使用年限、易损件、名称规格及维修要求等。

（八）设备档案的归档管理

（1）设施设备技术资料由各物业设备科分类、统一存档管理，设备科保存一份备案。

（2）设备科应保存一套设备档案。设施设备的日常管理、检查、维护保养记录由设备科保存，记录的保存期限应参照设备的使用周期或使用寿命执行。

（3）所有工程设备档案由设备科负责管理，工程档案管理人员应严格遵守公司档案管理制度和保密守则。

（4）各类档案应按系统分类：强电、弱点、空调、机管等，统一存放于档案盒内并贴上标签。

（5）编制档案目录，内容应和档案盒外标签一致。

（6）外单位交来图样由文员统一签收，并将有关图样交各系统工程师核对实物，如图样无误，则由文员按系统归档；图样有误，则由文员联系交图单位更正。

（7）为使档案成为活的资料，要不断丰富档案的内容，使之成为设备管理的重要财富，档案管理作业程序可依以下10个步骤进行：点数、登记、整理、分类、立案、编目、典藏、防护、应用、定期清理。档案及图样是工程维修保养的重要依据，应妥善保存，如发现用途不明的资料应交工程师审阅确定用途。需销毁的资料应由总工程师及系统工程师组成鉴定小组研究后决定。借阅档案须经工程主管批准，文员登记并指定归还日期，由文员按期追还，需续借的要重新登记。

（8）设备维修档案的管理制度。

设备维修档案属工程档案的一部分，由设备科统一管理。

设备维修档案按强电、弱电、机管、装修、服务对象单元内设施分类。

服务对象单元维修档案用标签按不同档案分开，其他档案按类别存放，在相应的档案盒上贴上标签。

文员根据返回设备科的“维修单”每天填写“维修档案记录表”，并录入计算机中已设置密码的“维修管理”项目。

文员每天核对发出和返回的“维修单”，将有关内容如实录入“维修档案记录表”，如发现不符马上追查原因。

文员每月对“维修档案记录表”“维修单”等进行整理，并分类归档。

维修档案作为评估小区设备运行情况和服务对象室内设备状况的根据，应妥善保存，保存期限一般为一年，重大维修项目保存期至少为两年。过期档案由设备科经理、副经理、系统工程师组成的鉴定小组统一审定后销毁。①

第二节　政务物业设施设备管理的特殊性和重要性

党政机关政务工作的特殊性决定了政务物业管理部门服务的特殊性——一切以党政机关政务工作为出发点。在遇到省市重要会议以及重大事件处理，在防洪、防涝、防冻等极端天气应急处理，在遇到主要设施设备突发安全事故应急处理等方面，政务物业管理部门需要时刻保持较高的政治敏感度，以重大服务保障工作流程为基础，启动贴身服务模式，确保供配电系统、中央空调系统、会议音响系统、信息化办公系统等主要设施设备 24 小时高效运转，以确保党政机关各项政务工作的顺利开展。

一、政务物业设施设备管理的特殊性

政务物业与传统物业在设施设备管理上存在一定的差别，主要体现在：一是随着政务活动的时间变化，政务物业设备功能状态也随之变化；二是随着政务人员的工作时间的特殊性变化，政务物业设备功能状态随之发生变化；三是随着政务办公用房的改造出新以及使用功能的变化，政务物业设备功能状态也随之变化。政务物业设备管理的实质就是通过科学管理、专业管理确

① 张智慧，张辉．物业设备设施管理［M］．北京：北京理工大学出版社，2012.

保各项设施设备保持完好状态，以此保障各项政务工作的顺利开展。

1. 24 小时保障要求

政务物业的正常运转，离不开供电、供水、供暖等设备。随着社会的发展和科学技术的进步，服务对象对现代政务物业建筑功能的要求越来越高，政务物业建筑配套的设施设备向智能化、多样化方向发展。楼宇自动化系统、办公自动化系统、通信自动化系统、消防自动化系统、安保自动化系统、中央空调等设备的出现标志着综合性政务物业设施设备系统的形成，给服务对象的工作、生活和学习提供了良好的环境，创造了更加舒适和便利的条件，但同时也给物业设施设备管理带来了更新更高的要求。

政务物业设施设备管理是以一定的科学管理程序，按照一定的技术管理要求对房屋设施设备的日常运行和维修进行管理。政务物业设施设备管理主要由政务物业设施设备的日常运行管理和维修管理两部分组成。两部分既可统一管理，也可分开管理。政务物业的所有设施设备要保证24 小时完好无故障运行，不能出现丝毫差池；空调换季保养时需要分批进行过滤网的清洗等。更要加强维护保养，有效地延长设备的使用寿命和检修周期，节省维修费用和减少停工损失。树立经济运行的意识，注意节约运行中的能耗费用、操作费用，通过严格、规范的管理来减少材料的浪费和费用开支，设备管理到位能杜绝“跑、冒、滴、漏”等能源浪费和设备缺陷，以减少相关费用开支，使设备一直处于最佳、最经济的运行状态。

2. 设备功能状态要求不同（专业化管理）

随着时代的发展和科技的进步，设施设备智能化、集成化程度越来越先进，技术含量也在不断提高。在此基础上，现代政务物业必须在设施设备功能状态管理上满足各项政务工作需要，那么满足设备功能状态要求最重要的前提条件就是技术专业化管理。政务物业由于其服务的特殊性必须确保设备每一项功能保持完好状态，确保为各项政务工作的顺利进行提供安全保障。为了确保设备功能状态完好，政务物业管理部门要从专业角度，针对专业设备，引进专业人才，提供专业服务，进行专业管理，从而全面体现政务物业管理的服务水平和服务宗旨。

设备管理是政务物业管理过程中的核心，有了专业的设备管理才能更加体现政务物业管理的服务宗旨，设备设施智能化程度越来越先进，技术含量不断提高，在此基础上要求管理人员及工程技术人员的管理及维修保养水平也要不断提高，适应现代设备管理模式，必须学习和掌握设备管理的基本原理，树立现代化科学管理的思想，不断学习创新，结合政务物业设备的特征和具体实践，完善管理组织机构和管理制度，提高管理人员的素质水平，推广先进的设备管理方法和管理技术手段，以促进政务物业管理向着更加规范的现代化方向发展，真正体现政务物业管理为政务服务的目的。

由于现代建筑配套设施设备的先进性和复杂性，因此，要求政务物业对物业设备的管理要靠专业的知识、规范的程序、严格的标准和高超的性能，即以一定的科学管理程序和制度，按照一定的技术管理要求，对各种物业设备的日常运行和维修进行有效的管理。如果设备不能正常运行或经常损坏处于瘫痪状态，房屋就不能很好地发挥其住用功能，更谈不上保值或升值。

3. 设备运行数据保密要求高

政务物业因其服务对象的特殊性，必须杜绝失泄密事件，通过加强宣传教育、健全制度规范、开展内部自查等多种措施，堵塞薄弱环节。

（1）明确各数据管理部门的工作职能，落实工作责任。进出数据中心执行严格记录，门禁口令定期更换和保密制度，数据中心管理人员对数据中心综合环境每日监测，并对数据中心应用系统使用、产生的介质或数据按其重要性进行分类，对存放有重要数据的介质，应备份必要份数，并存放在安全的地方，做好防火、防高温、防震、防磁、防静电、防盗工作，建立严格的安全保密保管制度。

（2）工作中，要对涉密人员加强管理和教育，建立健全各项管理制度、措施来保证涉密硬盘等存储介质的安全。说到底，保密措施再得力，技术再先进，但如果我们不去遵照执行，仍然将涉密存储介质任意维修、随意处置，那么涉密数据的安全就不能得到有效的保障。因此，要求涉密人员不仅要有较高的专业素质，还要有较高的安全意识，要有保密工作的敏感性，要有对国家秘密的高度责任感。有了这些保证，才能堵塞涉密数据泄露的危险，保障国家秘密的安全。

（3）强化设备机房建设。一是先进性。现代机房，其基础设施都采用最先进的技术，通过使用先进的技术来确保其实用性。机房建设应该采用先进成熟的技术和设备，满足当前的需求，兼顾未来的业务需求。二是安全性。具有完整的安全策略和安全手段保障计算机系统和基础设施的安全，包括建筑的安全性，物理区域的安全性，运行管理的安全性，通信系统管理的安全性，配套基础设施的安全性等。采用安全分区、人员进出控制、非法进入控制、人员定位、智能视频监控等技术，保障信息中心的物理安全。三是可靠性。满足高可靠的使用需求。对重要系统的主要基础设施采用容错设计，要求可实现在线维护，包括配电、空调和综合布线的基础设施等。四是灵活性与可扩展性。具有良好的灵活性与可扩展性，能够根据发展的需要，满足机房区间分阶段的扩张需求，同时模块扩展时，不影响已投入运行的机房设备区域的运行；机房分阶段扩展时，相应的配套设施也可以同步扩展，不影响已投入运行的配套设施的运行。五是可管理性。在建设机房时，随着业务的不断发展，管理的任务必定会日益繁重。所以在机房的设计中，必须建立一套全面、完善的管理和监控系统。所选用的设备应具有智能化、可管理的功能，同时采用先进的管理监控系统，实现先进的集中管理监控，实时监控、监测整个中心机房的运行状况，语音报警，实时事件记录，这样可以迅速确定故障，提高设备的运行性能，简化计算机房管理人员的维护工作，从而为数据中心安全、可靠的运行提供最有力的保障。监控中心满足日常生产集中管理的需求，包括满足生产调度、日常作业、系统操作、故障处理、系统监控、网络监控、环境监控、重大事故和紧急状况处理中心的需求等。

二、政务物业设施设备管理的重要性

随着社会的发展和科学技术的进步，政务物业建筑配套的设施设备趋向智能化、多样化发展。楼宇自动化系统、办公自动化系统、通信自动化系统、消防自动化系统、安保系统、中央空调系统等设备的出现标志着综合性政务物业设施设备系统的形成，给政务服务对象的工作、生活和学习提供了良好的环境，同时也给物业设施设备管理带来了更新更高的要求。政务物业设施设备的使用必须建立健全物业设施设备管理制度，否则花费大量资金建立的先进设施设备系统仅仅是摆设，不可能发挥其效益。加强政务物业设施设备管理，可以减少因使用不当或者其他原因引起的损坏，保障了设施设备安全运行，避免了设备安全事故发生，延长了设施设备的使用寿命，提高了设施设备的使用效益，为实现政务物业保值增值打好了基础。

1. 政务物业设施设备管理是政务物业使用功能得以发挥的物质基础

政务物业设施设备管理是充分发挥物业使用功能的保障，是政务物业使用功能得以发挥的物质基础，也是影响服务对象工作和居住环境质量的制约因素。没有良好的设施设备运行和维修管理，就不能提供安全、舒适、便利的工作环境和居住环境。所以，良好的政务设施设备管理是人们生产、生活、工作和学习正常进行的有力保障。

2. 政务物业设施设备管理是设施设备使用寿命得以延长的保障

政务物业设施设备在使用过程中，会因为自然原因或使用不当而发生摩擦、损坏，而加强物业设施设备的日常运行管理，可以减少因使用不当或者其他原因引起的损坏，保障了设施设备安全运行；同时加强设施设备的维修管理可以提高设施设备性能，排除运行故障，避免事故发生，从而延长了设施设备的使用寿命，提高了设施设备的使用效益，为使用人和服务对象节约了开支，也为实现物业保值增值打好了基础。

3. 政务物业设施设备管理是城市文明建设和现代化发展的需要

优质的物业设施设备管理，可以提供安全、舒适、健康的生产、生活、学习环境，使人们更好地安居乐业，享受生活的快乐。随着社会经济的发展和科学技术的提高，人们对物业建筑设备的要求也越来越高。物业设施设备向着先进、合理、完备的综合性、多样化的方向过渡，为人们的使用提供更加优越的条件。这些先进技术和设施设备的使用必须建立在完善和优质的物业设施设备管理基础上，否则花费大量资金建立的先进设施设备系统仅仅是摆设，不可能发挥其效益。

4. 物业设施设备管理能促进物业服务企业的发展

物业设施设备反映了时代的经济、文化和科学技术的特征，成为人类物质文明的重要标志。与此同时，要求物业服务企业不断提高服务质量和技术水平，建立并完善企业内部制度，搞好物业设施设备管理，从而促进物业服务企业更好的发展。①

三、政务物业设施设备的节能管控

围绕机关事务管理部门“建设节约型机关的主导性部门”的定位，政务物业设施设备要重点围绕机关办公区节能降耗做好管理维护工作。

（一）政府公共机构节能重要性

公共机构节能管理工作覆盖面广、点多线长，影响示范面宽、引领带动作用强。在公共机构节能减排工作中，贯彻落实好五大发展理念，是经济发展新常态的形势所迫，也是履行职能新要求的职责所系。为此，需要把“创新、协调、绿色、开放、共享”的发展理念，贯穿于公共机构“节水、节电、节油、节气、节材”等各个方面。加快推进政府公共机构节能工作的创新发展、协调发展、绿色发展、开放发展、共享发展。

（二）政府机关办公楼节能元素

（1）建筑节能元素。热工性能符合国家和地方建筑节能强制性标准。机关办公楼屋面采用防水岩棉板保温隔热，外墙非透明幕墙部分使用了页岩多孔砖砌块自保温系统，外窗使用的是铝合金外窗和双层中空玻璃，内层玻璃为遮阳型低辐射镀膜玻璃，地下室外墙为防水保护层结合聚苯板保温。

（2）水系统节能元素。机关办公楼楼内供水系统采用变频式生活水泵，厨房用热水采用地源热泵系统进行供应，生活饮用水采用步进式全自动开水器，洗车场采用全自动智能洗车系统，淋浴设施采用刷卡计时淋浴节水系统，

---

① 余源鹏．物业工程设施设备管理与维修实务［M］．北京：机械工业出版社，2015.

绿化养护采用喷灌式绿化养护设备。

（3）空调通风系统节能元素。采用地源热泵系统，利用地下浅层地热资源，除了可以冬季供暖夏季制冷以外，还可以提供生活热水。既减少了二氧化碳的排放，也减少了热量的排放，“减排”效益明显。

（4）智能系统节能元素。一是普通办公照明设备采用 LED（即半导体发光二极管，是一种固态的半导体器件，它可以直接把电转化为光）高效照明灯具。二是智能照明控制系统。自动控制照明设备的启、停，并能通过智能感应系统对照明设备状态进行实时调整，以此来杜绝“长明灯、白昼灯”现象。三是能源分项计量和能源管理控制平台。对楼内机电设备的能耗进行分类、分项计量，并能够对房间内的机电设备比如空调、照明等进行节能控制，降低能耗。四是绿色行为规范。采用“政务服务综合管理系统”和“智慧政务社区信息系统”进行内部办公、前台接待、会议预定、信息发布等基本实现办公网络化智能化。

（5）太阳能光伏发电技术。以南京市机关集中办公区——新城大厦为例，屋顶平面安装太阳能光伏发电系统，装机容量 21. 06KW，日发电量约 88 度，年发电量约 3. 2 万度，产生的电力能够并入大楼内部电网使用，补充日常用电。每年可节约 8584. 8kg 标准煤，减少二氧化碳排放量 21397. 6kg，减少二氧化硫排放量 643. 9kg。

（6）智能节电改造。一是对机关办公区照明、插座、空调实施智能化控制改造，建设智能化节电管理平台。通过人体感应模式实现照明、插座和空调的自动开关，以上照明改造整体节电率可达 30%。二是加大对楼宇 BA 系统（一种楼宇设备自控系统）的维护，安装 VRV（一种冷剂式空调系统）空调集中控制系统，将 VRV 空调机组纳入远程集中控制，实现设置基准温度、控制开关机和监测运行功能。

（7）合同能源管理。合同能源管理是一种新型的市场化节能机制，其实质就是以减少的能源费用来支付节能项目全部成本的节能投资方式。

（8）能源分项计量。利用对各用电设备和驻点单位进行能源分项计量可以准确得到能耗数据，并通过数据对能耗进行分析，对驻点单位能源管理和考核提供依据。

(9) 建立雨水回收系统。利用雨水回收功能，对办公区绿化进行浇灌，洗车场利用回收雨水加以过滤可以用来洗车。

(10) 提倡绿色环保新能源。以绿色发展为理念，推动清洁能源示范应用，在地下停车场推动充电桩建设，满足电动小轿车充电需要，车主通过刷卡，即可实现计费充电。

（三）政务物业设施设备节能管控方法

机关集中办公区，公共机构数量多，人员集中，社会关注度高，带头做好节能示范工作，提高能源资源利用效率，对于促进全社会提高节约意识、建设资源节约型、环境友好型社会具有十分重要的意义。政务物业可以通过开展“国际能源管理体系”认证工作，对能源财务管理制度、资源消耗统计报告制度、能源计量管理制度、能源计量器具管理制度、能源计量人员岗位责任制、能源消耗定额、考核标准和奖惩制度、能源宣传教育和培训等方面进一步制度化规范化，并针对能源的购入、使用消耗等环节，明确相关部门和人员的管理职责及范围，通过制度保障各项节能工作的落实。

(1) 加强组织领导，健全节能制度。成立节能督查小组和节能工作领导小组。强化制度标准体系建设，制订《节能工作监督检查制度》《节能运行管理措施》《节能管理办法》以及《节约用电用水管理规定》《空调使用管理规定》和《单位节能降耗年度目标》等管理制度，制订节能考核细则，节能管理各项制度和标准规范健全。通过层层签订节能工作责任书，确保节能工作落实到位。

(2) 完善设备基础管理工作，建立设备台账，做好相关数据核算。制订设备的年度维护保养计划，按计划对设备的运行状况进行检测，并与同类设备或设计效率等相关参数进行对比分析，及时发现问题，减少设备故障率，确保设备处于高效运转状态，降低能源消耗。

(3) 加强节能日常管理工作。加强能耗数据的统计工作，制订“能源消耗曲线或柱状图”，对于高能耗的异常情况，及时分析找出原因加以改进。

（4）合理制订能源资源消耗定额。在不断建设能耗分项计量系统的基础上，统计各能耗系统的能源消耗量，提高能耗数据信息准确性。由于公共机构的能源消耗量与季节气候变化、常住人员流动情况以及本单位技术水平进步有直接关系，故能耗考核指标应不断地予以科学修正。

（5）建立水资源管理体系。加强用水器具管理，机关办公区节水器具分为红外线感应水龙头、红外线小便斗感应器、喷射虹吸式连体坐便器和脚踏式蹲便器，这些都是有效的节水用具。对办公区小便斗、坐便器、蹲便器和面盆的冲水量进行限流改进，进一步优化卫生冲水流量。同时，落实保洁员、设备人员每天定期巡查用水设备，杜绝“跑、冒、漏、滴”。

（6）开展节约型公共机构示范单位创建。加强节能工作组织领导和与相关部门的沟通协调，给予政策和资金支持，定期开展检查和评估，落实创建实施方案。总结推广节约型公共机构示范单位创建经验，研究建立节约型公共机构建设长效机制。

（7）深入开展节能宣传和培训。组织开展公共机构节能宣传周和低碳日系列宣传活动，做好节能宣传推广工作。在机关采用多种形式，举办丰富多彩的专题宣传活动。分层次、分区域、分系统、分专题举办节能管理专题培训班等。

第十章　膳食保障

第一节　机关膳食保障工作的作用

“民以食为天”，机关膳食保障是机关事务工作中的重要组成部分，直接体现出领导对机关干部利益和感情的关心，直接关系到行政工作的效率。因此，要正确认识膳食工作在保障机关有序运行过程中的重要作用，主要表现在以下几个方面：

一、以人为本的具体体现

机关膳食工作是在政府指导和支持下开展的一系列有计划、有组织的管理活动，把充分地满足广大干部职工的生活作为自己管理的主要目的，把能否更好地为广大干部职工服务作为衡量膳食工作质量的标准，用膳食保障工作传递政府领导对广大干部职工的温暖和关心。在保障广大机关干部吃饱的前提下，机关食堂充分认识到饮食需求的新情况、新特点，积极适应多方面、多层次、多样化的需要，通过选择高品质的食材、搭配营养均衡的菜谱、按照标准菜谱要求进行制作，将“暖胃工程”打造成“暖心工程”。

二、有效运转的客观条件

俗话说，兵马未动，粮草先行。搞好膳食保障，不仅有利于满足广大干部职工的生活需要，保证身体健康，提供“革命的本钱”，而且有利于解除干部职工生活上的后顾之忧，充分调动工作积极性，最大程度地促进机关职能工作效率的提高。从这个层面上说，机关膳食工作是保障其他一切工作顺利进行的重要物质基础。

三、促进机关之间交流的平台

机关膳食保障工作是保证其他一切工作顺利进行的基础性工作，不仅能满足广大机关干部职工的日常需要，更为机关干部职工提供了良好的信息交流平台，和谐的就餐氛围、干净整洁的就餐环境搭配着美味可口的菜肴，让干部职工在紧张工作之余，相互增进了解。同时，机关食堂作为机关干部职工每天必去的地方之一，经常进行各类通知、活动的宣传，广而告之的通知方式对促进机关之间协作、推动工作发展起到了积极作用。

第二节　机关膳食保障工作的特点

机关膳食保障工作是机关事务工作的重点，它直接关系到全体机关工作人员的用餐需求与身体健康；机关膳食保障工作也是机关事务工作的难点，它是成本与售价、经营与服务、共性与个性的矛盾体。因此，把握机关膳食工作的特殊性，是做好膳食管理与保障的必要条件。

一、保障安全是基础

“民以食为天，食以安为先”。在食品安全事故多发的形势下，保障食品安全显得尤为重要。国家高度重视食品安全问题，多次修订出台《中华人民共和国食品安全法》。机关膳食工作因其服务对象的特殊性，将抓安全、抓卫生、确保食品安全作为第一要务。南京市市级机关食堂按照《中华人民共和国食品卫生法》的要求，制订了一整套关于食品采购、验收、储存、检验、食品加工、清洁消毒、人员健康、人员培训等以安全卫生为中心的规章制度；借助信息化手段建立了一整套监控系统，机关干部可随时通过监控了解生产基地的运行情况、食材运输流程、厨房后厨操作环节，确保各环节安全、可靠；坚持每日菜品留样，定期抽查，同时辅以相应的安全预案，进一步提高膳食保障应对突发事件的能力，从源头杜绝一切安全隐患；率先采用委托第三方的形式对食堂进行全方位食品安全卫生监督管理。SGS（全名瑞士通用公证行，是一家从事产品质量控制和技术鉴定的大型跨国公司）通标标准技术服务有限公司在行业内有较高的知名度和信誉度，其目前正在推出的 SGS HM（即 SGS 在全球推出并获得高度认可的食品安全卫生管理和授证计划）餐饮食品安全卫生监督管理项目能够从培训、审核、整改等方面进一步提升机关食堂的食品安全管理标准。

二、标准管理是关键

机关食堂为了科学地进行膳食服务，为广大干部职工提供丰富而均衡的营养，确保每天适量的能量摄入，要求机关食堂管理人员及厨师长在保证膳食结构科学的基础上，根据口味和当季原材料供应品种进行合理搭配，制订标准化菜谱。南京市市级机关食堂为北京东路 41 号大院、成贤街 43 号大院及新城大厦 3 个膳食供应区供餐。为确保各餐厅供餐的统一性，达到“品种统一、标准统一、制作统一”，委托第三方 SGS 通标标准技术服务有限公司，对机关食堂的食品安全管理体系进行全面梳理，保证食品加工制作过程都建立在食品安全标准制度的基础上。同时，第三方考核、厨师长与质量监管部门不定期检查，发现问题及时落实整改，促进菜肴品质的全面提升。

三、厉行节约是要求

中国不仅是粮食大国也是人口大国，人口众多造成粮食严重供求不均。党中央、国务院印发的党内法规《党政机关厉行节约反对浪费条例》与国务院行政法规《机关事务管理条例》中多次提出建设节约型机关的要求，机关膳食保障作为服务时间长、服务对象多、能耗大的部门之一，更应弘扬艰苦奋斗、勤俭节约的优良作风，这既是保障国家粮食安全的迫切需要，也是弘扬中华民族勤俭节约传统美德、加快推进资源节约型、环境友好型社会建设的重要举措。

四、创新发展是突破

党的十八届五中全会上提出创新、协调、绿色、开放、共享五大发展理念，而坚持创新发展在国家发展中居于核心位置，“创新兴则国家兴，创新强则国家强，创新久则国家持续强盛”，机关膳食保障也是同一个道理，无中生有，有中生新，才能促进机关膳食不断发展。南京市市级机关食堂在从“满足需求，搞好服务”到“创新服务，满足需求”的服务模式转变的道路上不断探索，在传统服务模式的基础上，以“互联网+”为驱动，推出超值主动式服务——“GO购爱”微信网店订餐系统。解决广大机关干部职工辛苦工作一天后回家做饭的烦恼，极大便捷了机关工作人员的工作生活，为行政职能的有效发挥助跑加油。

南京市市级机关食堂通过与SGS通标标准技术服务有限公司的合作，在达到SGS HM餐饮监督管理项目的标准时，授予机关食堂SGS HM证书，机关干部职工通过扫描SGS HM证书的二维码了解机关食堂在食品安全管理方面都做了哪些工作，成为在机关食堂就餐的人员与机关食堂进行互动的一个平台。

第三节 机关膳食保障工作的重要意义

机关膳食工作是事务工作，是保障机关有序运行不可或缺的一环；也是服务工作，塑造政府廉洁高效、亲民形象的重要窗口。良好的政府形象能够提升政府的权威性，增强政府的公信力，也有利于形成以上率下、上行下效的良好社会风气。所以，在当前社会形势下，搞好膳食管理，把握好这一窗口的重要性和特殊性更加突出。

一、机关膳食工作是政府高效执政的体现

有序运行是政府自身运行的内生需求，是党政机关正常工作和提高效率的基础和保障，是服务和保障机关办公的最基本要求。国务院行政法规《机关事务管理条例》第一条中规定："规范机关事务工作，保障机关正常运行"，保障机关有序运行是机关事务部门的职能任务。

严格高效运行既是行政工作的灵魂，也是机关膳食工作的内在要求。即使再完美的膳食过了应有时效也会变得毫无意义，这一点在机关膳食工作中显得尤为重要。膳食保障工作具有很强的时效性，所以在应对临时交办任务或是突发事件时，不仅要高标准、严要求，更要不误时、不误事，做好建设高效政府、高效机关的先锋表率。

二、机关食堂是政府廉洁形象的代言人

一方面，机关膳食保障工作代表着政府向体制内提供服务保障的特殊部门，在服务保障中如果出现腐败问题，自然而然会影响到政府的廉洁形象。另一方面，机关食堂服务对象是广大机关干部职工，是为体制内提升服务，如果在反腐败上出现问题，人民群众就很容易联想到背后的服务保障问题，联想到八项规定和厉行节约反对浪费的问题，联想到政府的廉洁问题。十八大以来，反"四风"和反腐败一系列政策文件的出台，打造廉洁政府形象越来越成为社会各界关注的焦点。

机关膳食直接关系到机关干部职工的感情和利益，所以也最能体现党风廉政建设中机关的示范带动作用。南京市市级机关食堂通过严格执行工作用餐和会务接待标准化管理，认真核算，健全制度，强化监督，有效地控制公务接待消费，降低行政成本，促进机关清正廉洁工作作风的树立。

三、机关食堂是厉行节约理念的示范教育基地

因机关食堂具有服务对象特殊性及代表形象重要性的特性，应积极响应国家推进党政机关厉行节约、反对浪费、建设节约型机关的号召，打造厉行

节约的示范教育基地。

厉行节约、杜绝浪费，机关食堂大有潜力可挖，大有文章可做。可从两方面着手，一是机关干部职工即就餐人员；二是机关食堂管理工作人员。机关食堂作为机关干部职工每天必去的地方之一，宣传节约理念相对比较容易，如“光盘”行动宣传栏、文明督导员及监控摄像。机关食堂工作人员在食材采购价格、每周菜谱制订、菜肴加工、水电气使用等方面合理计划，从我做起，并将人员与设备监督相结合，减少浪费。

南京市市级机关食堂开拓思维，自觉将节能融入实际工作之中，率先对成贤街43号机关三食堂进行厨具节能改造，月节气率达48%，于北京东路41号市委大院内建设餐厨余垃圾生化处理场，添置生化处理设备，提高厨余垃圾的综合利用价值，增加经济收入，下一步将厨具节能改造及餐厨余生化处理厂推广至各片区，真正形成开拓思维、厉行节约的示范教育基地。

第十一章　政务物业信息化管理

第一节　政务物业信息化概念

政务物业信息化是政务物业管理信息化的重要组成部分，其管理目标是搭建一个覆盖政务物业管理各个部门业务的智能管理平台，形成及时、高效的协同处理机制，做到对各部门、各业务、全过程、动态化管理，实现管理规范化、一体化。政务物业信息化的运行情况需有全面的监控和管理，从整体运行的角度，综合政务集中办公区各环境运行状态信息，实现办公区运行状态的全面监控及管理；通过状态数据的综合分析，能够综合评估考量政务社区的运营状况；通过智能化的手段进行分析预测，研究定义智慧政务社区运行的主要指标体系各关键业务流程，实现办公区整体的运行管理和优化。①

一、物业行业信息化的概念

在“互联网＋”大潮冲击下，物业管理信息化具有了更多的机会，也面临着更多的选择。当今时代，传统的物业管理多数都秉持着一成不变的原则，

① 郭冰，刘绪荒．物业智能化及信息化管理系统［M］．北京：中国财富出版社，2012.

各自拥有一套在物业行业内应如何竞争的方法和信念，都有同样的关于“业主最需要什么、业主最重视什么、物业行业应该提供什么样的产品或增值服务”的意识。传统物业的信息化管理就是运用计算机技术，把有关物业服务信息物化在各种设备中，并由这种设备和物业服务人员构成一个为物业服务目标服务的人机信息处理系统。通过信息系统的应用，可以使物业服务的许多日常工作实现自动化。包括利用计算机控制建筑物的空调系统、防火安全自动报警系统、建筑物内的垂直交通系统、照明系统、建筑物部件及附属设备安全报警系统、物业安保系统、辅助物业服务人员工作的资产管理信息系统、建筑物出租（租客、租金、租约）管理系统、财务分析与管理系统、管理决策辅助支持系统、人员管理系统等。信息化对物业服务产生两个明显的效果：首先能提高效率，达到降低成本的效果。信息化可以使在人员人数相同或减少的情况下，在一段指定的时间内做更多的工作。其次能提高服务品质，达到物业增值的效果。借助信息化可以引进崭新的服务或加强现有的服务，向业主提供更高水准或更优良的服务，实现物业增值。①

二、物业行业信息系统的主要功能模块及操作

1. 基础资料

基础资料模块主要由三大模块组成，即各单位组织模块、办公人员模块以及辅助资料模块。组织机构模块可以对不同单位进行定义，办公人员模块可以对不同单位之下的职员信息进行定义以及管理，辅助资料模块能够对相关辅助资料（如楼宇结构等）进行定义。以基础资料模块为工具，可对各项基础数据进行收集和整理，为物业管理建立信息化构架奠定坚实的基础。

2. 房产管理

房产资源管理模块主要包含了管理区信息、楼宇信息、房间信息、停车场信息等。依据不同类别对上述信息进行归纳整理，形成 Excel（即电子表格软件）表格后导入信息系统，实现对数据的初始化准备。对房产管理的同时，

① 余源鹏．物业工程设施设备管理与维修实务［M］．北京：机械工业出版社，2015.

还能够执行房产验收作业，便于物业管理企业更加高效地验收项目，管理验收结果。这一模块还有一个比较重要的功能，就是可以对公共维修资金进行管理，能够十分清晰地记录公共维修资金信息，有效提升资金管理的规范性。

3. 客户关系管理

物业管理企业开展客户服务工作时离不开客户关系管理模块的支持。在该模块的帮助下，能够建立一个信息较完整的客户档案，对所有人员的姓名、身份信息、联系方式等重要信息予以管理。对于以写字楼为代表的综合项目，信息系统能对业主和租户的信息分别进行详细的记录，为相关管理工作提供极大便利。通过“客户服务”，可以对内部服务进行合理派工，同时还可以开展投诉处理以及装修管理等工作。借助系统跟踪功能，对各项服务进行管理，做好内部沟通工作，及时且有效地解决客户提出的各项合理的服务申请，从而逐步提升客户的满意度。

4. 收费管理

所谓收费管理模块，指的是物业管理企业对各类费用予以管理的一种功能模块，全部收费项目以及标准等均可根据需要进行自定义。应收费用主要有四大类，即常规费用、抄表费用、车位费用以及临时费用。以单个房间为单位，明确当月各个房间的应收费用，对于那些较特殊的收费标准，允许单独设置，设置好相应的收费标准之后，每月便可以执行“生成费用”操作。以水电收费为例，对水电表执行远程抄表操作之后，形成 Excel 数据，然后将其导入收费管理模块便可形成抄表费用。对交费通知单，可通过自定义方式进行设置，并打印出来。缴费方式主要包括三种：一是现金交款；二是银行托收；三是预收款。收费员在收费管理模块中执行“缴费”操作之后，应收费用便会自动纳入已收费用，与此同时，还可以打印出对应的票据。对于收费管理模块而言，其还提供了不同类型的查询和统计服务，常见的如当期应收费用之中的当期应收、往期欠费以及提前预收等，仅需执行“报表统计”这一操作即可实现。

5. 系统维护

系统维护模块主要包含角色管理、用户管理、系统重置三大功能。角色管理功能能够以不同角色为对象，对其名下的功能以及数据权限进行设置。用户管理功能能够对用户角色进行定义。通过前面提到的两种功能可以建立一个比较灵活、完善的授权机制。项目人员仅可以对所属项目的相关信息进行操作，而不同级别的管理人员在获得授权之后才可以进行相应操作。

6. 设备保运信息化

将大量设备设施相关数据录入信息化系统，形成一个大数据库，系统根据数据生成卡片式、线性操作规程，保运人员按照设定的路线进行标准化操作，操作记录实时传到系统内，生成数据并对其进行分析，使设备设施也纳入物业的信息化管理之中。①

三、政务物业信息化的概念

政务物业信息化是政务信息安全的重要组成部分，是政务物业管理部门实现办公自动化的重要保障，同时也保障着公众和政府的信息安全。它所强调的是建筑社区信息化的特点，通过技术手段将人、设施、应用进行连接融合，实现高度自动化、智能化，营造舒适、安全、便捷的工作生活环境，实现建筑运营与社区运营的充分融合。通过不同智能化系统的集成整合，为政务办公人员、外来访客人员和楼宇管理人员提供高效便捷的服务。

四、政务物业信息化的内容

（1）利用互联网，搭建政务物业管理部门自己的网站，用于对内对外的信息交流、宣传。

（2）创建数据库，管理各类信息和数据。

（3）各类管理软件的使用及工作流的管理。

（4）搭建智慧政务社区平台，整合各机关单位数据信息、各类管理软件，实现高度自动化、智能化、舒适、安全、便捷的工作生活环境。

---

① 李霞，贺澄君. 物业智能化及信息化管理系统［M］. 北京：石油工业出版社，2012.

五、政务物业信息化的特点

（1）采用先进的设备，通过科学的、现代化的管理、一流的综合性、人性化的建筑，能够为用户提供一个安全、舒适的工作、生活环境。

（2）具有先进的智能楼宇和云计算平台，提供高效和舒适为主的办公环境，通过先进的政务社区服务提供极具现代感的用户体验。

（3）采用以人为本，以智慧管理和智能办公为导向，综合考虑建筑、交通、周边、人群、政府、公众、企业等方面，融入政务服务智能建筑、社区服务等多种要素属性，采用“物联化、互联化、智能化”的整体智慧的体系，为政府办公人员、公众提供一个以绿色低碳、安全可靠、高效便捷、健康舒适为主的智慧的政务社区。

政务物业信息化提供大量业务和技术上的创新，针对入驻工作人员、物业管理人员、访客及相关服务对象人群，为他们提供完整的生活及工作辅助服务，使他们全方位地得到智慧的体验。

六、政务物业信息化与传统物业信息化的区别

现阶段大多数传统物业还停留在传统服务内容和管理手段上，这也正是政务物业信息化与之不同的所在，在不断创新和不断改革的大环境下，政务物业信息化建设和管理将成为我国物业服务行业的领头羊。

政务物业信息化作为创新应用，是多个跨领域系统的结合，也是机关事务管理信息化的重要组成部分，其信息系统是实现流程整合、信息利用、资源协同、综合支撑的关键，涉及应用体系开发、平台体系建设、与网络及自控系统协同、业务规范等多领域建设内容。需要与传统物业的其他系统（楼宇控制、网络通信）、外部系统（机房中心、单点登录系统、市民卡、停车场、健身房、医疗体检等）、周边服务等系统进行对接集成，实现联动和一体化的业务处理关系，模型示意如下图所示。

政务物业信息化将指引传统物业信息化的改革方向，使之政府办公更近距离地走进公众的视线，为中国传统物业的改革奠定基础。

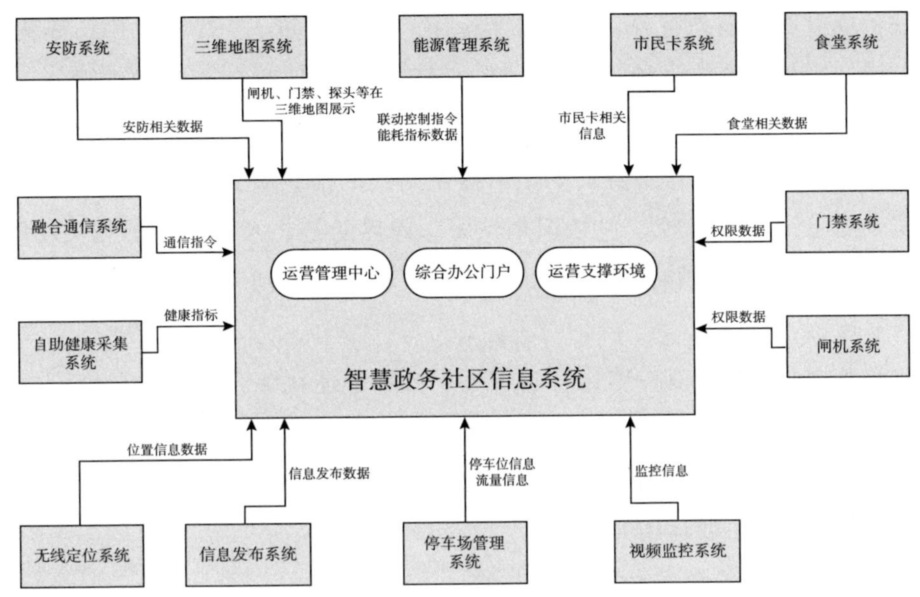

智慧政务社区信息系统模型示意图

第二节　政务物业信息化运用

政务物业信息化应用是机关事务法治化、标准化、信息化的需要。面对信息革命这一严峻挑战和历史机遇，我国适时提出了信息化发展战略，在党的十八大报告中提出："坚持走中国特色新型工业化、信息化、城镇化、农业现代化道路，推动信息化和工业化深度融合、工业化和城镇化良性互动、城镇化和农业现代化相互协调，促进工业化、信息化、城镇化、农业现代化同步发展。"在党的正确领导下，全国各地都在加紧制订自己的信息化发展战略。党和国家十分重视信息化建设，把信息化建设提到了很高的地位，因为信息化水平的高低，不仅决定着一个国家在21世纪的国际竞争力和经济社会发展水平，而且直接关系到国家的兴衰和民族的兴旺，是一件必须要办好的头等大事。

政务物业信息化走在这场信息革命的前沿，它重点考虑先进的智慧架构设计理念，充分采用物联化、互联化、智能化的设计方法。用成熟的技术和方法，通过面向服务对象，规范各个运用。其原则如下：简单实用，智慧可达；统一规划，整体设计；统一标准，保障安全；突出应用，注重服务；整合资源，保护投资。以应用为导向，最大限度利用信息，利用应用系统功能，为办公人员有效的工作、舒适的生活提供高效的信息服务，同时更关注社区的安全隐患识别和管控，包括识别预警、周界防范、入侵管理等相关功能，制订完善的事件处理和预案机制，与相关机构实现联动和事件处理，做到安全可靠运行。①

政务物业信息化以一体化运营管理中心和一体化综合办公门户为统一的用户界面，对运营管理类、综合办公类、委办局的独立业务进行整合管理和服务，采用桌面云、电脑终端、移动终端（如智能手机）、电话呼叫等多种方式接入使用。其主要运用如下：

一、政务物业管理部门网站

政务物业管理部门网站为物业管理部门对外信息发布平台，用于对外宣传、提供优质的多元化服务，全面展现单位新形象、新面貌。主要功能包括信息发布、在线下载、文件资料查询、友情链接、在线统计、意见信箱、访客流量统计等。

网站能够实现动态工作及时发布，服务指南信息查询，提供车辆出入证、停车卡、会议服务预订等申请表单的下载服务，即时收集意见，方便服务对象需求。

二、数字标牌发布

为服务对象提供发布播放通知、公益类广告、法制宣传片、政治类宣传片和播报重大新闻等服务。

三、文印系统

单位的专属文员电脑，可以连接到文印中心的复合打印机，传送文件到

① 李霞，贺澄君．物业智能化及信息化管理系统［M］．北京：石油工业出版社，2012.

打印机上，到文印中心自主打印，自己取件。

四、供电设备后台监控系统

实时监控高低压配电柜运行状态、记录每个配电柜的用电数据。在控制室内能够实现变压器故障显示报警、回路故障显示报警、各配电柜数据显示和记录汇总、大楼总用电量计量、电流电压的显示和分布图。

五、房产管理系统

利用信息化平台综合管理各机关房产信息、楼宇信息、房间信息、维修信息等。依据不同类别对上述信息进行归纳整理，形成 Excel 表格后导入信息系统，实现数据化管理，便于政务物业管理部门更加高效地做好房屋管理工作。

六、中心 OA 办公系统

建立单位内部的 OA（一种办公自动化系统）办公平台，使中心上下、各部门、各点实现无缝对接、快速办公，提高工作效率。功能主要包括：待办事项、公文流转、信息发布、文件库、内部邮件、一周安排、通讯录、值班信息 、短信发送等。

【典型情景描述】通过平台实现网上办公。如文件传阅、批复。

七、用友财务系统

用友财务系统能实现单位财务规范化、专业化管理，主要功能：建立单位基础数据和年终结账，凭证管理，往来核销，期末处理，账簿查询，现金银行。

1. 主系统

包括现金银行、总账、应收款管理、应付款管理、固定资产、网上银行、票据通、现金流量、网上报销、报账中心、公司对账、财务分析、现金流量表、所得税申报等。这些应用从不同的角度，帮助单位实现从核算到报表分析的全过程管理。

【典型情景描述】建立单位基础数据和年终结账，凭证管理，往来核销，期末处理，账簿查询。

2. 物业财务辅助分析系统

物业财务辅助分析系统，财务人员、分管领导可以看到各个网点实时财务数据，并实现统计分析功能。

【典型情景描述】因物业中心办公场所分散，缺乏统一的系统设计和管理，物业服务费收取、各网点财务数据等信息，仅能靠人工统计和汇总。通过此分析系统可以辅助办公。

八、用友通系统

由局财务处指定使用并开放账号权限，数据统一录入和管理。分部门录入并汇总工资数据，生成各部门工资发放表；通过录入材料收、发数据，汇总材料收发存情况表，提供分类查询。

【典型情景描述】可以进行月度总工资发放情况的查询，还可以查询个人的工资清单。

九、固定资产管理系统

固定资产管理系统具有信息登记、任务管理、查询分析、统计报表等功能，建立单位内部资产管理和财务管理结合机制；依托资产条码管理，为单位提供资产清查和盘点；对单位资产配置、资产处置等事项，实现从基层单位到主管部门、财务部门的网上管理机制；与部门预算、预算执行等财政业务管理系统实现了互联对接。实现行政事业单位资产从“入口”到“出口”的全过程动态化管理。

【典型情景描述】能够实时登记、处置、查询单位固定资产信息；对达到使用年限的固定资产自动生成提示清单；对报废固定资产的处置能够实时跟踪、提示审批进度；利用资产条码管理能够实时对单位固定资产进行清查盘点，显示盘点信息包括使用部门、责任人、使用人、购置日期、使用年限。

十、停车场管理系统

停车管理系统是将机械、电子计算机和自动控制等技术有机地结合起来，可在脱机情况下实现自动识别卡内身份、自动开启与关闭闸机、自动储存记录、自动核算费用、自动语音报价、自动 LED 屏体信息提示等功能。可以实现在每一张停车卡后面有专属的二维码，直接链接网上银行等支付平台，实现网上支付功能。系统设计遵循“一卡一车”的原则，当某张卡在进口或出口控制器上读卡后，该控制机将对该卡的进出状态标示位改写，使该卡无法在该道口上重复使用。内部车辆使用季卡或月卡进出车库，临时车辆使用临时卡进出车库。“内部车辆”与“临时车辆”统一使用感应卡进行管理，能够实现市民卡统一停车缴费。

【典型情景描述】服务对象可以在某进口或出口控制器上读卡后，识别卡内身份，自动开启闸机、储存记录、语音报价，实行市民卡扣费和自助缴费机缴费，完成车辆顺畅有序的停放工作。

十一、智慧政务社区平台

智慧政务社区平台是政务物业信息化的奠基石，主要围绕运营管理中心和综合办公门户开展建设，通过建筑的综合运营和优化，将机电系统、IT 系统（一种供电系统模式）、灯光系统等多种智能化子系统的互联互通、自动控制、整合优化，实现高效便捷的内部服务与管理。其包含以下子系统：

（一）运营管理中心

运营管理中心可以很方便地将整个社区作为单一系统来查看和管理。运营管理中心的目标是为社区人员提供实时监控视图和历史视图，以便他们可以优化社区级别各个层面的各种操作，一体化运营管理中心具体基础技术特性包括：

（1）与能源系统对接，能够实时监控社区内能源消耗情况，主要包括电水气。

（2）与能源系统、社区中心对接，实时监控社区包括社区内部（走廊、门厅、办公室、停车场等）及周边环境的温度、湿度等状况。

（3）与楼宇自控系统对接，全面监控设备运行状况：包括机电设备、给排风系统、供排水系统、电力系统、照明等，显示其正常运转时间、当前状态。

（4）与安防系统对接，集成同步显示重点区域的视频监控状况，能够实时调看社区内的视频。

（5）与智能楼宇、办公系统等关联系统对接，实现社区综合运行状况监控，包括闸机流量、车库流量及使用状况、人流量状况（内部人员、外部访客情况）、工作人员状态、关键设备状态、关键部位 IT 设备及系统状态、设施利用状况（如会议室使用状态）等。

运营管理中心集成管理模块主要包括：

（1）访客管理

公众能够通过网络电话等方式进行预约，自动登记，并可以结合市民卡进行预约登记的授权管理。访客与被访者之间能够快速联络，并能够以指定路线引导到被访者。基于安全管理需求，访客需要通过授权才能进入社区，并留存相关资料以备查，安全系统能够自动识别访客属性，对于预约人员的访问时间能够自动控制和管理。

（2）人员管理

对入驻社区内所有的办公人员、物业管理人员进行登记，满足对人的管理实现智能化，通过闭环的管理方式，保证人员办公的安全性、高效性，并且可以在三维地图上对人员、IP 电话号码以及房间等信息进行展示和查询。

（3）楼宇统一监控管理

社区内的信息化子系统由通信系统、社区三维地图系统、闸机系统、门禁系统、无线定位系统、视频监控系统、能源管理系统等组成，各类设备分布在不同的地方，各分散、独立的信息化子系统可独立运行的同时，必须能够根据上层应用要求实现独立子系统之间的协同模式的灵活配置及管理，同时实现对各子系统的实时状态监视和直接控制，以实现监控协同配合，功能互为协同。能够与三维地图对接，以三维地图为载体，通过统一的监控，可以更加有效地对社区内各类事件进行全局监控、综合处理，实现全面自动化管理，增强对系统协同、事件响应能力。

（4）物业管理

物业管理是以提高物管人员的工作效率和服务水平、优化物业管理流程和实现物业管理的自动化为目的，最大限度地满足社区办公人员和物业管理部门的利益。物业管理主要针对大厦物业的行政办公的管理工作，融汇先进的物业经营管理理念、智能科学和行为科学的经验，实现信息化网络办公、高效协作、建立完善客户服务体系。社区内的物业管理模块包含资产管理、工程管理、绿化管理、值班管理、台账管理、考勤管理、巡更管理等。

（5）餐饮服务

食堂管理人员及时发布餐饮菜单，包括菜单名、菜谱、原料、配料、做法、定席标准等。支持按照天、周提前发布和显示；菜单信息可以发布到社区门户、IP 电话（即宽带电话）显示屏中，供社区内的工作人员进行查询。

（6）文印服务

文印管理系统主要是为社区用户提供在线和离线的文印服务，用户可以通过综合办公门户、运营管理中心或者电子邮件等多种方式直接向文印中心提交服务请求，文印中心在完成相应的打印或复印工作后，可以提供完善的结果交付服务。

（7）健康管理

健康管理主要针对社区内的相关人员提供健康关怀服务，包括人员健康档案管理、健康状态跟踪、健康教育管理、健康计划管理、健康顾问管理、健康统计分析等功能，更好地帮助相关人员进行身体健康监督检查，提出个性化健康管理方案，从而提供系统专业的健康管理服务。

（8）综合服务

将智慧政务社区与用户联系起来，提供一个快速便捷的生活、工作服务，让用户更好地体验智慧社区带来的快捷方便的管理与信息化的服务。包括洗车预约、IT（即互联网技术）报修、物业报修、一键咨询等。

（9）IT运维呼叫中心

为保障社区内IT系统有效运行，要求运行维护人员加强系统监控和管理，提高运维效率。建设IT运维系统，实现对IT系统主动监控、集中管理，主动发现并定位IT系统中存在的故障和隐患，降低运行维护潜在的风险。IT运维系统包括：

①IT基础资源监控：对政务内外网单位节点、服务器设备运行状况以及各种通用或特定服务的监控管理。

②应用系统管理：对政务内外网应用系统进行有效的监控，包括进程、端口、状态、页面等。

③运维管理：对数据中心的日常运维情况进行有效的管理。

（二）综合办公门户

以个性化行政办公业务服务和信息服务为主体的一体化综合办公门户，面对社区的入住办公人员，通过应用及信息集成整合，采用平台化建设思路，能够通过电脑、移动终端“办公门户”应用、IP电话显示屏等多种形式获取服务。智慧政务的综合办公门户应该提供以下功能：

（1）首页信息服务。内部员工通过登录综合办公门户后，系统将会实现信息的弹屏，显示系统的内容主要有：物业信息、社区通知、天气、交通等。同时可以根据授权的等级，系统支持员工可以透过门户直接调用视频信息，包括周边交通视频等。

（2）资料信息服务。内部员工通过登录综合办公门户后，系统将会显示最新的与政务办公业务相关的法律条文、政策文献、档案资料等。

（3）协同处理服务系统必须支持即时通信（IP语音、视频通信）、文件交换、网络会议、社交网络、内部蓝页及通过三维建筑模式直接人员定位。

（4）社区电子商务服务员工可以通过系统进行票务服务、周边商户信息查询、宾馆预订等。

（5）日常办公服务员工登录综合办公门户后，系统将实现员工每天的行程，主要有代办事宜、工作列表、工作公告、报销进度等。

（6）业务系统导航为确保各部委办局的员工在进入系统后，可以根据自身的业务需要通过直接的单点登录进入授权的业务系统。

综合办公门户将承载以下功能：

（1）IP 电话扩展应用

实现 IP 电话与智能楼宇中多个系统对接，包括门禁、楼宇自动控制系统、能源管理系统、视频监控系统等，同时与办公门户实现数据交互，如访客信息确认等。

（2）办公自动化

以入驻社区的各委办局部门为单位提供各自独立的 OA 服务。

（3）即时通信软件整合

即时通信软件是一个集个性化信息门户、协同办公整合于一体的多功能综合应用系统。整合所有 PC 客户端（即电脑上使用的客户端）软件为一个安装应用程序，包括即时通信软件、云盘客户端软件、市民卡读写控件等。

（4）移动办公

移动办公系统不仅能够保持原业务系统的全部逻辑和操作特性，实现与综合办公门户的无缝对接（包括电子秘书、电子商务、门户、办公自动化、即时通信等），而且可以同时匹配不同手机平台以及多个系统，实现全终端应用。

政务物业信息化提供网上一站式服务，通过传感、物联网等新技术，整体提高服务效率，实现管理的可视性和可控性，节省大量的人力、物力和财力，提高工作效率和服务质量。

第十二章　体制机制对政务物业发展的影响

我国物业管理发展20多年来，不仅推进了中国城市的文明化进程，推动了改革和经济建设，更重要的是为国人带来了一种全新的生活保障方式。这一切均让人有充足的理由相信物业管理的前景会更加美好。我国的市场经济已经发展到一个更加高级的阶段，这个阶段也使物业管理进入了一个快速发展的时期。随着物业管理区域的扩大，管理种类的增加，政务物业管理作为物业管理行业中的一个特殊分支，核心仍然是管理物业，但物业管理的内涵将更为丰富。随着社会的不断发展，各种层面上的因素和外部环境日趋成熟，政务物业管理也将进入健康而有序的发展阶段，逐步建立起符合我国社会主义初级阶段国情，并以科学化和优质服务为目标，以专业化和社会化为特征，以健全的财务制度、组织机构、法制体系为保障的可持续发展政务物业管理模式。

第一节　我国政务物业管理机制的中国特色

政务物业管理是适应社会主义市场经济发展的需要，具有鲜明中国特色的管理机制。我国所要建立的政务物业管理机制是社会主义市场经济条件下的管理机制，既要敢为人先，又要敢为人后，敢为人先就是要敢于创新管理机制，敢为人后就是作为政务物业在我国还处于并将长期处于社会主义初级阶段这一事实下，要坚持实事求是，稳字当先。因此，我国政务物业管理机制的建立，一方面要学习借鉴物业行业建立的竞争机制、运行机制、操作方式上所具有共性和成功经验；另一方面在学习借鉴时，又不能照抄照搬，而必须从社会主义市场经济的实际出发，从我国政务物业管理的实际出发，按照政务物业管理自身规律和我国物业管理的发展方向，认真总结国内外各大城市实行政务物业管理的做法，逐步确立起具有中国特色的政务物业管理机制。

推进政务物业管理服务既是实现机关事务管理“管理科学化、保障法制化、服务社会化”的关键环节，也是适应社会主义市场经济体制，为机关提供更优质后勤服务的必然趋势。马克思主义认为，先进的生产关系会促进生产力的发展，落实的生产关系会阻碍生产力的发展。机关事务管理服务改革就是以改革为动力充分发挥市场配置资源的基础作用，改革不适应后勤产业发展的生产关系，最大限度地解放和发展后勤生产力，从而实现机关事务服务保障工作的最优化。建立适应社会主义市场经济的机关事务管理体制，解放和发展机关后勤生产力，这是机关事务管理改革与发展的必然。长期以来，为机关提供服务处在封闭的环境里，新中国成立初期的机关后勤保障模式是从军事环境下演化而来的，而行政化、封闭式的传统管理模式已不再适应市场经济体制和行政体制改革的需要。计划经济下的机关后勤工作，具有“行政化、供给制、福利制、小而全”的保障特征，对新中国的国家的重建、国民经济的恢复和发展曾发挥过重要作用。然而，其弊端也不断显现出来：体制机制不活、保障能力较弱、人员素质不强的现象普遍存在。随着社会主义市场经济体制逐步完善，要加快经济发展方式的转变，改革机关事务管理服务保障模式的要求就更加迫切。实施政务物业管理机制，采取自管与托管相结合的模式，推动机关后勤服务举办方式的多元化，是适应和完善社会主义市场经济体制的必然要求，也是机关事务管理体制改革 30 多年来的实践经验总结。未来的政务物业管理，将坚持多元并存，遵循市场规律，积极利用市场手段，灵活运用市场机制，强化社会力量在提供机关物业服务中的作用，提高机关事务管理服务质量和效果，这是机关事务管理适应社会主义初级阶段的需要，是社会主义市场经济体制的要求，是机关事务管理体制、服务机制改革的需要，是机关事务管理发展的必由之路。

政务物业管理是对计划经济体制下传统的房地产管理体制的彻底变革，是在社会主义初级阶段产生，与社会主义市场经济体制相适应的一种新型管理体制。在建设服务型、节约型政府机关的大背景下，具体负责各级政府办公楼日常运行管理的机关事务管理部门，在建立政务物业管理新体制进程中，必然与其他改革一样遇到各种矛盾和问题。政务物业管理机构必须根据机关物业管理工作的特点，制订各种有效的管理措施，培养出一个适合机关物业管理工作的团队，为机关干部职工提供一个良好的工作环境，从而使政务物业管理在物业管理领域得到长足的发展。从我国物业管理的实际情况和现状出发，充分考虑我国物业管理仅有 20 多年的历史，政务物业管理尚处于培育之中，我国的政务物业管理方兴未艾，具有广阔的发展前景和同国际物业管理接轨等因素。政务物业管理既要不脱离现阶段我国社会主义初级阶段的国情，又要按照国际惯例具有一定的超前性。只有这样，建立起来的政务物业管理机制，才有利于政务物业管理的培育和发展。

第二节　机关事务管理体制改革对政务物业管理的创新需求

《国民经济和社会发展第十二个五年纲要》提出，要“深化各级政府机关事务管理体制改革，降低行政成本”。深化改革的目的就是要推动节约型机关、节约型政府建设，降低行政成本，这是机关事务管理工作的重要目标。坚决制止浪费，严格控制成本，是深化机关事务管理体制改革的根本要求。随着机关事务管理改革的不断深化，机关事务管理体制与机制正经历着深刻变化，旧的体制机制正在淡出，新的体制机制不断建立与完善。具体负责各级政府机关办公楼运行管理的机关事务管理部门，更应顺应转变职能、提高效率的要求，积极推进政务物业管理机制，以提高管理水平和服务质量，更好地保障政府机关各项职能活动开展，促进服务型、节约型政府建设。针对机关事务资源有限与政务要求提高、配置方式单一与对象需求多元化等矛盾，坚持用改革的思路解决发展中的问题，通过突破传统工作方式、健全工作制度、优化办事流程，提高管理水平和工作效率。转换机制阶段非常容易出现管理上的松动，弄得不好，极有可能给机关服务保障带来损失甚至造成严重后果。因此，在推进政务物业管理模式过程中，一定要加强管理。作为机关事务管理部门要行使好管理职责，既要担当裁判员的角色，又要担当起管理员的角色，不能放松甚至放弃管理。

在新的历史时期，大力推进政务物业管理创新，坚持政治核心区自管与部分公共区域托管相结合的模式，有利于推进政事分开，加快后勤体制改革步伐。计划经济条件下，机关后勤一直是自我封闭的“小而全”管理体制，各部门无论大小，都拥有一批后勤服务人员，后勤服务与政府机构设在同一序列上，机关既要忙于日常政务活动，又要忙于繁杂的具体事务，造成机关机构臃肿，队伍庞大，政事不分，效率低下，财政不堪重负。推行政务物业管理机制，一方面可以把机关后勤事务性工作交由专业部门承担，充分利用社会资源为机关服务，保证机关集中精力从事政务活动，从而实现精兵简政、政事分开，提高工作效率；另一方面可以促进后勤服务费用结算制度的形成，真正实现管理职能与服务职能的分离。专业化物业管理部门进入机关后勤领域，服务自然就成了商品，开放式的服务体系就会形成，机关与服务就会形成以契约为核心的经济核算关系，从而打破多年来服务不讲价钱、不计成本的封闭型福利后勤模式，推动机关后勤改革向纵深发展。

第三节　政务物业管理在机关事务管理保障中的重要作用

新中国成立以来，特别是改革开放以来，各级机关事务管理部门围绕中心，服务大局，认真履行管理、保障、服务职能，为各级机关正常运行提供了有力保障，为经济社会发展做出了积极贡献。新常态下，机关事务工作新时期、新阶段对机关事务管理部门提出了新的定位要求：机关事务管理部门是建设节约型机关的主导性部门、保障机关有序运行的责任性部门、打造廉洁政府形象的代表性部门、展示亲民政府形象的关键性部门。四个定位是机关事务管理事业全面发展的有力支撑，这四个定位相互联系、互为促进，保障机关有序运行的责任性部门是机关事务管理保障所要实现的基本目标；建设节约型机关的主导性部门和展示亲民政府形象的关键性部门是实现目标的根本任务和要求；打造廉洁政府形象的代表性部门是实现目标的关键所在和根本保证。

政务物业服务部门作为服务机关的基层单位，必须按照“四个定位”总要求，以“三严三实”为标准，以行业“四标管理体系”为抓手，主动服务、积极作为，分层次推进落实。

（1）围绕“建设节约型机关的主导性部门”定位，狠抓机关办公区节能降耗。

机关事务管理部门通过充分整合政府行政资源，降低行政运行成本，提升公共服务效率，是建设节约型机关的主导性部门。机关事务管理部门带头抓好资源节约工作，对于加强机关自身建设、提高行政效能，节能降耗、降低行政成本，密切干群关系、树立良好形象，具有十分重要的意义。

政务物业管理机构在实际工作中，要紧密围绕“建设节约型机关的主导性部门”定位，狠抓机关办公区节能降耗。一是加强宣传教育，提高节能降耗思想意识。通过宣传板报、组织节能知识竞赛等形式，大力营造节能降耗的良好氛围。二是抓好各项节能措施的落实。根据天气情况和季节变化，及时调整办公楼照明、空调及其他设备的开启时间，尽可能减少能源消耗。加大检查、巡查力度，杜绝跑、冒、滴、漏和长明灯现象。三是会同机关事务管理相关部门做好设施设备节能项目的改造，引进能源设备管理人才，推进节能工作，为机关提高行政效能、降低行政成本做出应有的贡献。

（2）围绕“保障机关有序运行的责任性部门”定位，抓好常规服务保障工作。

机关事务管理部门要切实履行服务、保障、管理职能，加大《机关事务管理条例》执行力度，强化《党政机关厉行节约反对浪费条例》落实工作，进一步贯彻《公共机构节能条例》，努力在规范公务接待、公务用车、办公用房等方面有新的突破，以提升满意度为目标，不断提高服务质量，保障机关有序运行。

围绕“保障机关有序运行的责任性部门”定位，政务物业要着重抓好常规服务保障工作。秩序维护树形象，为机关大院的安全防范做好保障。做好环境综合整治和绿化养护管理，打造园林式办公环境。做好消防、配电、电梯、空调、监控等大型设备系统日常管理。推进信息化建设，充分利用现代科技手段，确保各项工作顺利推进。同时做好急难险重任务的突击抢险，为机关单位正常的工作秩序提供坚实的保障。

(3) 围绕“打造廉洁政府形象的代表性部门”定位，狠抓党风廉政建设。

机关事务管理部门是打造廉洁政府形象的代表性部门，通过改进纪律作风，提升保障水平，打造高效后勤，当好清正管家，以勤廉服务为宗旨，以创新服务为动力，以优质服务为目标，内强素质、外塑形象，全面树立机关事务服务保障团队高效廉洁的良好形象。围绕“打造廉洁政府形象的代表性部门”定位，政务物业管理机构要狠抓党风廉政建设，通过认真学习贯彻“三严三实”、《中国共产党廉洁自律准则》和《中国共产党纪律处分条例》，以党风廉政建设责任制为抓手，持续开展作风建设主题活动，教育引导干部职工敬岗爱业、勤政廉政。定期开展自查自纠活动，通过制订党风廉政建设“五项清单”，持续整改，落实到位。在管理中规范制度，实现长效管理。通过财务、人事、项目工程等一系列制度规范，确保政务物业服务保障团队健康发展。

(4) 围绕“展示亲民政府形象的关键性部门”定位，树立窗口服务形象。

机关事务管理部门是展示亲民政府形象的关键性部门。需要不断创新机关服务、安全保卫、设施运转、节能减排、环境优化和队伍建设等管理机制，形成依法依规的办事准则、“以人为本”的服务理念、高效优质的服务品质、公开透明的工作机制、和谐亲民的政府形象，体现精细服务、规范管理、示范引导、亲民和谐，确保机关事务管理工作走在前列。

政务物业管理面对社会公众、机关干部、主要领导三个服务层面，要充分发挥物业服务窗口作用，明标准、提质量，狠抓服务细节，寓管理于服务之中，实现品质服务、得体服务。一是提升服务形象。重点抓好员工技能培训和素质理念养成，通过现场演练、脚本式推演、场景情景模拟，针对可能发生的各种情况，学会解决问题的办法，做到从容、得体服务。二是狠抓会议服务、前台接待、车辆管理等窗口服务队伍“正规化、标准化、精细化”建设，注重素质培养和团队的训练，强化制度规范和工作流程培训，展示窗口服务形象。三是制订落实为机关、为群众办实事计划。紧盯热点、难点，解决日常管理上的细节问题，切实做到服务首脑机关和服务市级机关广大干部职工相结合，保障市级机关有序运转和方便群众办事相结合，机关事务工作常规运行和工作创新相结合。

第十三章　现代科技对政务物业未来发展的影响

政务物业管理作为中国物业管理行业新的发展阶段的一个特殊群体，从起步发展逐步走向成熟。而新科技（如信息化、智能化等）作为各行各业提高工作效率的主要工具，在政务物业管理中的广泛应用，必将推动中国在这一领域的管理水平进入一个新的境界。

第一节　政务物业管理信息化发展趋势

信息化将是未来物业管理的一大特征，同时将为物业管理的现代化带来契机。首先，新技术革命和物业智能化的步伐加快将同时提升物业管理的科技含量，促使物业管理企业加快信息化的步伐；其次，物业管理服务活动每天接触大量的人、财、物和事，其信息量足以形成信息流，物业管理部门要跟上高速发展的信息社会，就必须将信息管理放在极其重要的位置，并从信息管理中赢得机遇和效益；最后，信息技术应用及其管理也将是物业管理企业迈向现代化的一块跳板，未来的计算机网络系统、物业管理网络系统、物业管理办公自动化网络系统、物业管理文档一体化网络系统等都会引导政务物业管理与信息社会保持同步发展。未来，信息化将对政务物业发展产生重要影响。应用物业管理信息系统，能使政务物业服务走向正规化、程序化、决策科学化。针对政务物业服务覆盖范围广、服务项目多、系统设施复杂的特征，构建先进的计算机物业管理系统平台，实现对物业的动态控制和各种资源的集约与优化，提升基础管理水平，高效、规范、优质地实施政务物业管理。

一、信息化时代影响下的政务物业信息化管理

现代化的政务物业管理需要现代化的管理手段，政务物业信息化管理是现代政务物业管理的重要组成部分和必然的发展方向。随着政务物业管理部门的不断发展，需要利用先进的科学手段和管理方法对其下属各部门进行统一管理和监控，使物业管理者能迅速了解服务的管理状况，做出正确的决策，达到简化物业服务工作量、提高工作效率、最大程度节约资源的目的。因此，引入现代化计算机管理手段，建立个性化的物业管理信息系统，并通过物业管理信息系统实现各个部门及总部系统联网，不但能够极大地降低管理服务人员的工作强度、提高管理服务人员的工作效率，而且能够全面提高政务物业服务部门的现代化管理水平，促使政务物业管理向现代化、规范化、数字化方向发展。

政务物业信息化管理通畅包括以下内容：一是利用互联网搭建政务物业管理部门自己的网站，用于对内和对外的信息交流、宣传；二是创建数据库，管理各类信息、数据；三是各类管理软件的使用以及工作流的管理。

政务物业管理信息系统就是运用现代计算机技术，把有关政务物业服务信息物化在各种设备中，并由这些设备和物业服务人员，构成一个为政务物业服务对象服务的人机信息处理系统。通过信息系统的应用，可以使物业服务的许多日常工作实现自动化。例如，利用计算机控制建筑物的空调系统、防火安全自动报警系统、建筑物内的垂直交通系统、照明系统、建筑物部件及附属设备安全报警系统、物业安保系统、辅助物业服务人员工作的资产管理信息系统、建筑物出租（租客、租金、租约）管理系统、财务分析与管理系统、管理决策辅助支持系统、人员管理系统等。自动化对政务物业管理产

生了两个明显的目的，首先能提高效率，达到降低成本的目的，因为自动化可以使在员工人数相同或减少的情况下，在规定的时间内做更多的工作；其次能提高成效，达到增值的目的，因为借助自动化可以引进崭新的服务或加强现有的服务，向机关服务对象提供更高水准或更优良的服务，这既能提高物业服务的收入水平，又能达到物业增值的效果。

二、信息化建设对政务物业管理发展的意义和作用

1. 信息化建设对政务物业管理发展的意义

信息化建设的主要目的一是计算机能够处理的信息，二是能够借助数字载体共享的信息。这种目的性产生的直接效果就是能够减轻人们繁重的劳动，解决一些靠人力无法解决或不易解决的问题；能够避免或减少重复的劳动，使信息化建设得以化整为零，实现分步建设，达到信息共享，其意义主要体现在以下两个方面。

（1）实现信息共享。信息是一种资源，能够被消费。信息共享其实就是使信息资源在更广泛的范围被消费，这样才能更大地体现它的价值。现在，经由网络能够很方便地查询各地的物业管理情况以及物业服务部门的情况等，这种对信息的消费方式正在成为人们生活中不可或缺的部分。国外有权威机构已将信息的消费作为评价生活质量的一个重要指标。未来社会对信息的消费会越来越大，实现信息共享就是满足这种需求的重要途径。

（2）实现方法共享。方法共享就是公开能够获取某种信息服务的方法，人们可以借助它去获取某种信息服务。目前，方法共享可以归结为两种表现形式，一是只能访问某一特定的数据集（信息化的信息）获取信息，二是能够访问同一类数据集获取信息。显然，后一种表现形式是值得推崇的。之所以有这两种不同的表现形式，主要在于前者没有推行完整的技术标准，而后者实施了完整的技术标准。

2. 信息化建设在未来政务物业管理发展中的作用

政务物业管理信息系统的实质是利用人和计算机系统在物业管理中进行信息收集、传输、加工、保存和使用。政务物业管理部门运用这一系统，可

在服务保障中实施预测、控制和决策，能有效控制成本、提高效率，实现对生命周期内的政府机关物业从整体环境和空间上进行多功能、多层次、全方位的管理。

通过实施政务物业管理信息化建设，对各种管理流程、活动、岗位与制度等进行系统的梳理、明确和提炼，促使物业服务部门从感性操作走向理性操作，从人治管理走向制度管理。在物业服务管理信息化中将材料采购、工程维修、设备保养与维修等各项主要业务的操作过程设计为计划、审批、派工、回单、结算、统计等规范化的操作处理流程，实现在信息流动过程中对各个环节业务处理的过程控制和责任跟踪。建立信息管理系统，将分散的各类物业管理信息纳入统一的网络化的物业管理信息平台，实现管理部门动态资源的过程控制，提供更为完整、集约化的物业服务；实现系统内部信息资源的共享，提高整个政务物业服务部门协同工作能力和工作效率。政务物业管理信息化以多级权限管理模式，适应部门层次化管理架构，实现与各物业项目部链接，实时采集相关系统中的数据，实施集约化管理，能够快速、自动、准确地查询、统计、汇总和打印各种所需的报表，实现管理的可视性和可控性，为管理服务保障提供可靠的决策依据。其作用主要体现如下。

（1）提供完整的物业管理档案。一是政务物业服务中需要提供工程设施维护、设备维修和装修服务与管理等，存储在物业管理信息系统中完整的工程档案与服务档案可以使管理人员随时了解最新的情况，更可以规范维护、服务标准，帮助管理人员合理安排工作时间。二是物业服务中房产资料、服务对象资料以及文件档案的数量庞大，手工整理、统计汇总工作量非常大，而且烦琐，查询资料往往需要较长的时间。通过计算机辅助管理，可以随时按楼号、面积等多种条件任意查询，大大提高了工作效率。

（2）各项费用自动化管理。政务物业服务中一项重要的工作是各类费用的计算、统计和汇总，然而由于费用项目较多，计算方法烦琐，手工操作除了差错率较高外，工作负担繁重。计算机管理利用了计算机运算速度快、准确率高的特点，使得各项费用的计算、统计和汇总工作既简单、方便，又轻松自如。

（3）快速统计分析，提高决策依据。在政务物业服务过程中，各类信息化管理系统快速、自动、强大的统计汇总功能和丰富的报表打印系统，使各项数据的统计汇总、分析表格一应俱全，可以随时查阅最新的详细情况，并依此快速、准确地做出决策，提高政务物业管理部门的管理水平与竞争力。

（4）安全的权限管理。操作系统、数据库和用户密码三级权限设置，最大限度保障系统安全。按用户角色划分用户权限级别，角色业务范围内业务通行无阻，共享范围内资源共享：角色业务范围外从根本上不配置应用功能程序，彻底保证系统各用户角色模式下业务数据权限安全。

三、政务物业信息化管理未来发展趋势

政务物业管理不仅是对人的服务、物业的管理，更是对政府机关物业整体的运营管理。因此，当今政务物业管理信息系统已从单纯的技术层面上升到物业的运营管理层面。未来，随着物业服务项目的增加及政务社区发展引发的政务物业服务创新模式的兴起，政务物业管理信息系统将呈现以下发展趋势。

1. 向决策支持系统转化

在普通物业管理领域，决策支持系统在管理信息系统中较为常见，在政务物业管理信息系统中，能较完整地实现决策支持功能的比例较少，一般只是开发了局部的决策支持功能，如统计分析功能、综合查询功能、报表功能等。但是随着大数据时代的来临、数据挖掘技术的进步和政务物业管理部门主动利用数据意识的增强，根据已有数据进行应用统计、应用分析、数据挖掘、知识发现、辅助决策功能的物业管理信息系统会越来越多，相应的功能也会越来越完善。

2. 向多技术融合转化

今后的政务物业管理信息系统将会融合更多领域的高科技，进一步提升政务物业的智能化和物业管理服务的智能化。如融合监控技术、物联网技术、智能网络技术等建立智慧政务社区平台，并与物业 ERP 系统、财务系统、政府公务服务应用平台等兼容，促成物业服务数据的规范化与统一，进而实现

智能化操控与分析，大大提升政务物业服务的技术应用水平。

3. 向物业 ERP 系统转化

ERP 系统（一种在全公司范围内应用的、高度集成的管理信息系统）不只是一套计算机系统，它更代表了一整套现代化的企业管理思想、程序和方法，它的最终目的是实现管理的信息化，这就要求 ERP 系统必须与每个专业的管理工作高度融合，使得大家都可以借助 ERP 系统开展日常工作，最终达到"用数据说话"的目的。在 ERP 思想的指导下，以政务物业管理为基础，以服务对象为核心，实现对政务物业服务部门人、财、物、行政、质量工作的集中管理，以及各种类型物业项目的房产、客户、客服、品质、工程、保洁、保安、设备运维、租赁经营、仓库采购等工作的专业化管理。

4. 向互联网云计算平台、电子商务转化

云计算被视为科技业的下一次革命，它将带来工作方式和商业模式的根本性改变。当前，企业云计算服务市场逐渐成形。同时，电子商务的快速发展改变和促进了政务物业管理的环境与运作模式，一定程度上影响着政务物业管理的各个方面。物业信息化系统正在从传统的技术转向服务，这是技术发展、社会分工与产业升级的必然趋势。未来，政务物业软件平台将根据管理部门的需求构建个性化的解决方案，按需使用，按需付费，呈现一种全新的信息化应用模式（Software as a Service，缩写为 SaaS，即软件即服务）。这种模式有效地在物业服务与政府机关服务对象之间构建了一个交流、沟通及运作桥梁，让政务物业服务部门与机关干部职工之间，机关干部职工与市民之间以及政务物业服务部门、市民及政府机关之间的关系变得更加密切。

5. 信息系统专用与集成更加成熟完备

例如，专门用于设施设备管理的设施设备管理信息系统（FMMIS）会在业界得到更广泛的应用。FMMIS 是以预防性维修设备管理理念为导向，构建设备管理标准化制度规程，通过标准化作业规范设备管理工作，优化设备管理工作流程，达到降低运营管理成本，实现提升设备管理水平和效率的目的。其主要功能如下。

（1）便于建立设施设备管理电子台账。设施设备电子台账包括设备安装位置、状态、品牌、型号、制造商等设备信息。根据物业设施设备重要程度的不同，管理维护人员可将设施设备进行分类，重要性高的设施设备，如发电机、变压器、水泵、中央空调、电梯等赋予高等级，在台账中的覆盖率要力争达到100%；一般性设备如阀门、控制开关等赋予较低等级，可以根据实际情况分步骤、分区域录入电子设备台账，并不断充实完善。

（2）实现设备巡检、维保作业标准化管理。FMMIS系统自带了几乎所有设施设备巡检、维保标准，设备管理养护人员可根据具体标准制订相应的巡检、维保作业计划。严格的作业标准和规范的管理制度能保证设备参数按照特定的周期正确记录。

FMMIS系统能够自动分析参数录入数据，判断设备的运行状态，可以让管理维护人员实现对设施设备管理的实时监控，并能及时地向其提供设备分析报告，帮助设备管理人员派发针对性极强的作业工单，消除管理层和操作层的工作衔接障碍，从而确保各类设备能及时得到维修养护，提升设备的完好率。

（3）实现设施设备的全寿命期管理。FMMIS从设备设施和备品备件物资两条主线出发贯穿设施设备资产从购置、启用、日常行维保直到最终报废清理的全过程，配合各个阶段的备品备件采购供应过程及相应的成本控制和进度控制，与财务软件、人力资源等系统有机结合，形成设施设备管理完整的生命链。

第二节　政务物业管理智能化发展趋势

物业管理行业智能化毫无疑问是当前行业发展的重要趋势，根据前瞻产业研究院发布的《2016—2021年中国物业管理行业发展前景与投资战略规划分析报告》分析，在《中国制造2025》颁布后，物业管理设备生产商能够引入先进技术，生产出来的设备更加智能化。此外，物业管理设施生产技术的提高，让设备维护成本得以下降，设备的经济寿命也将得到延长，对提升物业服务效率起到重要作用。物业智能化是 IT 产业与传统建筑业融合的产物，也是政务物业现代化的必然结果。政务物业管理部门作为智能化政府机关办公楼的实际管理者应当本着“以人为本”的信念，充分运用计算机智能化手段提高日常物业管理工作的质量与效率，使智能化物业管理设备与更新的物业管理理念有效结合，保证政务物业管理工作适应现代科技与现代建筑产业的发展要求，保持政务物业管理工作的高效、有序进行。

政务物业管理智能化是指政务物业管理部门借助智能化设施、设备对政府机关物业进行管理的一种现代化的管理手段。应该说，智能化管理对政府机关、政务物业管理部门和机关服务对象三方面都将产生吸引力。近几年来，随着经济的发展和社会的进步，政府机关整体的办公条件和环境有了较大提高和改善，一幢幢崭新的、智能化程度较高的办公楼拔地而起，这为提高机关办事效率、保障政务活动的开展提供了重要的保障。但同时又给从事机关事务管理服务保障工作的部门提出了一个值得研究的课题，即应该以什么样的模式进行管理，如何规范政务物业智能化管理，这是一个亟待解决的现实问题。对于政务物业管理部门来说，实行智能化管理，能有效降低物业管理的人力成本，提高物业管理的科技含量与服务质量，使管理运作更为规范、高效。这也将促使政府机关投资改造物业，增加物业的智能化程度，提高物业管理的智能化管理水平。在现代社会，无论是在工作中，还是在生活中，人们对物业智能化程度的要求越来越高，这种有效的社会需求，最终也会导致政务物业管理智能化发展趋势的形成。

一、智能建筑物业管理概念

从 1984 年美园康涅狄格州的哈特福特市改建成功第一座“智能大厦”算起，至今也不过 30 多年。目前，智能建筑已成为一个国家综合经济国力的具体表征。美国拥有的智能大厦已逾万座，新加坡要把全岛建成“智能花园”。1985 年，日本第一座智能大楼——日本电话电报智能大楼建成，此后，日本大公司新建的办公楼几乎是清一色的智能物业，到 20 世纪末，日本近 65% 的建筑实现智能化。由此可见，智能建筑是最有生命力的建筑，它的产生和发展是科学技术和现代建筑业发展的必然结果。我国智能建筑始建于20世纪90年代，最早建成的有国家科委大楼、国家体委办公楼、广州的国际大厦等。我国智能建筑起步虽晚，但却以惊人的速度蓬勃发展。

1. 智能建筑的定义

智能建筑是指运用现代计算机技术、自动控制技术、通信技术、多媒体技术与现代建筑艺术相结合，通过对机电设备的自动控制，对信息资源的管理，向用户提供信息服务及安全、舒适、便利的环境服务，投资回报合理，适合当今信息技术高速发展的需求特点的现代化建筑。智能建筑通常由建筑物自动化（BA）、通信自动化（CA）、办公自动化（OA）、安全保卫自动化系统（SAS）和消防自动化系统（FAS）5种系统，以及外加结构化综合布线系统（SCS）、结构化综合网络系统（SNS）、智能楼宇综合信息管理自动化系统（MAS）组成。

从管理学的角度看，智能建筑与传统建筑的物业管理有明显差异，主要表现在：一是对管理人才要求有很大不同，智能建筑物业管理的实现需要一大批高素质的复合型人才；二是物业管理的关系及功能有很大不同，智能建筑物业管理在传统物业管理的服务内容基础上增加了信息服务与管理、机电设备自动化监控管理、三表数据远程与收费管理等内容，具有管理科学规范、服务优质高效的特点。

2. 智能建筑物业管理的特征

智能物业管理由安全防范系统、信息网络系统和物业管理系统组成。其中，物业管理系统是决定整个政务物业管理能否真正向着智能化方向发展的关键。而正是由于政务物业管理系统构造的复杂性以及独特性，使得政务物业管理与传统物业管理在管理模式上存在着很大差别。智能物业管理的特征主要表现在以下几个方面：

（1）各种智能化设备系统的自动监控和集中远程管理。传统的设备管理只能靠人工现场巡查、看护，而智能化程度较高的政府机关办公楼物业管理只需在中央监控室便可了解各种设备的运行状况，调节设备的运行，并可根据设备自动报警信号显示故障区，及时到位抢修，确保政务办公区的设备正常运行。在系统与设备的维护管理方面，要求从以往的定性检查深入到对系统每个零部件物理层的定量检测。例如，从电源的通断转移到供配电系统的电压、频率的质量与稳定性的检测，对设备线路、接点的老化与漂移的检测等，这些都是传统建筑物业管理中没有深入的工作层面。

（2）智能系统的管理需要更多的相关环境条件的保证。例如，建筑的防水、防尘、防潮性能都会影响到智能化系统的运行精度和正常工作。建筑材料的防静电性能和措施、防泄露屏蔽、周界干扰，也会关系到智能化系统的安全。

（3）保安、消防、停车管理高度自动化。这些管理均是物业管理的重要内容，往往需占用大量人力。而政务物业可以实现保安、消防自动监控，减少大量巡视人员。

（4）信息资源的安全保护问题。传统的物业管理是自成体系的独立管理模式，智能化系统的物业管理与传统物业管理最显著的区别在于智能建筑的管理必须从人流、物流、信息流三个角度才能完善安全性。政务物业管理部门不仅要防止显性的设备的不正常现象，还要防止隐性的信息的不正常流转。

二、智能化管理系统在政务物业管理中的应用

新技术、智能化促进政务物业管理现代化的发展，现代政府机关办公楼建设中引入了很多科技含量很高的智能化设备，实现政务物业管理智能化成为大势所趋。智能、数字化政务物业管理模式将成为政务物业管理现代化的新坐标。高度智能化的政府机关办公楼集成了自动化与数字化，将大大提高政务物业管理的效率和智能化水平。物业管理系统数字化也是政务物业管理未来发展的趋势之一，因为数字化系统可以大幅度提高物业服务效率，让管理变得更加高效，并能够节省相关人力。政务物业管理因此变得方便、快捷、经济，政务物业管理行业也将随之跨入现代化的综合物业服务阶段，行业的新价值也将凸显。智能化管理系统在政务物业管理中的应用主要体现在以下几个方面：火灾自动报警控制系统（包括消防设备联动控制和灭火控制系

统）、保安监控系统（主要包括防盗报警与监听监控系统、出入口监控系统、闭路电视监视系统、紧急报警系统、巡更管理系统、周界防卫系统、停车场管理系统等）、照明控制系统（按其控制功能分为环境照度控制和照明节能控制）、给水排水控制系统（分为集水坑排水和污水池排水，主要功能是实现排水系统的自动控制）、热交换系统（即冷、热源系统，是暖通空调系统的主要部分之一）、空调控制系统、集成控制系统（具有信息汇集、综合管理各子系统、共享信息资源三个功能，包括物业自动抄表系统、设备自动控制系统等）。

要让一套智能化系统发挥它应有的作用，政府机关、政务物业管理部门和系统集成商必须密切配合。具体可采取以下措施：一是针对智能化系统精细化、持续性运行要求，优化智能化系统政务物业管理的思路是化被动为主动、变无序为有序；二是操作的规范性是高效率的基本保证，政务物业管理优化的有效性集中体现在管理的预见性上，对于所有可能出现的、会影响到智能化系统正常运行的内部因素和外界因素都要有足够的应急预案，制订缜密的操作内容和操作程序；三是加强政府机关智能建筑物业管理应在全面质量管理的观点指导下进行全程管理，政务物业管理的优化直接决定于人员的素质和数量的配备，智能化系统的学科门类涉及自动控制、通信、计算机、仪表、力学和机电设备等方面，而且是多学科的综合性应用，智能建筑物业管理的技术人员需要完善相关学科知识。

随着数字化和网络化的不断发展，各地都兴起了智能建筑的热潮，它反映并适应了国际社会信息化和智能化的发展要求，政府机关智能建筑提供的是一种“以人为本”，更加安全、舒适、方便、快捷和开放的智能化、信息化工作空间，从而区别于传统的机关后勤封闭式管理。它依靠高科技手段，既实现了政府机关办公区的开放性，减少人工保安巡逻，又提高了办公区内政治核心区的安全性，实现政务物业管理运行的高效化、节能化和环保化。它不仅已经成为一个国家经济实力和科学技术水平的综合标志之一，而且也是人类社会发展的必然趋势。

三、当前政务物业智能化管理存在的问题及其对策

1. 存在问题

分析智能化建筑在物业管理方面的特征，可以看出传统的政务物业管理模式已经不能适应智能化的政府机关办公楼在物业管理方面的要求，智能化为政务物业管理提出了更多的新问题，其突出表现在以下几个方面：

（1）高度智能化的政府机关办公楼物业管理首先面对的问题就是大量设备的日常维护。由于智能建筑物业管理的高科技化特征，使得其管理设备相对一般办公楼而言数量会更多，物业管理设备在整个物业内处于非常重要的地位。相对于普通办公楼的设备维护，由于智能建筑的物业设备工程量大，并且操作技术要求高，所以在日常的维护管理中就出现了重投资、轻维护的现象，对于智能建筑的物业管理成效有很大影响。

（2）节能问题。高智能化机关办公楼由于拥有大量的电子设备、高新技术设备，因此日常运行中能源的消耗问题就随之产生，所以政务物业管理中节能问题处理的好坏对物业管理的服务成本有很大影响。但是在日常管理过程中，有些管理部门或管理人员并没有真正重视节能管理，这必将对整个政务物业管理工作带来不良的影响。

（3）人才的配备问题。由于智能化机关办公楼的核心技术智能化系统大量地采用现代化通信技术、计算机技术及控制技术，无论是工作性质还是运行管理都与传统的机电设备有较大的差异。智能化系统的操作与运行必须配备较高技术素质的人员，除操作人员外，还应有专业维护力量的支持。

（4）信息资源的安全性问题。智能化机关办公楼的网络化管理使得从传统意义上的信息孤岛进化为公共运营网络中的一分子，从而与外界的联系更为紧密。同时随着计算机技术的不断发展，出现了大量的电脑黑客，而政府机关信息安全的特殊性和重要性使得如何防止机关办公楼信息资源遭到各种途径的破坏、保护国家秘密安全就成了一个重要问题。

2. 解决方法

随着政府机关办公楼智能化的迅速发展，与其相适应的政务物业管理必

须不断改善自身存在的不足之处，使智能大楼的物业管理日趋成熟，从而为机关服务对象提供更方便、快捷的物业服务。针对上述几个突出问题，政务物业管理部门在物业管理方面应做出的具体措施为：

（1）加强设备维护管理。在设备的日常维护中，一是要加强设备管理软件系统的建设，监督和检查办公楼设备的使用情况，便于办公楼的物业设备进行集中管理，并且高效地完成维护任务；二是加强设备自身的软件维护更新，如今科技发展日新月异，要保证政务物业管理的智能化，必须时刻保证物业管理设备的先进，保证机器软件设备的良好工作性能，做好软件的维护和更新。

（2）强化节能管控。制订能源耗用量计划，做好各类能耗计量工作。采用切实有效的节能技术措施。在选用设备时，注意设备的技术参数要同工艺要求匹配。节约用电方面，优先选用节能型电机。照明用电方面，尽量多利用自然采光。政务物业管理部门应真正认识到节能问题的严重性，从实质上加强管理。

（3）强化专业人才储备。实践证明，智能建筑的物业管理在运作过程中涉及的知识面很宽，因此，合理、正确选拔合适人才对政务物业管理很重要。聘用合格人才之后还要进行定期、持续的专业培训，通过培训提高管理和技术人员素质。

（4）严格内部人员管理和信息管理。在政务物业的网络化管理中应该在母系统中建立对子系统的监督体系，一旦出现非法操作或错误操作，系统会马上发出警报，责令停止或纠正。另外，还可以在网络化管理系统中采用口令、密码、多重复核等技术监视手段。在整个母系统内信息共享的同时，也要防止非法入侵、窃听窥视和非法拷贝等信息资源的破坏或流失。

第十四章　专业化发展趋势

我国在改革开放前，机关后勤多年来是行政型管理、经验型服务，缺乏科学化管理，没有统一制度和标准，专业化水平比较低，现在要管理具有现代化、综合性的办公大楼，承担起新时期后勤服务保障的任务显然是不可能的，只有引进专业化管理才能适应这种趋势。规范的物业管理具有先进的服务理念，严格的管理制度，科学的操作方式，所谓的物业管理就是物业经营者运用现代经营手段和修缮技术，按合同对已投入使用的各类物业实施多功能、全方位的统一管理，为业主与使用人提供高效、周到的服务，以提高物业的经济价值和使用价值，创造一个安全、方便的居住和工作环境。例如，实施专业化物业管理的部门，从保安到保洁，每个岗位都统一着装，佩戴工号，彬彬有礼，给人一种整齐划一、训练有素的感觉，更重要的是用专业化的服务去从事每一件后勤事务，提高了服务水准，这种规范化、标准化的服务，实际也是一个部门的形象。很多地方政府要求有条件的机关各部门、单位在大院、大楼、食堂、绿化、卫生等方面要积极推行物业管理，其目的就是要逐步规范机关后勤管理，实行专业化服务，使机关后勤管理逐步走上规范化、制度化轨道。①

① 宋匡力亨同志在省级机关物业管理座谈会上的讲话（摘要）［EB/OL］. http：//www. mof. gov. cn/preview/jiguanfuwuzhongxin/zhengwuxinxi/jingyanjiaoliu/200809/t20080901_ 69834. html.

一、专业化是政务物业管理的必然趋势

专业化管理将克服一体化管理中机构庞杂、人员众多、管理成本高的弊病。专业化管理是社会化大分工的一种必然产物，是生产力发展到一定程度的必然要求，它将有利于物业管理资源的优化配置，对整个政务物业管理的发展也将起到积极的推动作用。专业化管理能使政务物业管理部门将其从非政治核心区服务区域剥离出来，更好地发挥其核心服务保障作用，使政务物业管理获得较佳的经济效益和社会效益。可以这么说，从多头管理到一体化管理，再到政务物业的专业化管理，我国政务物业管理的进步和成熟将充分得以显示。物业服务的专业化程度加强，行业将会涌现实力强大的专业服务商，政务物业管理部门将向管理集成者转型。目前国内众多政务物业管理部门采用一体化的管理格局，设有属于自己的若干专业部门，形成独具特色的“小而全”的服务机构。它们在管理发展上不成熟，与之关联的保安、保洁、绿化、维修等专业部门不成规模，成本较高，这些使得“小而全”的物业管理运作较为困难。要发挥一己之长，放弃“全”的形式，形成以政治核心区自管为主，充分利用社会资源实行公共区域服务外包的管理模式。这些社会服务商利用其规模优势降低成本，又刺激了“大而全”的政务物业管理部门将自己的某些业务交与专业服务商，使政务物业管理部门能够集中精力全力做好政治核心区的各项服务保障任务。这样，政务物业管理将实现管理层和作业层的分离，使作业层，包括电梯、保洁、绿化等逐步实现专业化。政务物业管理成为服务集成者，即专业服务的收集者和整合者，通过管理能力整合专业公司，为机关后勤保障提供服务。

二、专业化的形态表现

1. 专业化分工

主要表现在：一是有一定规模的政务物业管理部门将成立下属专业性的服务公司来对机关办公楼等物业管理项目进行分类管理，同时对外承接物业管理的专业项目。二是规模较小的政务物业管理部门将自己所管物业的非核

心部位、专项服务项目委托给不同的专业公司进行管理。政务物业管理部门扮演一个“集成者”的角色，对各专业服务公司按行业规范进行指导和监督。如政务物业管理部门可将电梯委托给专业的电梯公司进行维修和保养，将外围清洁工作委托给专业的清洁公司进行管理，将非政治核心区的安全管理工作委托给专业的保安公司进行管理等。

专业化分工的优势在于，一是降低运营成本。由于专业化分工所带来的高效率，许多专业性服务企业在其专业领域都拥有比物业公司更有效的资源和组织。这些公司通过承揽大量专项服务业务，通过规模经营来实现比单个物业公司经营高得多的经营效率，从而为物业公司提供优质、低价的服务，帮助其降低成本。目前我国许多物业公司采用“小而全”的模式，若要满足各种服务需求，必须配合各类专业人才，否则就达不到服务的要求；而配齐专业人才，各类专业任务量又相对不足，容易形成成本压力。通过服务外包，日常工作中只需配备少数维修人员，管理开支大为减少。二是规避管理风险，通过与专业服务商之间通过合同的方式约定服务标准和考核办法，可以监控管理专业服务商的服务和履约能力。对于可能出现的风险和服务不达标的情况及时进行纠正；对于较大的风险，可以按照合同约定解除服务合同。三是提高服务质量。专业公司通过发挥资源优势、规模优势、技术优势来提高产品质量和服务质量。比如房屋维护与保养的专业公司，可以科学规范地制订详细的维护保养计划，达到预期的效果，大大减少物业公司的工作量；专业的保安公司有较系统的保安员管理办法及训练方式，同时会按目前治安防范的需求在技防、人防上下功夫，按照规范的现代管理方式运作，这必将大大加强政府机关办公楼的治安防患能力。目前越来越多的专业化服务公司加入到物业服务管理行业，协助物业管理单位分别承担着各项专业服务保障，包括安全保护、电梯专业维修、检测、水箱消毒、水质监测、环境保洁、垃圾外运、专业消杀等。①

2. 专业化服务保障团队

物业管理是一个专业化程度很高的劳动密集型行业，管理经验与管理技

① 邵小云．物业公司外包服务管理全案［M］．北京：化学工业出版社，2012 年，第 2 ~ 4 页．

巧非常重要。随着物业管理要求的提高和新科技的迅速发展带来的设施设备科技化、复杂化，政务物业建设智能化已是未来的必然趋势，政务物业管理的难度必然越来越大。这要求政务物业管理部门必须进行艰难的转型，一定要改变过去劳动密集型的发展模式，向技术密集型与管理专业化密集型转型，不仅要树立专业化管理理念，而且还需要大量培养引进新型专业化的管理和技术人才，具备多方面与之相关的专业知识和专业技能。未来的市场竞争一定是人才的竞争，随着政务物业管理的不断深入发展，物业行业原有的用人观已经不能适应新形势的需要，未来的政务物业管理需要高素质的员工队伍和高端的管理、技术人才，物业管理部门必须把选拔人、培养人、用好人、留住人摆到重要位置，建立科学的人才观。新的经济时代带来的劳动力成本的不断上升正是政务物业管理服务部门增加现代物业管理技术的大好时机，这样才能真正实现物业管理的专业化、现代化，实现持续发展。

3. 专业化管理模式

一是从机关事务管理角度来说，机关后勤服务是机关履行职能的条件，是机关事务工作的重要内容。目前政府机关在举办或引进后勤服务中仍存在一些问题：机关后勤服务边界不清晰，部门之间后勤服务项目在类别上参差不齐。单一类别的后勤服务项目缺乏标准，同一类别的后勤服务项目在各部门之间标准不一致，容易产生苦乐不均和互相攀比。由于服务存在方式无形、不可储存、生产和消费同时等特点，对机关后勤服务经费支出的监督和审计难度较大。有些地区和部门的后勤服务项目无序扩大，服务标准不断提高，增加了服务成本，不利于节约型机关建设。为了解决这些问题，有必要制定统一的制度标准，进一步规范机关后勤服务管理。近几年来，机关事务管理部门为规范物业管理行为做了大量的工作，但专业化管理程度仍然较低，整个政务物业管理还没有正式的管理标准。但是，不久的将来，中国政务物业管理一定会有自己的规范标准，具体从事政务物业管理的部门也会推行标准化管理。

二是政务物业管理标准化是专业化管理模式的基础。政务物业管理正在逐步趋向于以提高物业管理技术、提高物业管理生产力水平为内涵的物业管理方式。目前，政务物业管理部门在对政府机关物业进行管理时，普遍引入了 ISO 9001：2008 质量管理体系、ISO 14001：2004 环境管理体系、OHS 18000：2007 职业健康安全管理体系和 GB/T 23331—2012/ISO 50001：2011 国际能源管理体系四大国际标准化管理体系，政务物业管理在管理水平、管理标准、管理理念、管理模式等方面越来越趋向同质化。国际质量标准化管理是指物业服务部门在对物业进行管理的同时遵守国际质量标准体系的有关要求。物业管理实践已充分证明，引入国际质量管理标准体系（包括在物业管理中的应用），对物业服务的规范化运作，提高物业管理的服务质量有很大的作用。以质量管理体系为基础，坚持标准化、制度化、科学化管理。建立一套完整、规范的管理体系、工作标准和服务程序，明确规定每一个岗位的工作职能、每一类工作的操作步骤、各种问题的处理方法，由“人治”变为“法治”，让每一个员工工作都有章可循，才能确保工作质量，从而全面提高管理水平和服务质量。引入国际质量标准管理体系，需要关注以下三个方面的问题：其一是坚持标准化管理。严格执行行业管理规范，制定符合机关服务保障特点的工作标准，通过调查分析服务对象的真正需要，科学地分解、组合管理服务过程，最大限度地提高工作效率，从而使管理工作步入标准化、规范化的轨道。坚持接待服务热情周到、清洁卫生细节达标、安全防范可靠保障、设备保障运行良好的质量目标，实现精细管理、切实保障、优质服务。其二是坚持规范化管理，着力提升制度化、规范化管理水平。进一步在管理机制上进行改革创新，形成快速反应、快速处置、快速反馈的工作机制。强调制度的严肃性，规范工作流程，用制度的落实保障服务质量到位，保证服务工作在高起点、高质量、高水平上正常运行。其三是坚持科学化管理，实现物业管理高效益。科学技术是第一生产力，这已经是被实践证明的真理。当前智能化建筑已成为国际都市的潮流，未来的机关办公楼物业管理将适应社会发展的需要，引入网络科技手段，发挥智能建筑应有的效果，最大限度地满足服务对象的需求。现代化政府机关办公楼实现了运用现代计算机技术、自动控制技术、通信技术、多媒体技术等，通过对机电设备的自动化控制，对信息资源的管理，向市民提供信息服务及安全、舒适、便利的环境服务。

做好智能化办公楼物业管理不仅包括传统意义上的物业管理中的服务内容，还包括对智能化设备系统的操作、维护和功能提升。研究和应用新的物业管理技术，全面提升管理服务平台，节约服务成本，将会为政务物业管理未来发展提供新的竞争手段。因此，在此种情况下，走标准化物业管理之路就成为物业管理部门的必然选择。标准化政务物业管理模式可通过三大技术体系支持：①管理技术：品质管理技术、持续教育技术、战略规划实施技术、财务管理技术、组织结构及管理技术；②运行技术：工程管理技术、智能化管理技术、环境工程技术、信息化管理技术、服务过程管理技术；③创新技术：监控评价技术、技能创新技术、研究分析技术等。政务物业管理部门自身的发展需求会促使物业管理向标准化管理方向发展。可以预测，新世纪成功的政务物业管理将更加趋向于将精力放在制定管理规范、制度标准甚至行业规范上。

4. 品牌化管理意识

21 世纪不仅是品牌竞争的时代，也是讲究品牌、享受品牌的时代。近年来，随着市场竞争的加剧，物业服务品牌企业积极开展品牌建设，持续加大品牌建设投入力度，尤其是 2014 年在国内经济由高速增长转向中高速增长的新常态下，物业服务品牌企业的品牌投入力度持续加强，品牌影响力日益提升。2014 年，物业服务品牌企业品牌建设投入均值为 830. 81 万元，同比增长 26. 99%，增幅较 2013 年提升 3. 26 个百分点，品牌投入增长呈现加速态势，品牌效应日益凸显。值得注意的是，随着移动互联技术的广泛应用，新媒体所具有的互动性直接改变了原有媒体被动接收的弊端，客户体验功能更加突出，促进受众对品牌的深入直观感受。因此物业服务品牌企业以新媒体强化了客户体验功能，品牌传播也进入了精准便捷化时代。

服务品牌是服务质量的载体，是具有较高知名度和信誉度的个性化服务标识。随着物业管理行业的蓬勃发展和服务对象不断提升的服务需求，为政府机关办公楼提供物业服务，要想在激烈的竞争中立于不败之地，唯有走提升服务品质、打造服务品牌之路。赢得广大机关干部职工和社会的认可是做好政务物业管理的立身之本、发展之基，要充分发挥机关后勤服务的人力、技术、设备、管理、服务和品牌优势，在为机关提供优质服务保障的同时，走出机关参与市场竞争，做大做强服务经营实体。如吉林省省直机关事务管理局，抓住军队实行后勤保障社会化的机遇，通过协商和公开竞标，先后由该局物业托管中心托管了军需大学（军需大学于2004年并入吉林大学）41万平方米各类用房的物业管理，承担了该校饮食、供暖、供水、供电、绿化、保洁等后勤服务保障工作。在此基础上，又先后承担了长春军分区、武警总队医院、省经济技术合作公司1.6万平方米住宅和省政务大厅的物业管理和后勤服务。再如江苏省泰州市机关事务管理局所属机关物业服务中心通过投标，先后托管了市级5个单位的71万平方米办公楼和住宅区的物业服务，形成了自己的品牌。[①] 现代服务品牌具有先进服务理念、鲜明服务特色、卓越服务艺术、优秀服务技术的特征。打造服务品牌，就要做到：强化品牌意识，注重服务质量，确保服务品牌信誉，不断提高服务对象的满意度。“勿以善小而不为”，改善服务的每一个可能都要当作大事来切实落实；“勿以恶小而为之”，损害形象的每一个细节，都不能当作小事而置之不理。改善服务质量要从点滴做起，使每一点改善都能带给服务对象更大的方便与满意，这就是物业管理服务的生命源泉。

品牌化是一个从量变到质变的演化过程，政务物业管理品牌化发展是指政务物业管理行业走向以物业管理品牌效应为中心的发展之路。政务物业管理的行业特征决定了物业管理必须走品牌化发展的道路。未来若干年内，规范化、标准化、规模化、集约化等概念将与政务物业管理的品牌化紧紧地联系在一起。物业管理的“产品”是一种服务，是一种无形的东西，而衡量无形的“服务”，最佳的标准就是“品牌”。对于政务物业管理部门而言，品牌是事业发展的生命，没有品牌是不会有大的发展的。因此，政务物业管理的品牌效应对政务物业事业发展至关重要。

政务物业作为特殊物业，有自己的特殊性，也有一般行业的规律性，将和党政机关同步存在，与时俱进。未来的政务物业管理将在规范化、信息化、标准化、法制化方面取得更大进步。

---

① 张升智．机关后勤服务社会化改革任重道远［EB/OL］. http：//www. ggj. gov. cn/jghq/zgjghq/2003/200310/t20040629_ 2489. htm.

参考文献

专业著作

[1] 邵小云. 公共物业・商业物业・工业物业管理与服务［M］. 北京: 化学工业出版社, 2015.

[2] 邵小云. 物业项目品质管控实施手册［M］. 北京: 化学工业出版社, 2016.

[3] 邵小云. 物业项目风险管理控制手册［M］. 北京: 化学工业出版社, 2016.

[4] 邵小云. 物业绿化养护及病虫害防治［M］. 北京: 化学工业出版社, 2016.

[5] 黄安永. 改革与创新——高校物业管理的开展与服务［M］. 南京: 东南大学出版社, 2011.

[6] 郭宗逵. 物业管理［M］. 南京: 东南大学出版社, 2015.

[7] 田禹, 刘德明. 物业管理概论［M］. 北京: 清华大学出版社, 2015.

[8] 谌汉初, 初志坤. 物业管理概论［M］. 北京: 清华大学出版

社，2014.

［9］李斌．物业管理——理论与实务［M］．上海：复旦大学出版社，2012.

［10］刘圣欢．物业管理概论［M］．武汉：华中师范大学出版社，2002.

［11］赵立波．中国特色公益服务体系研究［M］．北京：人民出版社，2015.

［12］张智慧，张辉．物业设备设施管理［M］．北京：北京理工大学出版社，2012.

［13］李霞，贺澄君．物业智能化及信息化管理系统［M］．北京：石油工业出版社，2012.

［14］郭冰，刘绪荒．物业设备设施维护与管理［M］．北京：中国财富出版社，2012.

［15］余源鹏．物业工程设施设备管理与维修实务［M］．北京：机械工业出版社，2015.

［16］胡杰．物业管理与业主事务全书［M］．北京：中华工商联合出版社，2002.

［17］杨志勇，张馨．公共经济学［M］．北京：清华大学出版社，2005.

［18］夏书章．行政管理学［M］．广州：中山大学出版社，2013.

［19］陈振明．政府再造：西方“新公共管理运动”述评［M］．北京：中国人民大学出版社，2003.

［20］焦焕成．邓小平后勤思想学习纲要［M］．北京：中央文献出版社，2002.

［21］李文翎．商业物业管理［M］．北京：科学出版社，2013.

［22］韩宇．物业管理与实践［M］．北京：机械工业出版社，2013.

［23］周宇．现代物业管理实务［M］．北京：中国经济出版社，2009.

［24］机关事务管理条例［M］．北京：中国法制出版社，2012.

期刊文献

［1］李洋，柴中达．“新公共管理”理论分析［J］．中国机关后勤，2005（4）．

［2］欧阳月明．新加坡公共服务学院后勤服务外包的经验与启示［J］．中国机关后勤，2010（3）．

［3］王国桂．关于加强机关后勤服务量化管理的几点思考［J］．中国机关后勤，2010（4）．

［4］周立新．浅议机关后勤服务外包［J］．中国机关后勤，2005（2）．

［5］姚万垠．中外机关后勤体制比较［J］．中国机关后勤，2000（6）．

［6］杨锦平．怎样做好机关后勤管理工作［J］．中国机关后勤，2000（8）．

［7］国家机关事务管理局．美国联邦政府机关事务管理体制对我们的启示［J］．中国机关后勤，2001（8）．

［8］国家机关事务管理局．从德国、瑞典、芬兰中央政府机关事务工作中得到的启示［J］．中国机关后勤，2003（4）．

［9］安徽省省级机关事务管理局．江苏省省级机关物业管理面面观［J］．中国机关后勤，2003（11）．

［10］祁德斌．英法国家行政机关后勤服务与管理［J］．中国机关后勤，2004（3）．

［11］刘宗新．瑞典、英国行政事务管理见闻［J］．中国机关后勤，2005（2）．

［12］江苏省省级机关事务管理局．机关事务工作服务社会化改革的实践与思考［J］．中国机关后勤，2006（3）．

［13］葛土芳．机关后勤集中统一管理模式的探索与思考［J］．中国机关后勤，2007（11）．

［14］张行健．机关办公用房物业管理社会化、专业化、规范化的思考

［J］．中国机关后勤，2014（2）．

［15］南京市机关事务管理局．机关事务工作引入“综合管理+个性化+第三方”考核初探［J］．中国机关后勤，2015（12）．

［16］徐思群．集约化、社会化、标准化、信息化——徐州市机关后勤向现代战略转型［J］．中国机关后勤，2014（11）．

［17］高峰．顺应趋势积极探索上海机关后勤稳步推进服务社会化改革［J］．上海后勤，2008（6）．

［18］苏海，洪伟杰．关于进一步深化机关后勤服务社会化改革的思考［J］．上海后勤，2014（1）．

［19］姬观菊．重新定位机关事务管理职能进行运行体制调整［J］．后勤改革研究，2010（1）．

［20］陈道玉．浅谈行政机关之物业管理［J］．现代物业，2007（7）．

［21］王志强．市场经济条件下机关后勤服务社会化改革［J］．现代经济信息，2009（7）．

［22］梁作强，张宝山．关于机关后勤体制改革的几点思考［J］．全国商情（经济理论研究），2006（7）．

［23］陈艾丽．机关物业管理的问题与对策探讨［J］．中国高新技术企业，2008（4）．

［24］王建国，吕西钢．机关后勤物业管理改革创新［J］．管理研究，2008（4）．

［25］张行起．党建工作在物业管理中的重要体现［J］．甘肃科技，2014（2）．

网络文献

［1］崔庆光．浅谈政府机关办公楼的物业管理［EB/OL］．http：//www. zgwygl. org/Item/show. asp？d=2378&m=1.

［2］杨海生．政府机关办公楼物业管理之我见［EB/OL］．http：//www. do cin. com/p-908488212. html.

后　记

政务物业管理是机关事务工作的重要组成部分。长期以来，政务物业为机关政务活动保驾护航，在保障机关运行中发挥着不可替代的作用。政务物业管理部门作为政府的后勤保障部门，在体制机制、职责流程、制度管理上不断自我完善，推陈出新。

南京市机关事务管理局高度重视政务物业管理的制度规范和工作研究，指导政务物业管理部门工作实践，结合机关事务工作“四个定位”（建设节约型机关的主导型部门，保障机关有序运行的责任性部门，打造廉洁政府形象的代表性部门，展示亲民政府形象的关键性部门），对“政务物业管理”进行梳理和总结，优选、汇编了近年来出台的管理规章制度、规范流程以及公开发表的一些工作研究成果，力图对政务物业管理进行系统的梳理、剖析、提炼和总结，为政务物业管理朝着社会化、专业化、现代化的方向发展提供借鉴。

本书得到了业内学者、专家前辈及同人的诸多帮助和热心指导，在此致以真诚的感谢。本书旨在抛砖引玉，探索共鸣，共同交流提高。由于水平有限，不足与疏漏之处敬请批评指正。

2016 年 11 月 7 日